「鹿児島県鳥瞰図」（右半分）

吉田初三郎画、昭和６（1931）年、鹿児島県発行。右半分に薩摩・大隅の両半島と鹿児島湾（錦江湾）・桜島、左半分に県北部と霧島連山を描く。薩南諸島は右上部に描かれている。図に付された「絵に添へて一筆」では、鹿児島の豊かな自然を称賛するなかで、「霊峰霧島」を「国立公園の一中心地」と一番に評価している。この後、昭和９年に霧島山は瀬戸内海や雲仙岳と共に、日本最初の国立公園となる。

大学的鹿児島ガイド
――こだわりの歩き方

鹿児島大学法文学部 編

昭和堂

薩摩半島南部の火砕流台地

表面はシラスが覆うが、基本的には阿多火砕流の溶結凝灰岩の台地からなる。大野岳から北西を望む。

旧島津家別邸「仙巌園」と桜島（写真提供：鹿児島県観光連盟）

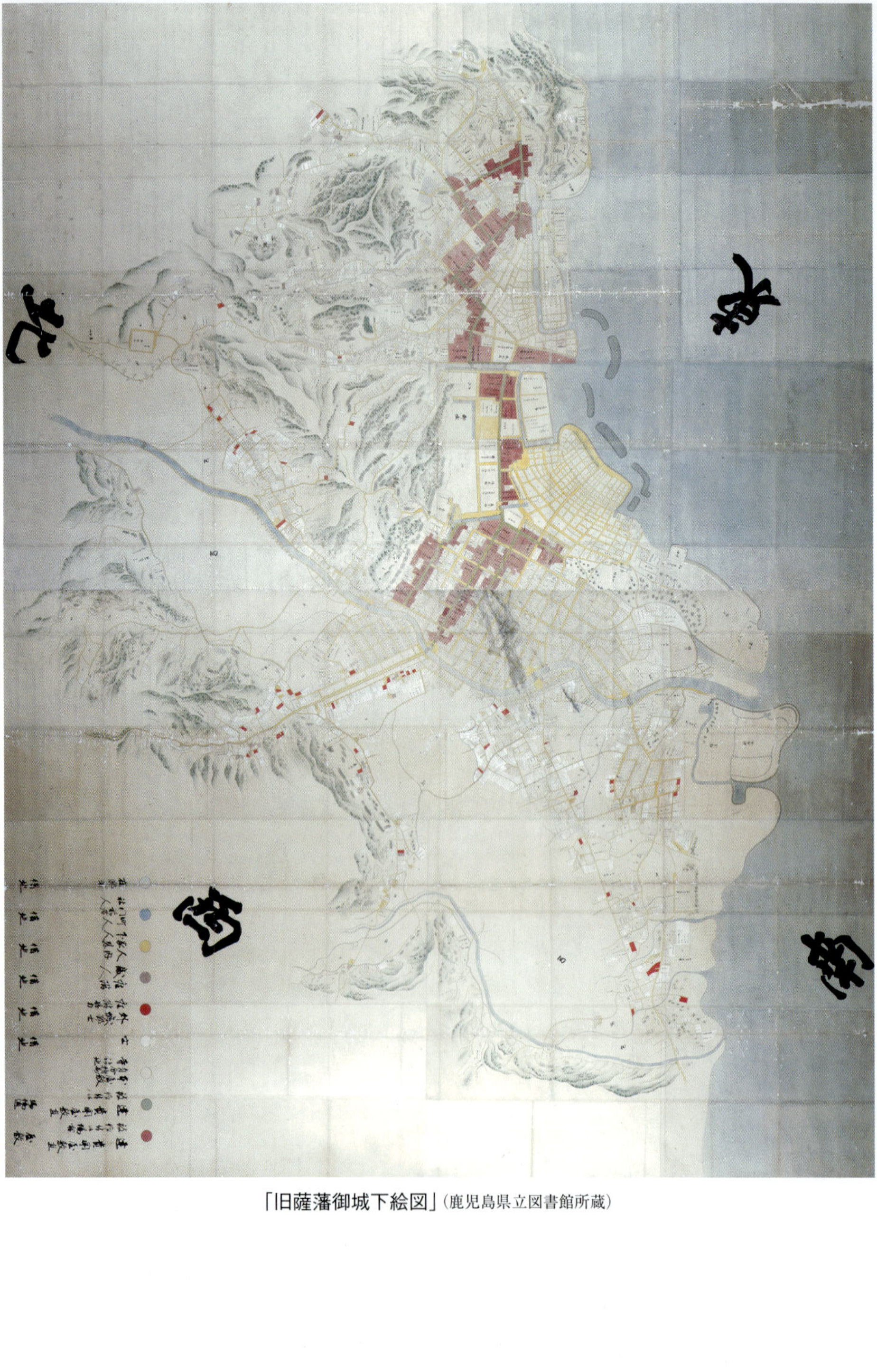

「旧薩藩御城下絵図」(鹿児島県立図書館所蔵)

知覧（南九州市）の武家屋敷通り（写真提供：鹿児島県観光連盟）

海軍出水基地掩体壕跡（出水市）

奄美大島（奄美市笠利町）の歌遊び

中山海岸のアニメ聖地巡礼SPOT（熊毛郡中種子町）

前書き

好きなところから、どこからでも

本書は、テーマごとの少し長めの文章と、トピックを扱った多数の短いコラムからなりたっています。好きなところから、どこからでも読み始めることができます。まず、パラパラとページをめくって見てください。必ず、みなさんの興味を引く面白そうな話題が見つかるはずです。それをきっかけに、詳しいまとまった文章へと進んでください。全体を見通した概説的な文章には、鹿児島についてのしっかりとした知識が詰まっています。

鹿児島は幕末・明治維新だけではない

鹿児島といえば、NHKの大河ドラマでよく取り上げられるのが幕末・明治の動乱期です。残念なことに、鹿児島といえば、ここだけが脚光をあびることになっています。しかし、鹿児島にはそれだけに終わらない奥深い歴史が存在するのです。なんと言っても、薩摩・大隅・日向を統治した島津氏という大名家は注目すべき存在です。島津氏は、なんと南九州で七百年も続いた大名家です。これだけの長期間続いた地域権力は大変珍しいものです。島津家には代々伝わった島津家文書という一万五千点を超える膨大な文書群がありますが、二〇〇二年に国宝に指定されました。なぜなら、島津家文書は、平安時代に始まり鎌倉、南北朝、室町、安土桃山、江戸、明治に至る日本の武家文書の集大成となっているからです。島津氏の歴史をひもとくだけで、日本の歴史の奥行きが見えてくるのです。さらに、島津氏は江戸時代に入って、奄美以南の南西諸島を支配していた琉球に侵攻し支配下に置くことになります。奄美群島を直接支配し、琉球を間接支配します。明治以降、奄美群島は鹿児島県に属することになったため、鹿児島県は本土部と島嶼部という異なる文化圏を含む県となりました。これが鹿児島県の文化的多様性を支えているのです。

鹿児島が羨ましい

他府県の人と話していると、しばしば鹿児島が羨ましいと言われます。実際に住んでいるとなかなか気がつかないものですが、実は鹿児島はすごい地域なのです。観光資源という側面からみると、温泉で有名な霧島山地があり、桜島という火山を有し、鹿児島湾という内海があり、西は東シナ海に接し、東は太平洋に接する種子島、屋久島、奄美群島を抱え、黒潮が島嶼部を横切っているという、多様性に富む豊かな自然環境を有する県です。

世界遺産では、日本最初の世界自然遺産の屋久島（一九九三年指定）があり、いまは二つめの世界自然遺産を目指して「奄美大島、徳之島、沖縄島北部及び西表島」が準備中です。また、世界文化遺産として八つの県に分散した「明治日本の産業革命遺産　製鉄・製鋼、造船、石炭産業」が二〇一五年に指定されましたが、鹿児島県は重要な一角を占めています。このほか、地球科学的に重要な自然環境、地域を指定したジオパークという点では、霧島ジオパーク（二〇一〇年）、桜島・錦江湾ジオパーク（二〇一三年）、三島村・鬼界カルデラジオパーク（二〇一五年）と一つの県に三つもあります。

大学が地域ガイドを手がける意味は

観光ガイドとしては、専門の旅行ガイドブックがいくつも出ており、雑誌に鹿児島の特集が組まれることもあります。鹿児島に住む人にとって普段眼にする地域情報のまとまりはこれらがほとんどです。こうしたピックアップされた情報は読者にとって大変有益です。では、大学が地域ガイドを出す意味は何でしょうか。それは、情報の正確さとその位置付けということになります。多少、小難しい議論や固有名詞の羅列にうんざりすることになっても、事実が整理され、さらに表面的な事象の背後にある重要なものが提示されると、これまで当たり前に思っていたものが新しい観点から広がりを持って認識されてきます。これが本書の目指したものです。

おどろき

本書を手にする読者は、鹿児島はこんなにも豊かな歴史と文化とを持っていたのかとおどろくことになるでしょう。その地域に住む人間にとっては、毎日の暮らしの中で接するすべてのものが当たり前になり、感覚が鈍ってきます。今回、改めて鹿児島の歴史、文化、地理の総合的な説明に触れると、鹿児島の良さがあらためて見えてきます。他の地域から鹿児島に来られる観光客にとっても、表面的ではないディープな鹿児島を知っていただく良い機会になるでしょう。

多数のコラム

本書を読んでみると、文章が堅いなという印象を受けます。そこは、大学の先生が書いたもので、致し方ないところです。正直、漢字ばかりが並ぶという印象がありますが、重要なポイントを押さえた、着実で内容のある文章と考えてください。その点、コラムは、それぞれの担当者がこれぞという手持ちの駒を繰り出して、肩の力の抜けた読み物となっています。重い文章を敬遠されるかたは、ぜひ、コラムから読み始めてください。

編集にあたっては、渡辺芳郎教授、小林善仁准教授に取りまとめを担当していただきました。出版のお話があってから、一年足らずで刊行にこぎつけたのは、両先生および昭和堂の編集担当者のおかげです。また、今回の出版は、鹿児島大学法文学部同窓会からの援助がなければ、実現は不可能でした。鹿児島大学法文学部同窓会は、これまで鹿児島大学及び法文学部のために多大な援助をしていただいており、感謝にたえません。

鹿児島大学法文学部長　高津　孝

前書き……………………………高津　孝　i
鹿児島の自然環境……………………………森脇　広　001

第1部　鹿児島城下町編　021

中世~近世の島津氏……………………………金井静香　025
【コラム】鹿児島の古本文化……………………………多田蔵人　038
【コラム】銅像……………………………高津　孝　040
絵図にみる鹿児島城と城下町……………………………小林善仁　043
【コラム】鹿児島の夏祭り——「六月燈」と「おぎおんさぁ」……………………………小林善仁　056
【コラム】鹿児島市電の系譜……………………………石塚孔信　059
集成館事業を掘る……………………………渡辺芳郎　063
【コラム】戦跡考古学としての西南戦争研究……………………………渡辺芳郎　076
【コラム】東洋のナポリ——鹿児島市の姉妹・友好都市……………………………藤内哲也　078
藩校と近代の高等教育機関……………………………丹羽謙治　081
【コラム】黎明館の郷土玩具コレクション（川邉コレクション）……………………………大田由起夫　096
【コラム】近代医学始まりの地……………………………米田孝一　098

第2部　薩摩・大隅編　101

鹿児島の「麓」……小林善仁　105
【コラム】鹿児島の方言……木部暢子　118
【コラム】鹿児島のラーメンと大根の漬物……小林善仁　120
薩摩・大隅の港とヨーロッパ文化の伝来……藤内哲也　123
【コラム】大英帝国と薩摩藩―「前の浜の戦」から「サツマ・スチューデント」へ……細川道久　136
【コラム】薩摩塔……高津　孝　138
鹿児島近代の戦争遺跡と戦跡考古学……橋本達也　141
【コラム】鹿児島のプロスポーツ……福山博文　156
【コラム】鹿児島の宗教事情―廃仏毀釈と明治初期の浄土真宗・キリスト教……小林善仁　158
鹿児島の文学……多田蔵人　161
【コラム】モウソウチク……高津　孝　174
【コラム】豚肉食……高津　孝　176
鹿児島の金山と鉱業……新田栄治　179
【コラム】温州みかんと薩摩……高津　孝　192
【コラム】三〇〇人弱の集落で成し遂げた行政に頼らない『やねだん』のむらおこし……北﨑浩嗣　194
考古学が明らかにする薩摩焼の歴史……渡辺芳郎　199
【コラム】鹿児島と台湾の縁―もう一人の西郷どん菊次郎……米田智美　212

第3部　島嶼編　*215*

世界自然遺産……星野一昭　*219*
【コラム】陶磁器が語るトカラの歴史……渡辺芳郎　*232*
奄美群島の概要……桑原季雄　*235*
【コラム】奄美諸島の水中文化遺産……渡辺芳郎　*246*
奄美島唄……梁川英俊　*249*
【コラム】大島紬―旗印と地球印……小林善仁　*264*
島で暮らす人々と神々……兼城糸絵　*267*
【コラム】差別に抗したマリアの島・奄美大島……宮下正昭　*280*
島々のコンテンツ・ツーリズム……中路武士　*283*

索　引……*21*
鹿児島県内の博物館および文化施設……*1*

鹿児島の自然環境

森脇　広

はじめに

鹿児島は南北に長い。北端の獅子島《ししじま》（北緯三二・三度）から南端の与論島《よろんじま》（北緯二七・〇度）まで、直線距離で六一〇㎞もあり、気候の変化に富む。そして火山活動、地殻変動が活発である。これによって生じる様々な作用が地域的、歴史的に絡み合って、鹿児島には多様で特徴ある自然環境が作られてきた。ここでは、こうした鹿児島の自然環境を形作る地形を中心とした風景に着目し、これを概観した後、鹿児島を特徴づける地形とその由来について考える。

1　鹿児島の多様な風景

鹿児島は、地理的には大きく九州南部と薩南諸島の島嶼部に分けられる。

(1)九州南部

鹿児島の地域を分けるのは、深く入り込んだ鹿児島湾である（図1）。この湾は特異で、湾内が水深一〇〇m以上と深く、湾の両側は急崖をなす。それは、火山活動にかかわる噴火によって吹き飛んだり、地殻変動によって陥没したりしてできた凹地帯に海水が入って作られたことによる。湾奥は直径二〇㎞にも及ぶ姶良《あいら》カルデラからなり（写真1）、湾口近くにも同様の規模の阿多《あた》カルデラがあり、両者とも巨大噴火によって作られた。鹿児島湾より北側の陸上は、周囲より低い地帯が加久藤《かくとう》盆地まで続く。この盆地もまたカルデラからなる。湾の南側は大隅海峡となるが、この海底には鬼界《きかい》カルデラがある。これらの巨大カルデラによって結ばれる凹地帯は鹿児島地溝と呼ばれている。これらのカルデラには、桜島や、霧島、開聞岳《かいもんだけ》などの火山が付随しており、それぞれのカルデラを中心に火山区が作られている。このように、九州南部は少なくとも五個の巨大カルデラが密集しており、それらの巨大噴火に由来する火砕流台地とともに、日本でも特異な風景を形作っている。火山の分布する鹿児島地溝を軸にして、九州南部の鹿児島は、東側の大隅半島、西側の薩摩半島、北側の北薩の三地域に分けられる。

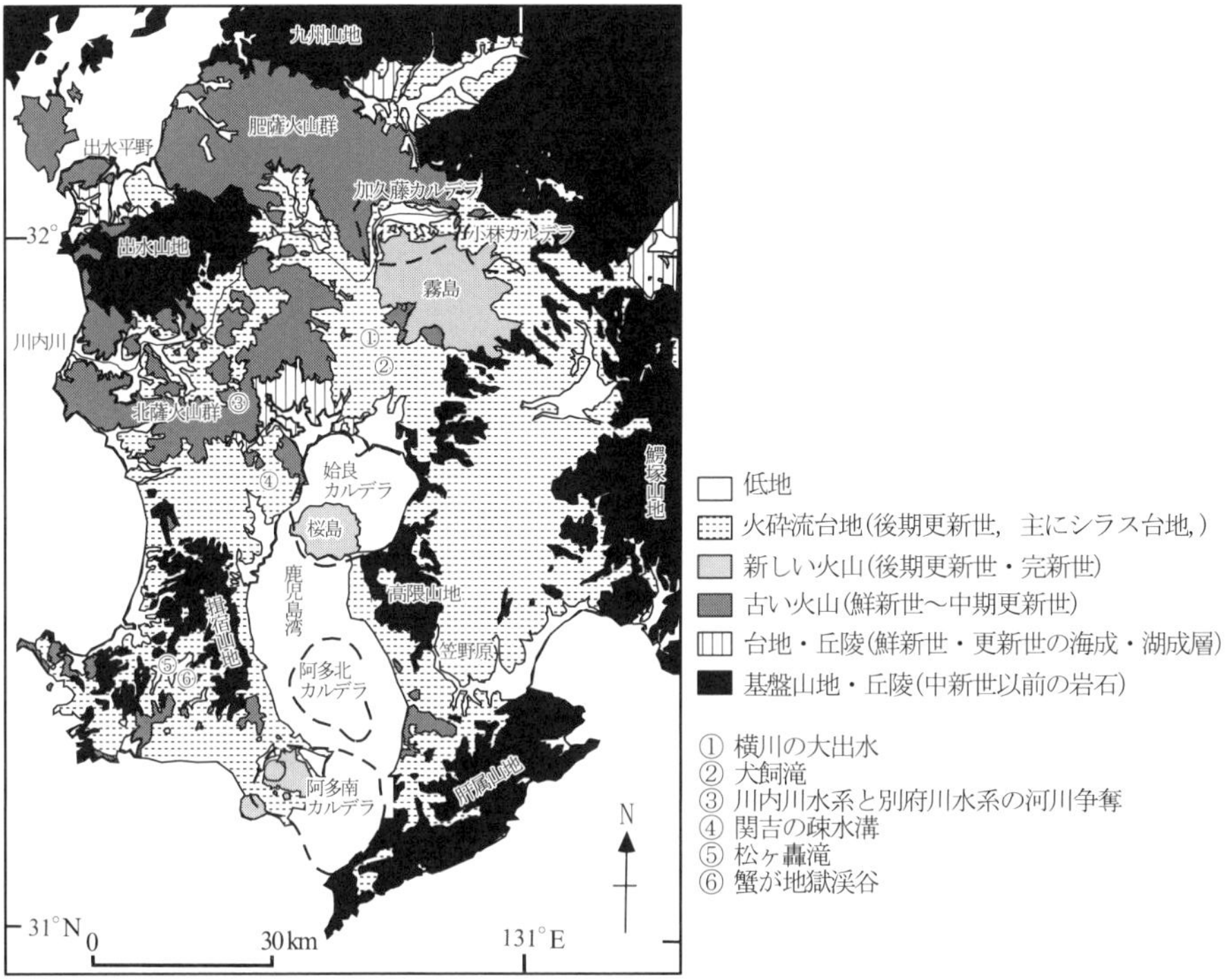

図1　南九州の地形

地形分類は町田ほか（2001）に基づく。

写真1　鹿児島湾奥を形作る姶良カルデラ

姶良市重富から

写真2　大隅半島北部を作る広大な火砕流台地ーシラス台地ー志布志市有明町岳野山展望台から

大隅半島では、北部の鹿児島湾沿いの高隈《たかくま》山地と、南部の太平洋岸沿いの肝属《きもつき》山地、東側に鰐塚《わにづか》山地が全体の地形を支配している。これらの山地は、第三紀鮮新世より古い鹿児島の基盤をなす花崗岩や砂岩・頁岩《けつがん》、変成岩からなる。大隅半島ではもっとも高い山は、高隈山地の大篦柄《おおのがら》岳（標高一二三六m）であるが、それは花崗岩の貫入によって頁岩・砂岩が変成し、硬いホルンフェルス(1)からなり、これが侵食から免れたためである。

こうした山地に囲まれて、都城から鹿屋に至る地帯と肝属山地西側は広く低地帯をなし、ここに南九州では最も広大な火砕流台地地帯が作られている（写真2）。河川網はこうした山地に支配され、肝属山地より北側の地域は主要流域界は鹿児島湾側に偏っている。主な河川である肝属川、菱田川などの流域は志布志湾に流れ込み、比較的広い肝属平野が作られている。

薩摩半島では、揖宿《いぶすき》山地などとともに北西―南東に半島を縦断する海抜高度三〇〇～六〇〇mの低山地が骨格をなす。この中で、最も高いのは南さつま市の金峰山《きんぽうざん》（標高六三六m）で、それは高隈山地と同じ由来を持つ。これらの山地の南西側では、この山地と平行して火砕流台

（1）頁岩や砂岩などの堆積岩が、花崗岩などをつくったマグマと接触し、その熱によって硬く変成した岩石。

地からなる低地帯が走る。また山塊の北側の甲突川《こうつきがわ》流域などの広い低地帯に火砕流台地が分布する。中央部での主要流域界は、鹿児島湾側にかたより、大きな河川は東シナ海に流出する。

北薩地域は、地形的には鹿児島市から串木野を結ぶ地帯、および鹿児島湾奥沿岸より北側の地域にあたる。本地域の基盤山地は、北東―南西に走る出水《いずみ》山地がある。その最高峰は紫尾《しび》山（標高一〇六七ｍ）であるが、やはりこれも高隈山地、金峰山と同様の理由からである。出水山地を挟んで、北側と南側には、肥薩火山岩類、北薩火山岩類と呼ばれる第三紀末から第四紀前期の火山岩からなる丘陵状の低山―肥薩火山群、北薩火山群―が広く分布している（図1、写真3）。これらの火山群からなる低山の間の河谷には、連続的に火砕流台地が広がる。北部には、こうした出水山地や北薩火山岩類山地、加久藤カルデラを流域として、鹿児島では最長の川内川が西流する。

（2）薩南諸島

由来からみると、薩南諸島は南北に列をもった二つの地帯に分かれる（図2）。一つは種子島・屋久島から与論島に至る太平洋側の列で、非火山の島からなる。もう一つは、北の黒島、薩摩硫黄島から横当島に至る大陸側の列で、火山島からなる。

両者の境界は火山フロントと呼ばれ、重要な地形的境界をなす。火山フロントより太平洋側の列の島々は、屋久島、奄美大島、徳之島のように高い山地を持つ島と、種子島、喜界島、沖永良部島、与論島のように、高い山地がなく、台地・丘陵からなる島に分かれる。台地は海岸段丘からなり、高い山地を持つ島でも海岸段丘が取り囲み、薩南諸島の人々の

写真3　北薩火山群の山地、丘陵
薩摩川内市祁答院町、藺牟田池の飯盛山から

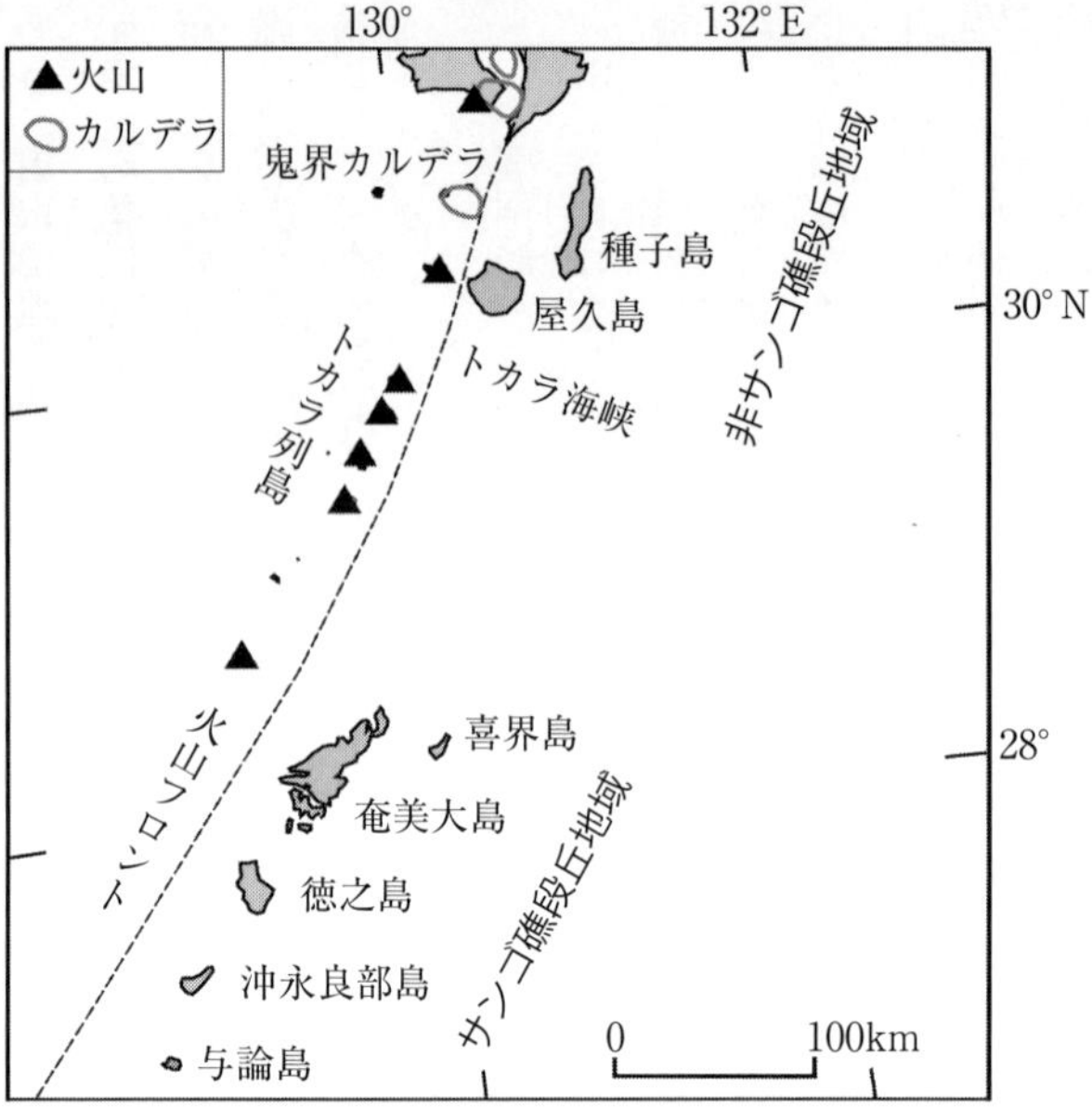

図2　薩南諸島の地形

生活や産業の基盤を作っている。ここの海岸段丘は、トカラ海峡を挟んで南の奄美大島・喜界島から南はサンゴ礁段丘からなるのに対し、北の屋久島、種子島は非サンゴ礁段丘からなる。両者の移行帯が薩南諸島にあり、こうした移行に伴う自然環境の変化や、自然環境と人々との関わりの変化を知る上で興味深い地域となっている。

2　鹿児島の特徴的な地形

以上から考えると、鹿児島に共通して特徴的な風景は、台地（段丘）であるといえよう。

九州南部では、台地の主体である火砕流台地は全体の地形の五〇％もあり、全国での割合一二％に比べると格段に高い。薩南諸島も同様に台地（海岸段丘）が広く占める。薩南諸島の海岸段丘については、森脇（二〇一七年）で紹介したので、ここでは火砕流台地に見られる特徴的な風景について考える。

（1）火砕流台地―シラス台地―の作る風景

シラス台地は、火山灰と軽石、岩片などの混在した未固結の火砕流堆積物―シラス―からなる台地である。一般的には鹿児島湾奥の始良カルデラから三万年前に噴火した巨大火砕流の噴出物からなる台地を指す。入戸《いと》火砕流と呼ばれるこの火砕流はカルデラ周辺およそ一〇〇㎞に及ぶ範囲を埋め尽くし、その結果九州南部ではどこでもみられる台地風景が形作られた（図1、写真2）。

シラス台地は様々な地形からなっている。その基本は台地平坦面と段丘崖、台地を穿《うが》つ河谷《かこく》である。それらのでき方は、基本的には次の過程が関わっている（図3）。三万年前の巨大噴火に伴う入戸火砕流が低所を埋積し、広大な火砕流原が瞬時に作られた。その直後に、火砕流原上を流れた河川は、軟らかい火砕流堆積物―シラス―を急速に侵食し、台地地形の基本的概形を作った。そして、その後の河川や海岸の徐々の侵食によって台地地形は変化してきた。現在みられる様々な台地の風景は、こうした変化過程の中で、侵食する河川の規模や流れ方、シラスが堆積する前の基盤地形の起伏や河川網など、場所の諸条件が重なって形作られている。以下には、こうして作られた代表的なシラス台地地形を紹介する。

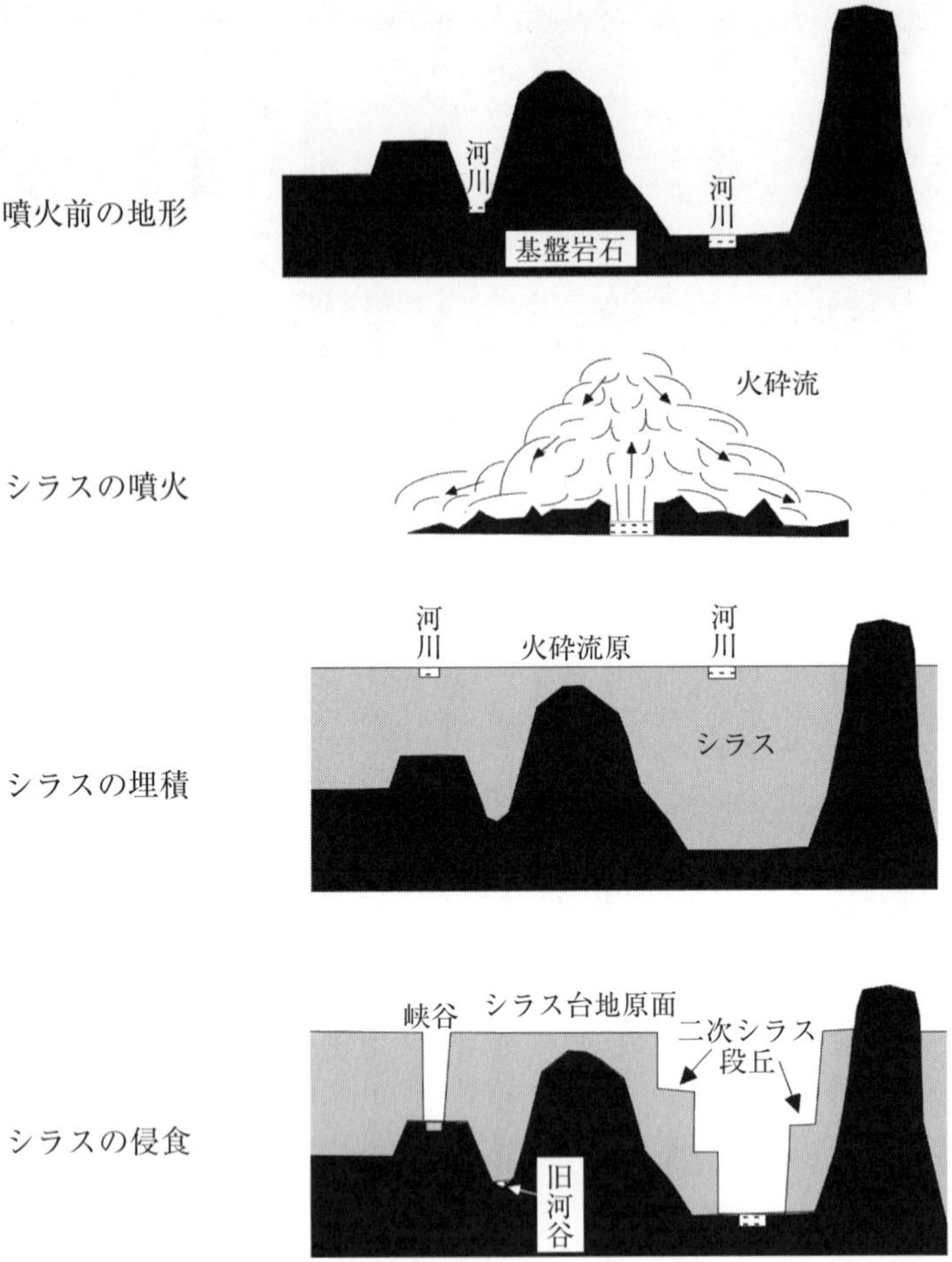

図3　シラス台地の地形形成過程の概念図

（2）シラス台地でみられる様々な地形

台地平坦面と崖

台地平坦面はシラス台地を作る基本的な地形である。噴火時に作られた平坦な火砕流原が川や海岸の侵食から取り残されたものであるが、堆積時の原面が広くは残されていない場合が多い。シラス台地と呼ばれる平坦面の多くは、火砕流堆積直後の侵食の過程で側方侵食を受けて平坦化された河岸段丘からできている。したがって、シラス台地原面とは違い、その表層は、シラスや周辺の山地・丘陵から洗い出された砂礫《され き》質河床堆積物からなっている。このような段丘を一般に二次シラス段丘と呼んでいる（図3）。シラス台地の典型とされる大隅半島の笠野原台地も、よくみると何段もの二次シラス段丘面からできている。こうした二次シラス段丘は、火砕流が堆積した直後に、急速に作られたことがわかっている。

二次シラス段丘の特徴の一つは、二次シラス段丘面とシラス台地原面との段丘崖の比高が下流にいくにつれて大きくなるが、臨海の低地面とは逆に小さくなることである。大隅半島の串良川下流の肝属平野や北薩の出水平野などで見られるように、環境条件が整うと、低地との比高がなくなり、低地下に潜り込むようになるところも認められる（写真4）。このような風景が臨海の低地付近で見られるのは、シラスが噴火した当時の海面が現在よりも一〇〇mほど低く、この時の河口の位置を基準とした侵食によって作られた急勾配な二次シラス段丘が、その後の海面上昇に伴って作られた

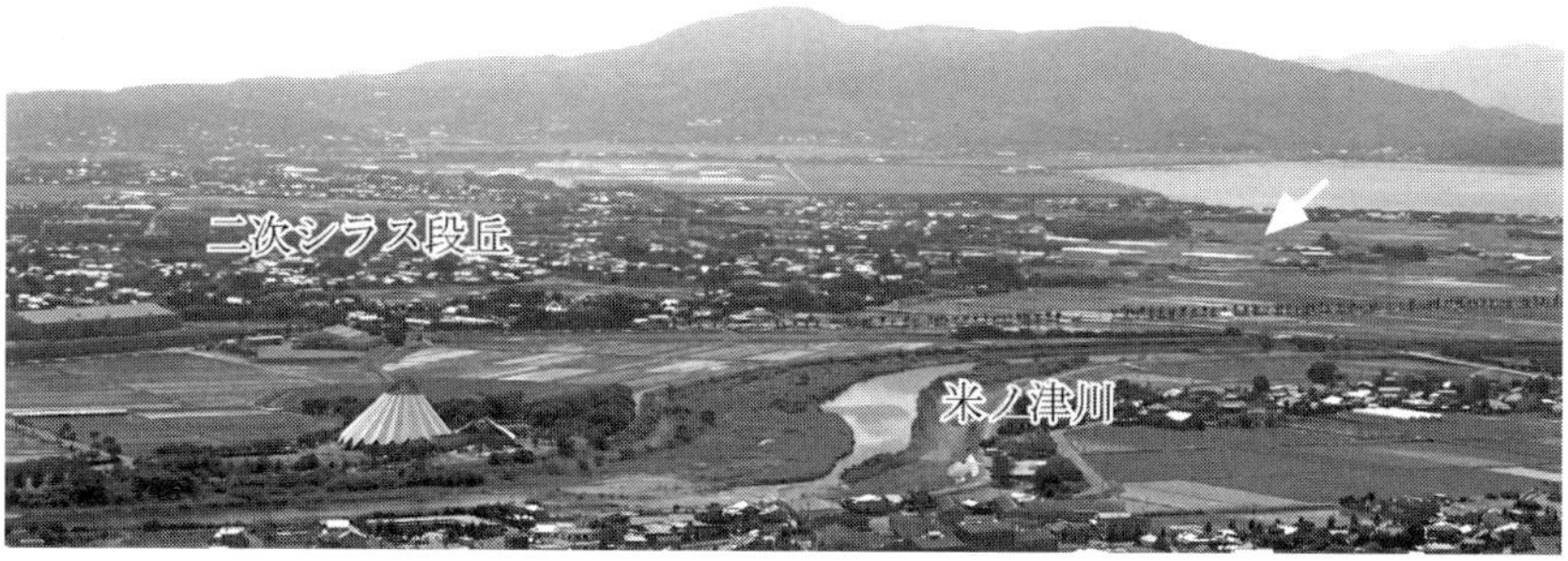

写真4　出水平野の二次シラス段丘

出水市東光山展望台から。高尾野川、平良川、米ノ津川によって作られた二次シラス段丘で水田は低地。左の山地側から右の海岸側に向かって段丘崖の比高は小さくなり、現在の海岸に近い白矢印のあたりが段丘の末端で、段丘面は低地下に埋没する。

低地堆積物に覆われてしまっていることによる。

峡谷、渓谷、滝、盆地

穿たれたシラス台地の間には大小の盆地があり、それらは滝や急流からなる峡谷によって繋がれている。これは鹿児島に一般的にみられる風景である。こうした峡谷・滝は、水力発電・灌漑用水路の取水口などに利用されてきたし、景勝地をなすことから観光場所となってきた。峡谷の上・下流の盆地は、水田や畑などの耕作地や集落立地の基盤を提供してきた。そのような例を挙げてみよう。

霧島山麓の妙見温泉で天降川《あもりがわ》に合流する中津川に景勝地の犬飼滝がある（図1、写真5）。この滝の上流側は水田などが耕作される盆地となっており、滝の下流側は峡谷をなす。盆地底と峡谷底の標高差は六〇ｍほどある。ここに滝が作られたのは火砕流堆積後の河川が下刻中に硬い岩石にあたったためで、これにより滝から上流では下刻が困難になり、代わって、硬い岩石上面を基準として側方侵食が生じて盆地が作られた。ここの硬い岩石は、シラスが溶結したものであるとされる。隣の霧島川にも小鹿野《こしかの》滝があり、上流には広い盆地底が作られている。ここには多くの集落があるし、滝の上流での取水によって下流の峡谷には発電所が立地する。中津川や霧島川など霧島に流域を持つ河川は水量が豊富なことと、比較的急流であるため、下流側では硬い岩石も削って下方侵食が進行し、新川《しんかわ》渓谷など深い峡谷が形成されている。

薩摩半島の万之瀬川《まのせがわ》は、中流部においてこの半島で最も広い川辺盆地を作っている。盆地出口の越原集落のところには滝—松ケ《まつが》轟《とどろき》滝—がある（図1）。この下流は急流をなす峡谷となり、加世田の臨海低地に繋がっている。上流は、松ヶ轟滝を作る阿多溶結凝灰岩が侵食基準となり、シラス台地を万之瀬川が側方侵食して川辺盆地の平坦地を作った。この滝の地点は、下流に広がるシラス台地の新田開発のために作られた灌漑用水路の取水口となったし、発電所用の取水口も作られている。さらに万之瀬川上流の麓川には、川辺盆地と知覧盆地との間に蟹が地獄と呼ばれる急流と渓谷が介在し、両盆地底の間に五〇m以上の標高差を作っている（図1）。この渓谷も阿多溶結凝灰岩が露出しており、この渓谷の上流側の知覧盆地も川辺盆地と同様に、シラスが側方侵食を受けて作られた。その渓谷の入り口には、明治から昭和初期に鉱石精錬が行われた金山水車の史跡がある（写真6）。

以上のようにシラス台地を巡る盆地と峡谷の多くは、軟らかいシラスとこれに覆われた

写真5　犬飼滝

写真6　蟹が地獄渓谷と金山水車跡

溶結凝灰岩などの硬い岩石の存在によって作られ、地域の人々の生活に利用されてきた。

積載谷—関吉《せきよし》の疎水溝を巡る地形—

「関吉の疎水溝」はよく知られている世界遺産の一つである。この疎水溝を巡る地形の由来について考えてみる。この疎水溝は稲荷川水系の精木川《あべきがわ》の峡谷に作られた（図1、図4）。この峡谷の河床や崖はシラスより古い時代の硬い溶結凝灰岩からなっている（写真7）。この溶結凝灰岩が作る小丘が峡谷の西側にあり、東側は吉野の台地につながっている。つまり関吉の峡谷は、吉野台地からわずかに西側に突き出た溶結凝灰岩の山稜を精木川が南北に下刻して作られている。峡谷の上流は川上町の低地、下流は下田町の低地が広がる。下田町の低地の下流の実方《さねかた》付近から下流の滝之神《たきのかみ》では峡谷となり、やはり両岸の崖は硬い岩石からなる。

川上町・下田町の精木川低地の東側では、硬い溶結凝灰岩からなる広い吉野台地が精木川の流域となっているが、西側では、甲突川水系の長井田川流域が迫り、精木川の流域はほとんどない（図4）。しかもその両流域の分水界をなす台地と精木川の低地との比高は大変小さく、一〇m以下のところもある（写真8）。精木川の低地の海抜高度は一二〇～一五〇mであるが、長井田川の低地は五〇～八〇mで、その高度差は大きく、両低地の境界は急崖となっている。この急崖はシラスからなっており、精木川の低地は厚いシラスの上に作られていることがわかる。分水界が精木川縁辺にあることは、長井田川によるシラス台地の侵食が精木川低地近くまで及んでいることを示している。それは、高速道路が長井田川低地から精木川低地に上がるところや、低地沿いに通る県道二五号線（鹿児島蒲生線）

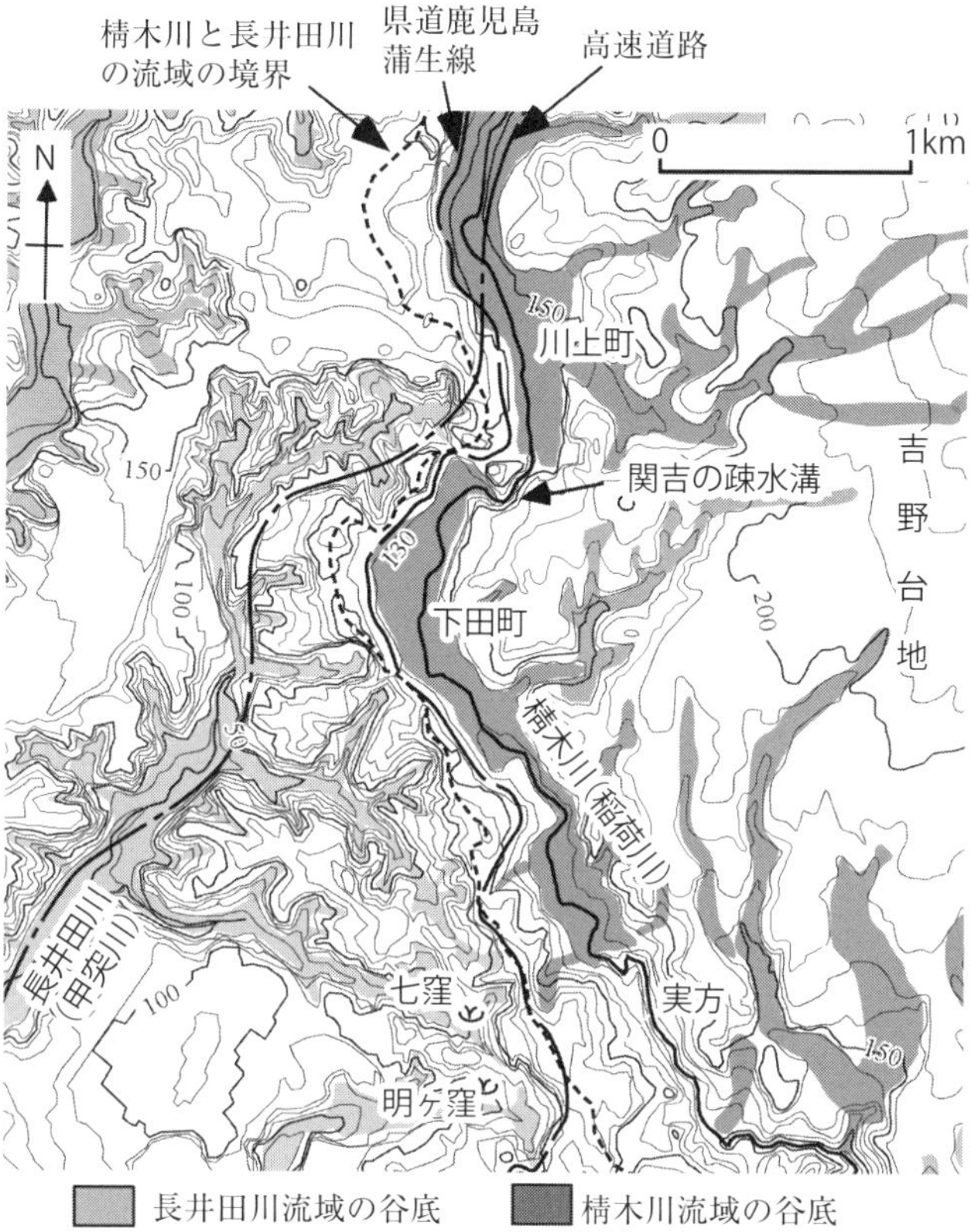

図4　関吉の疎水溝周辺の地形

数字は等高線の標高（m）

写真7　関吉の疎水溝と峡谷

写真8　椨木川低地と背後の低い分水嶺（矢印）。後景のスカイラインをなす台地との間に長井田川の谷がある。

からみることができる（図4）。以上のことは、「関吉の疎水溝」の峡谷と実方・滝之神の峡谷を作る硬い溶結凝灰岩の高まりによって分けられる川上町と下田町の低地のところは、シラスに埋められた深い谷が吉野台地から長井田川など甲突川水系の方向にあることを示す。こうした峡谷と低地、流域の関係から、次のような形成過程を考えることができる（図5）。

シラスが堆積する前は、峡谷となっている「関吉の疎水溝」と実方・滝之神のところは、硬い岩盤の高まりが吉野台地方面から張り出していた（図5の1）。ここでの河川はこれらの高まりを流域界として吉野台地から西方の旧長井田川などの甲突川水系に流出していた。つまり、実方付近より上流では、現在のような南北を流れる椨木川はなかった。そしてシラス噴火の際、谷だけでなくこれらの低い基盤岩の高まりもシラスで埋められて、シラスの火砕流原が作られた直後に、この高まりの上を横切るようにして、吉野台地縁辺沿いに椨木川の河道が南北に作られた（図5の2と3）。その後、火砕流原は急速に下刻されたが、硬い岩盤のところでは下刻は遅くなり、また側方の侵食も進まず、峡谷が形成された（図5の4）。椨木川はこの「関吉の疎水溝」と滝之神の硬い岩盤に支えられたため、両岩盤の高まり間の谷には厚いシラスがあるにもかかわらず下刻されなかった。その結果、この岩

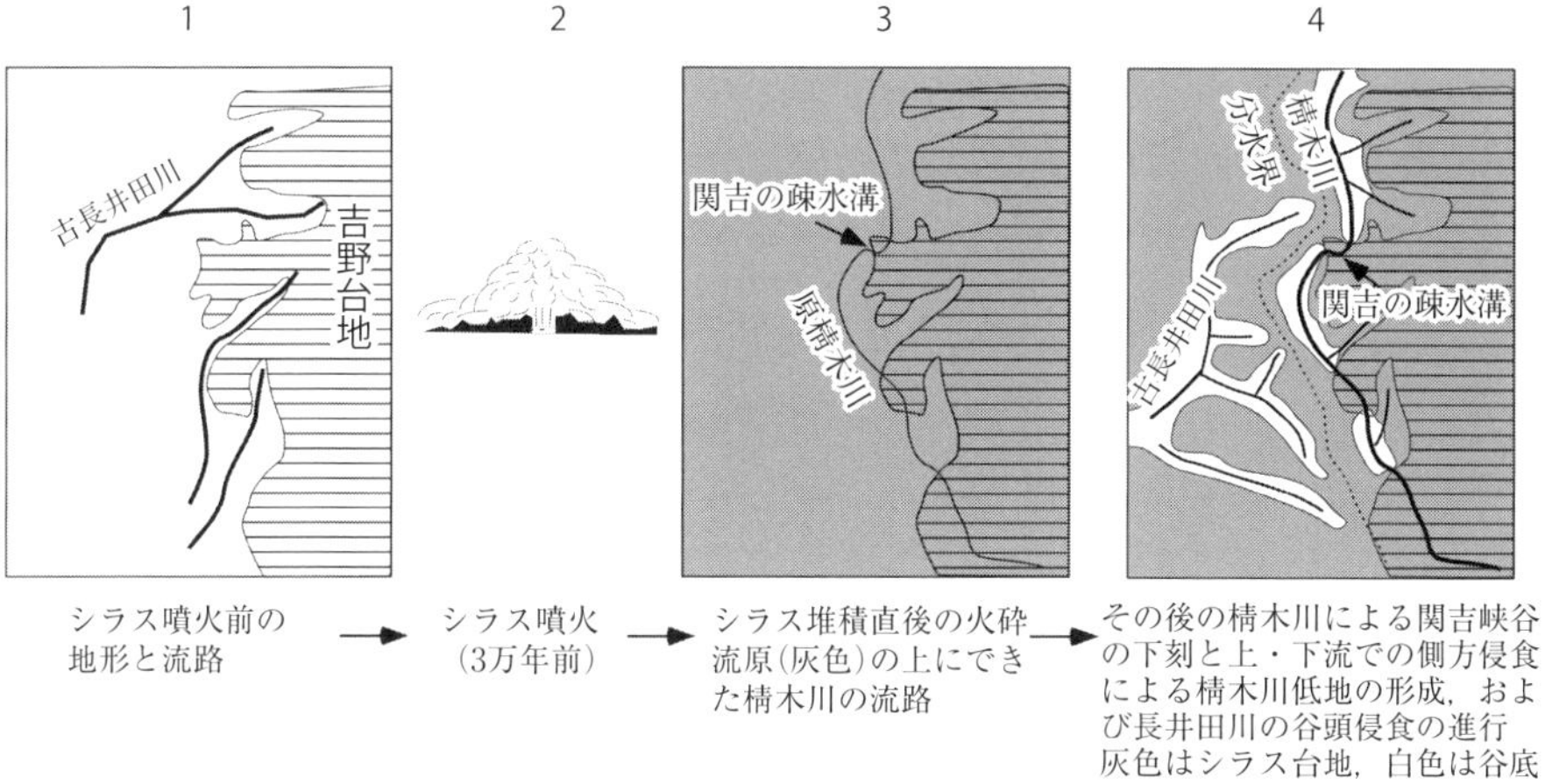

シラス噴火前の地形と流路
シラス噴火（3万年前）
シラス堆積直後の火砕流原（灰色）の上にできた精木川の流路
その後の精木川による関吉峡谷の下刻と上・下流での側方侵食による精木川低地の形成，および長井田川の谷頭侵食の進行
灰色はシラス台地，白色は谷底

図5　稲荷川水系、精木川とその周辺地形の由来

盤を侵食基準面として側方侵食が生じて、精木川の低地が作られた。

一方、甲突川水系の長井田川の流域は、シラス堆積後、急速に低高度にまで下刻された。現在、長井田川からのシラスの谷頭《こくとう》侵食が精木川の低地近くまで及び、シラス堆積以前の谷への回帰現象が進んでいる。その結果、精木川の低地は、周囲を急崖、急流に囲まれた高い位置に残されている。精木川低地西側の崖下で、七窪《ななくぼ》や明ヶ窪《みょうがくぼ》などの大量の湧水がみられるところは、吉野台地を流域とする埋積谷底《まいせきこくてい》があると考えられる。

地形の傾斜に沿ってながれる河道を引き継いで、硬軟の地質に無関係に下刻した河川は、積載河川とか表成《ひょうせい》河川と呼ばれている。この用語は、大規模で、長期の現象に基づいて作られたものである。精木川の場合は、瞬時に堆積した火砕流原を流れた河道を引き継いだ特殊な例であるが、一種の積載河川で、「関吉の疎水溝」は積載谷に当たるといえよう。

湧水《ゆうすい》と洞穴

鹿児島には湧水が多くみられる。少し前の一九〇〇年代後半ごろには、現在よりさらに多くの湧水があったことが知られている。湧水が多いのは、透水性の高い火砕流堆積物が広く分布し、浸透した降水が基底の硬い岩盤など水を通しにくい地質の表面を地下水となって流れるからである。その結果、陸上では渇水に悩まされるが、硬い岩石などの難透水層とシラスなどの透水層の境界が台地崖下などで地表に出ているところでは、湧水がしばしば見られる。そうした場所の近くに集落が立地し、人々に利用されてきた。

湧水でも特に流量が多いのは、シラス埋積前の旧河川跡である（図3）。その旧河川の流域が大きいほど、湧水の流量は多くなる。上記の明ヶ窪、七窪や横川の大出水、大隅半島中部の観音淵、川辺の清水など著名な湧水があるが、そうした湧水は流域の比較的大きい旧河道に由来するものと考えられる（写真9）。

シラス台地の地下水の出口は侵食されやすく、笠野原の観音淵洞穴のように多量の湧水がでて、幅広い洞穴が作られているところもある。しかし、財部《たからべ》の溝ノ口洞穴や霧島の熊襲の穴など現在は湧水があまりないところもある。そうした洞穴は、風化によって洞穴の壁が剥がれ落ちて作られる一種のタフォニと呼ばれるような地形とも考えられる。

河川争奪

かつて元鹿児島大学教授の米谷静二氏が、シラス地帯に多数の河川争奪地形があること

写真9　大出水の湧水。横川

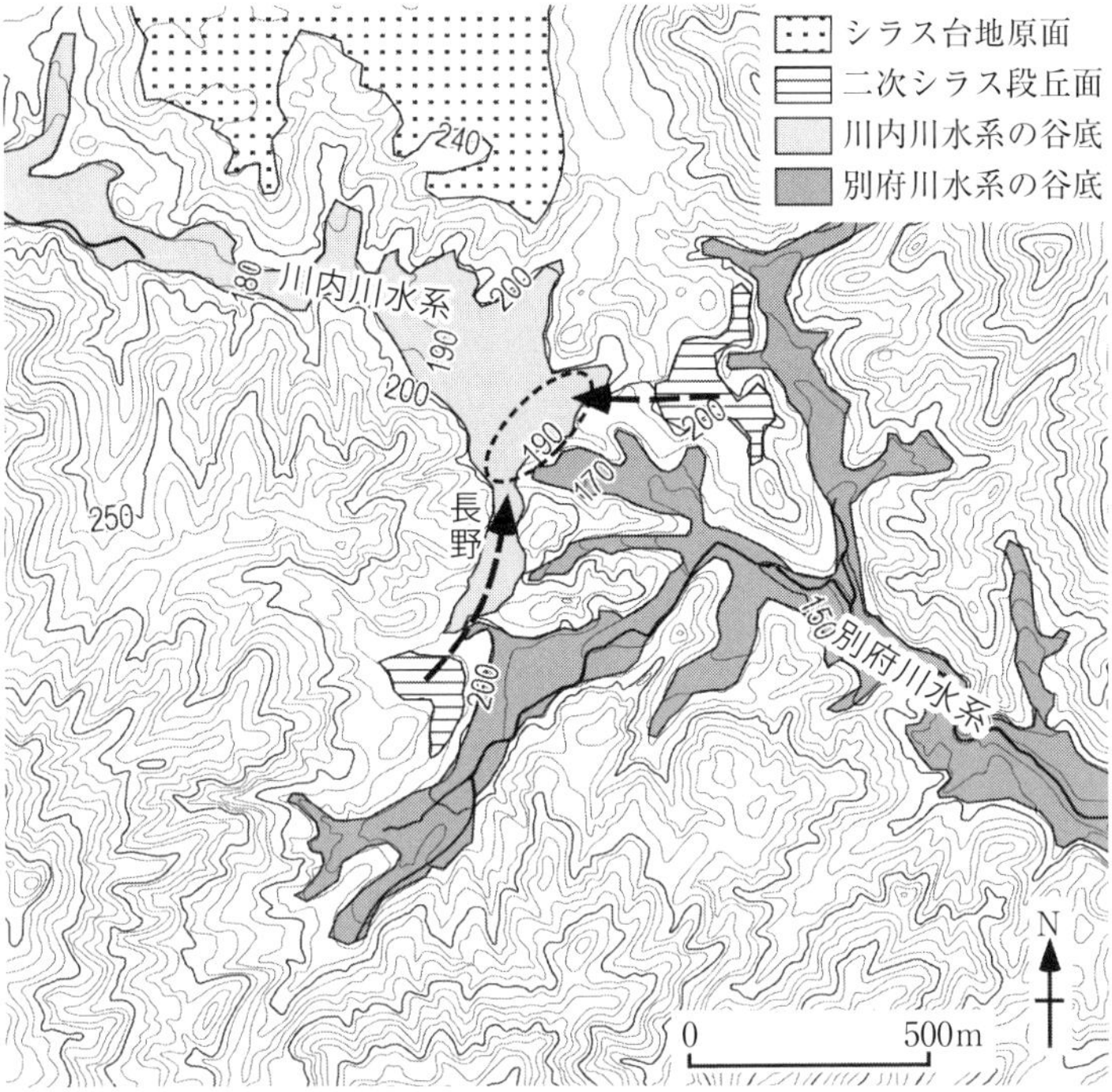

図6　川内川水系と別府川水系の河川争奪

矢印は別府川水系が河川争奪する前の川内川水系の河谷、破線の楕円は風隙、数字は等高線の標高（m）

基図は国土地理院の基盤地図情報による。

を指摘したように、シラス地帯には河川争奪地形が多い。シラス台地の河川争奪は、シラス堆積後に生じる河川の侵食過程の中で、谷頭侵食の旺盛なある河川が他方の河川を切り取り、その上流を自分の河川流域に取り込む現象である。その結果、切り取られた河川の谷頭部付近は風隙《ふうげき》となり、旧低地の中に分水界—谷中谷《こくちゅうこく》分水界—ができることになる。したがって、河川争奪を見つけるには、まず風隙を捜すことになる。

例として、鹿児島湾奥に注ぐ別府川《べっぷがわ》の支流、前郷川《まえごうがわ》の上流と、東シナ海に注ぐ川内川の支流、樋脇川《ひわきがわ》の上流との河川争奪を紹介する（図1、図6）。ここには、川内川水系の谷中の低地がその上流端の長野集落付近で突然別府川水系の急崖となり、風隙が認められる。現在の別府川水系の谷沿いには高度二〇〇mほどの二次シラス段丘面があり、それは川内川水系の谷底にスムースに繋がることが読み取れる。このことは、標高二四〇mほどのところにあるシラス台地原面を川内川水系の河川が四〇～五〇mほど下刻して、上流では川内川水系の川が現在の別府川水系の谷を流れていたが、その後別府川水系の川の谷頭侵食に伴い、風隙の付近で別府川水系に河川争奪されたことを示している。

シラス地帯に河川争奪地形が多いのは、シラス台地は形成が新しく未固結な堆積物からなることに加え、シラス堆積前と現在の河川網が異なる場合があるために、河川パターンがまだ十分安定していないことによると考えられる。

おわりに

多様な地形がある鹿児島を最も特徴づけ、人々と深く関わってきた風景はシラス台地である。シラス台地もよく見ると様々な興味深い地形からできていることがわかる。これらの由来に共通して関わっているのは、瞬時の火砕流原の形成とその直後の急激な侵食による河川網の形成である。これに、流域規模や噴火前の基盤地形などの場所によって異なる条件や、環境条件の史的な変化が重なり、多様な風景が形作られてきた。ここではそうしたシラス台地にまつわる興味深い地形の一端を紹介したが、これに類した地形は、シラス分布地域では他にもよく見られる。またここで紹介できなかったが、他にも興味深い台地地形はいろいろある。こうした地形は、景勝地を提供してきたし、鹿児島の人々の生活・文化・産業と深く関わってきた。それは、地図や写真、野外散策によって簡便に読み取ることができる。身近で見過ごしがちであるが、深い由来を持つシラス台地の風景について理解が深まれば幸いである。

〔参考文献〕
内嶋善兵衛・勘米良亀齢・田川日出夫・小林茂編『日本の自然　地域編7　九州』岩波書店　一九九五年
鹿児島県地質図編集委員会『鹿児島県の地質』鹿児島県　一九九〇年
鹿児島県保健環境部環境管理課編『鹿児島のすぐれた自然』財団法人鹿児島県公害防止協会　一九八九年
佐野武則『シラス地帯に生きる』鹿児島文庫37　春苑堂出版　一九九七年

町田　洋・新井房夫『火山灰アトラス』東京大学出版会　二〇〇三年
町田　洋・太田陽子・河名俊男・森脇　広・長岡信治『日本の地形7　九州・南西諸島』東京大学出版会　二〇〇一年
森脇　広「南九州―活火山と巨大カルデラのある風景―」池田　碩編『地形と人間』八七―九九頁　古今書院　二〇〇五年
森脇　広「鹿児島湾―地形とその由来―」『地図情報』二八巻二号　二―六頁　二〇〇八年
森脇　広「シラス台地、自然と人々―鹿児島の風景を読む―」『鹿児島の中に世界をみる教養科目群の構築、鹿児島探訪―自然―講義録』国立大学法人鹿児島大学教育センター　六三―七三頁　二〇一〇年
森脇　広『鹿児島の地形を読む―島々の海岸段丘―』鹿児島大学島嶼研ブックレット No.7　鹿児島大学国際島嶼教育研究センター　北斗書房　二〇一七年
横山勝三『シラス学―九州南部の巨大火砕流堆積物―』古今書院　二〇〇三年
米谷静二「九州南部における河川争奪関連地形」『鹿児島地理学会紀要』二二巻二号　一九七六年

第1部

鹿児島城下町編

中世〜近世の島津氏 —— 金井静香
【コラム】鹿児島の古本文化 —— 多田蔵人
【コラム】銅像 —— 高津　孝
絵図にみる鹿児島城と城下町 —— 小林善仁
【コラム】鹿児島の夏祭り—「六月燈」と「おぎおんさぁ」—— 小林善仁
【コラム】鹿児島市電の系譜 —— 石塚孔信
集成館事業を掘る —— 渡辺芳郎
【コラム】戦跡考古学としての西南戦争研究 —— 渡辺芳郎
【コラム】東洋のナポリ—鹿児島市の姉妹・友好都市 —— 藤内哲也
藩校と近代の高等教育機関 —— 丹羽謙治
【コラム】黎明館の郷土玩具コレクション（川邉コレクション）— 大田由起夫
【コラム】近代医学始まりの地 —— 米田孝一

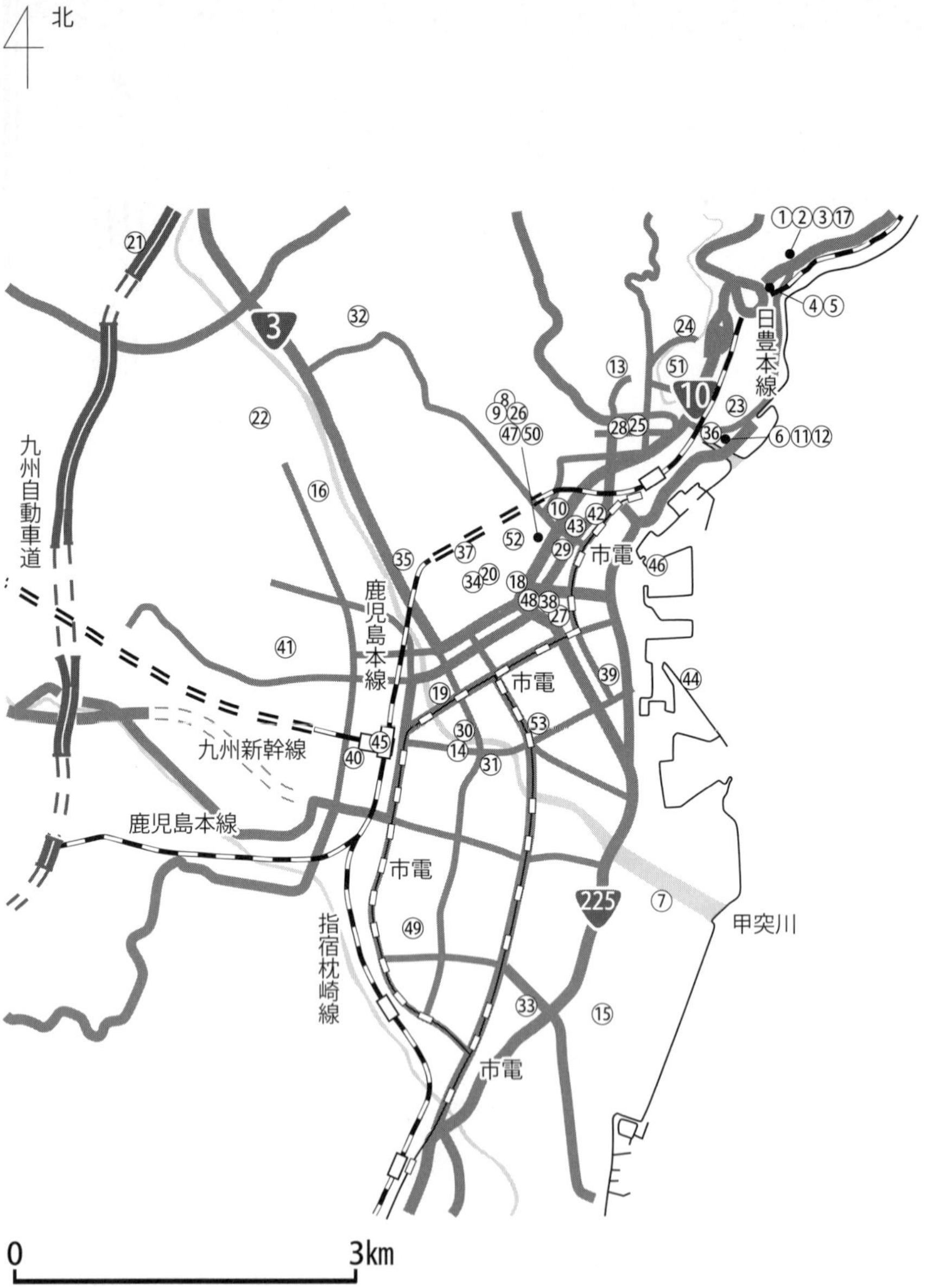
北
九州自動車道
鹿児島本線
九州新幹線
鹿児島本線
指宿枕崎線
日豊本線
市電
市電
市電
市電
甲突川
3
10
225
①②③⑰
④⑤
⑥⑪⑫
⑦
⑧
⑨㉖
㊼㊿
⑩
⑬
⑭
⑮
⑯
⑱
⑲
⑳
㉑
㉒
㉓
㉔
㉕
㉗
㉘
㉙
㉚
㉛
㉜
㉝
㉞
㉟
㊱
㊲
㊳
㊴
㊵
㊶
㊷
㊸
㊹
㊺
㊻
㊽
㊾
51
52
53
0
3km

No.	鹿児島城下町編
1	反射炉跡（吉野町）
2	熔鉱炉跡（吉野町）
3	旧機械工場（吉野町）
4	紡績所跡（吉野町）
5	紡績所技師館（吉野町）
6	祇園之洲砲台跡（清水町）
7	天保山砲台跡（天保山町）
8	竪野冷水窯跡（冷水町）
9	鹿児島城御楼門跡石垣（城山町）
10	私学校跡石垣（城山町）
11	青森県元弘前藩士石碑（旧官軍墓地跡）（清水町）
12	祇園之洲公園（清水町）
13	福昌寺跡（池之上町）
14	ナポリ通り・パース通り（中央町など）
15	白波スタジアム（与次郎二丁目）
16	鹿児島アリーナ（永吉一丁目）
17	磯庭園・江南竹林（吉野町）
18	西郷隆盛銅像（城山町）
19	大久保利通銅像（西千石町）
20	島津斉彬・久光・忠義銅像(照国町）
21	田中宇都地下壕（小野二丁目）.
22	陸軍墓地（永吉三丁目）
23	東福寺城（清水町）
24	清水城（稲荷町）
25	内城（大竜町）
26	鶴丸城（城山町）
27	俊寛堀（中町）
28	篤姫生家（今和泉島津家上屋敷）（大竜町）
29	小松帯刀生家（肝付家上屋敷）（山下町）
30	西郷隆盛生家（加治屋町）
31	大久保利通生家（高麗町）
32	旧島津氏玉里邸庭園（玉里町）
33	中村御茶屋跡（下荒田四丁目・鴨池二丁目）
34	照国神社（照国町）
35	新照院（新照院町）
36	八坂神社（清水町）
37	城山展望台（城山町）
38	西本願寺鹿児島別院（東千石町）
39	東本願寺鹿児島別院（新町）
40	西郷武屋敷跡（武二丁目）
41	西郷家の墓　（常盤二丁目）
42	赤倉跡（小川町）
43	オブジェ「ウィリス、高木に西洋医学を説く」（山下町）
44	鹿児島本港（本港新町）
45	鹿児島中央駅（中央町）
46	新波止砲台跡（本港新町）
47	第七高等学校造士館跡（城山町）
48	造士館・演武館跡（山下町）
49	旧鹿児島高等農林学校（現、鹿児島大学郡元キャンパス）（郡元一丁目など）
50	聚珍寶庫碑（城山町）
51	本立寺跡（清水町）
52	かごしま近代文学館・メルヘン館(城山町）
53	甲南中学校・樋口五葉生誕地（樋之口町）

中世〜近世の島津氏

金井静香

はじめに

前近代の日本史上では、武芸・武術を代々の家業とした家系が数多く登場する。将軍や守護、藩主を輩出した家から、郡司、地頭、国人クラスの家に至るまで規模は大小あり、辿った運命もまた様々である。そうしたなかの一つである島津氏(1)の特徴は、何と言ってもその家系の連続性にある。初代の島津(惟宗)忠久の名が史料に初めて現れるのが治承三(一一七九)年(2)、以来その子孫は紆余曲折ありながらも存続し、明治維新(一八六八年)を迎えた。その間は、数多くの分家を輩出しつつ、歴史上の様々な事件に関わって名を残し、さらには初代以来の文書一万七〇〇〇余点(島津家文書(3))を保存して近代以降に受け渡した。興

(1) 本稿では、島津忠久の子孫の総称として「島津氏」を用い、島津氏から分かれた家系のなかの一つを指す場合には「某家」(例 奥州家)と表記する。また、島津氏嫡流の人物にはその代を漢数字で付す。島津氏の人物の没年や代数は尚古集成館編『島津氏正統系図』(島津家資料刊行会)による。
(2) 『山槐記』治承三年二月八日条
(3) 東京大学史料編纂所所蔵

亡の激しかった武家の家々のなかでは、極めて希有な存在といってよいだろう。

　本稿では、島津氏のなかでも守護（中世）、藩主（近世）を継承した家系を中心にその歴史を概説的にたどりながら、鹿児島県内にある島津氏関連の史跡を紹介する。なお、本稿で述べた内容で特に注記がないものは、稿末に挙げる参考文献を典拠としている。

1　平安時代末期～建武政権期

　島津氏初代忠久の実父は、複数の一次史料に基づいて野口実氏が推定したように[4]、右衛《うえ》門尉惟宗忠康《もんのじょうこれむねのただやす》と考えるのが妥当であろう。『島津氏正統系図』や『島津国史』に記されている源頼朝落胤説は一五世紀以降に発達したものであるが、江戸時代には薩摩藩の公式見解であり[5]、史跡のなかにもその説を反映するものがある。例えば、「薩摩日光」と称される花尾神社（鹿児島市花尾町）は、忠久が父・頼朝や母・丹後局らを祀るために創建したと伝わり、周辺には丹後局の墓とされる多宝塔や、丹後局茶毘所跡などがある。

　実際の忠久は、「はじめに」でも触れたように、源頼朝の挙兵（一一八〇年）の前年には『山槐記』に登場している。この日京都を進発した春日祭使の行列に供奉した「左兵衛尉」の一人であった。惟宗氏は摂関家の下家司を世襲する氏であり、忠久は武官の職を帯して京都で摂関家に仕えていたとみられる。

　その忠久が、元暦二（一一八五）年に源頼朝の下文[6]によって、伊勢国波出御厨《はでのみくりや》と同国須《す》可荘《かのしょう》の地頭に補任される。忠久が鎌倉殿（鎌倉幕府の首長）の御家人となった背景について

（4）野口実「惟宗忠久をめぐって―成立期島津氏の性格―」同『中世東国武士団の研究』高科書店　一九九四年　初出は一九九一年
（5）日隈正守「コラム　島津氏の出自」原口泉・永山修一・日隈正守・松尾千歳・皆村武一『鹿児島県の歴史』第二版　山川出版社　二〇一一年
（6）『大日本古文書　家わけ第一六　島津家文書』（以下、『島津家文書』）一・二

図1　島津氏嫡流系図

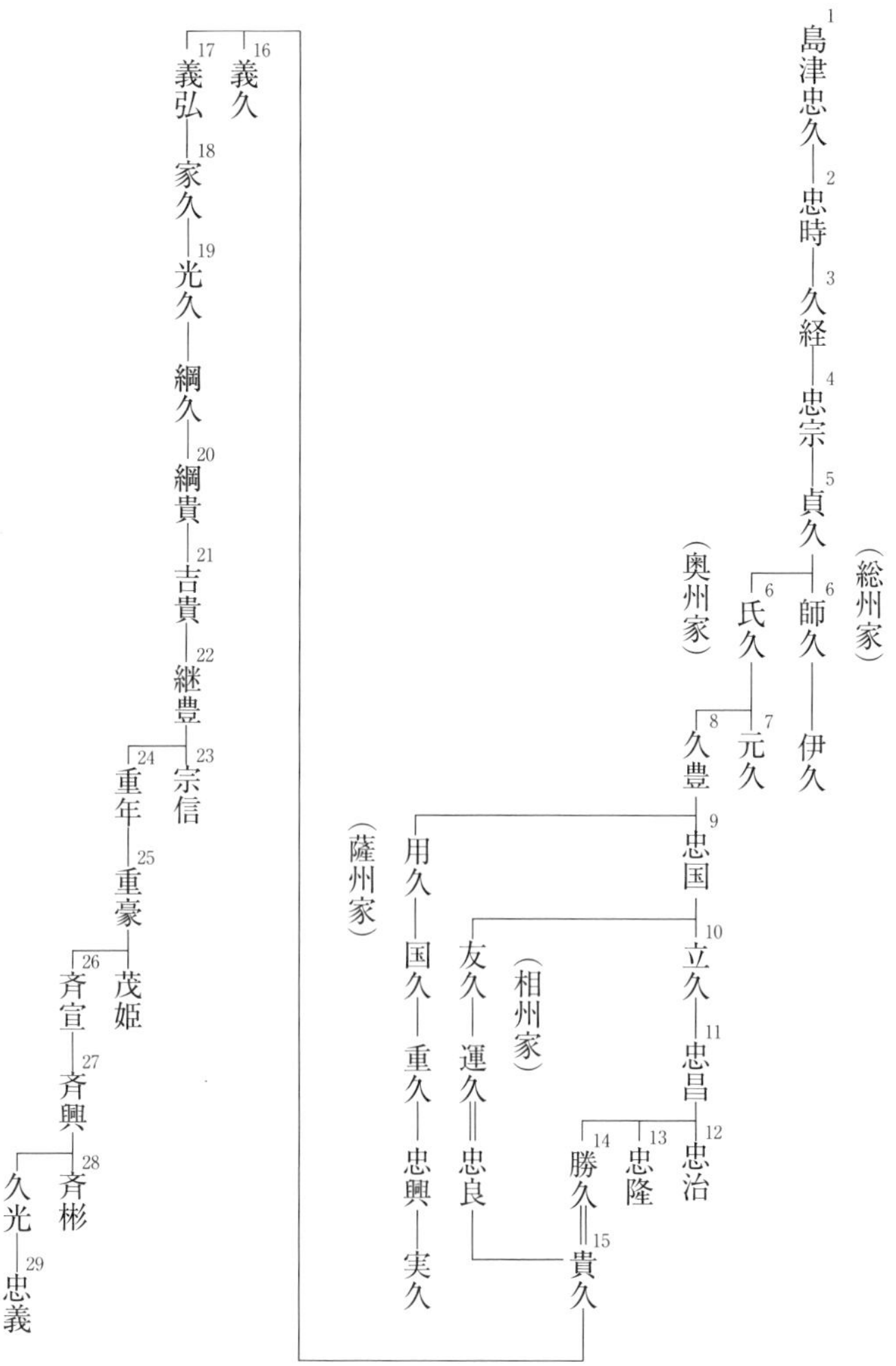

（注）
1．右の系図は、尚古集成館編『島津氏正統系図』（島津家資料刊行会）に依拠して作成した。
2．数字は島津氏嫡流の代を示し、＝は義理の親子関係を表す。
3．島津綱久は藩主となることなく父光久に先だって死去したため、島津氏嫡流のうちの一代として数えられていない。

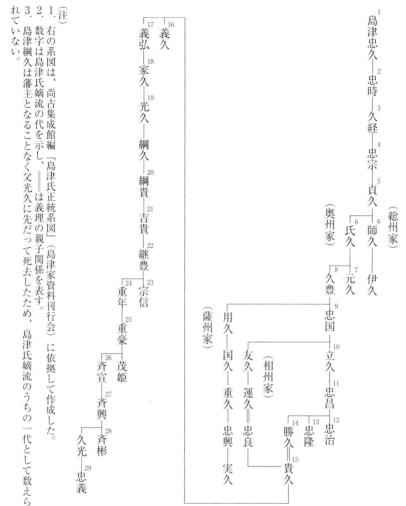

は様々に推測されているが、幕府創業当初、人材を京都から集めていた頼朝の目に、「都の武者」として必要な作法を身につけ且つ摂関家との縁故を持っていた忠久が、魅力的な人物に映ったことは想像に難くない。忠久の母方の家系は頼朝乳母の比企尼《ひきのあま》（比企掃部允の妻）につながっていると考えられ、(7) そのことも忠久の御家人採用を考える上でプラスに働いたであろう。

写真１　丹後局の墓とされる多宝塔

同年八月、忠久は同じく頼朝下文によって、薩摩・大隅・日向三カ国に広がる島津荘の下司《げし》職に補任され、翌年には同荘地頭として現れる。(8) 摂関家に仕えていた経歴を持つ忠久は、摂関家領島津荘に配置する御家人として適任であった。ただ、それによって忠久が島津荘に下向しそこに住むようになったわけではない。忠久が地頭職に補任されている荘園は島津荘だけではなかったし、またその後も忠久は、鎌倉で陰陽道関係の所役に多く従い、京都では検非違使などの官職に任命されていた。そんな彼に代わって島津荘に下向したのは、酒匂氏、本田氏、猿渡氏、鎌田氏、東条氏と言った、忠久が東国で編成した被官であった。(9)

建久八（一一九七）年には忠久は、薩摩・大隅両国の「家人奉行人」にも任じられた。(10)

（7）『吉見系図』によれば、忠久は惟宗広言と比企尼の嫡女・丹後内侍の間の子となる。野口実氏は、忠久は広言との間に猶子ないし養子関係を結んでいたのではないかと推測している（注（4）所掲論文）。

（8）『島津家文書』三・五

（9）注（4）所掲野口論文

（10）『島津家文書』一一

事実上の守護への補任であり、のちその範囲には日向国も加わっている。こうして南九州と島津氏との縁は深まったのだが、忠久は建仁三（一二〇三）年の比企の乱に縁座し、この三カ国守護職及び島津荘の惣地頭職を没収されてしまう。[11]その後忠久は元久二（一二〇五）年までには薩摩国守護職に、建暦三（一二一三）年島津荘薩摩方惣地頭職に、それぞれ還補されるが、[12]大隅国と日向国については鎌倉時代を通じて島津氏の支配下にはなかったのである。

二代目の島津忠時、そして三代目の島津久経もその前半生までは、主に鎌倉在住であったとみられる。しかし、久経のときに起こった蒙古襲来のため、彼は御家人として異国警固のため九州に下向する。そして、父とともに筑前筥崎《はこざき》の守備にあたった四代目の島津忠宗も、九州に身を置き薩摩国を支配しようとするが、ことはそう簡単ではなかった。忠久が御家人となって南九州に権益を与えられる以前から、そこには郡司や在庁官人として地位と勢力を保持している豪族的武士たちがいた。彼らは治承・寿永の内乱時に平家に与して所領没収された者を除き、鎌倉時代にも薩摩や大隅で存続していた。[13]彼らにとっては、島津氏は外部からやって来た新参者であった。一方、島津氏の側は、自らの庶流の家に、島津荘薩摩方内で郡・院・荘単位で地頭としての権益を与えていた。そのなかの山田家（島津忠時の息子忠継を祖とする）は、谷山郡地頭職を与えられ、そこの郡司谷山氏と鎌倉後期に争いを続けている。[14]庶子家を通じ島津氏も現地を浸食しつつあった。

元弘三（一三三三）年五代目の島津貞久のときに転機が訪れる。彼は、後醍醐天皇や足利高氏の要請を受け、鎮西探題北条英時を小弐貞経、大友貞宗らとともに攻撃した。その賭は当たり、関東の鎌倉幕府とその地方出先機関は滅ぼされ、建武政権の下で島津氏嫡流

（11）『吾妻鏡』建仁三年九月四日条

（12）島津家他家文書（『鎌倉遺文』一一七九四九）、『島津家文書』一二

（13）水上一久「南北朝内乱に関する歴史的考察」同『中世の荘園と社会』吉川弘文館　一九六九年　初出は一九五五年

（14）注(13)所掲水上論文

は薩摩・大隅・日向三カ国の守護職を回復した[15]。しかし、貞久はここからさらなる困難に直面していくことになるのである。

2 南北朝期〜戦国期

建武三（一三三六）年八月、京都では足利尊氏の奏請により豊仁親王（光明天皇）が即位し、同年一二月後醍醐天皇は大和国の吉野に移って自らの朝廷が正統であることを主張、南朝と北朝の分立する時代が始まった。貞久は基本的に尊氏方であったが[16]、薩摩には南朝方の公家三条泰季や、後醍醐の皇子懐良親王が下向し、前述の谷山氏を含め南九州では多くの武士の一族が南朝方であった。これには鎌倉時代以来の守護・地頭系豪族と在庁・郡司系豪族の対立が尾を引いていた部分もある。暦応四（一三四一）年、貞久は南朝方が拠点としていた東福寺城（鹿児島市清水町）を激戦の末に落城させ、この城は鹿児島における島津氏の拠点となる。

しかも、尊氏の開いた室町幕府の武将たちは、島津氏にとって必ずしも味方ではなかった。日向国の守護職は建武四（一三三七）年一〇月までには大友氏泰に与えられ、それ以降またしばらく島津氏の手を離れた[17]。日向国には守護とは別に、国大将として畠山直顕が尊氏から派遣されているが[18]、この直顕は大隅国内についても軍事指揮権を行使していた。そして、観応の擾乱が始まると、足利直義方である直顕は島津氏と対立するようになる。さらに、足利義詮の代に室町幕府は、薩摩・大隅両国内の闕所地及び寺社本所領半済地の

(15)『島津家文書』四二〜四四、四七〜四九、三〇一

(16) ただし、状況によって島津氏が一時南朝方に降ることはあった。

(17) 佐藤進一『室町幕府守護制度の研究』下　東京大学出版会　一九八八年

(18) のちに畠山直顕は日向国守護職も得ている（注(17)所掲佐藤『室町幕府守護制度の研究』）。

処分権を九州探題の斯波氏経に与える措置を取り、これに対して貞久が抗議の申状を提出する事態となっている。[19]この申状を書いた翌年の貞治二（一三六三）年、貞久は九五歳でこの世を去った。

貞久の生前から、島津師久や島津氏久ら息子たちも奮闘していた。師久は総州家、氏久は奥州家として、それぞれ島津氏嫡流の六代目に数えられ、前者は薩摩国守護職を、後者は大隅国守護職を、貞久から継承した。ただし、鹿児島郡は薩摩国にありながらその地頭職が氏久に譲られ、[20]氏久は前述の東福寺城を居城として大隅国経営に当たっていた。永和元（一三七五）年、九州探題の今川了俊が肥後国水島にて少弐冬資を殺害し、水島へ参陣するよう冬資を説得した氏久が激怒して了俊から離反するという事件が起こる（水島の変）。

写真2　東福寺城跡

その頃には、総州家は七代目に当たる島津伊久が継承していたが、伊久も氏久に同調した。これに対し了俊は、薩摩・大隅両国の守護職を兼任し、[21]南九州の国人たちに一揆を結ばせて両島津家を制圧しようとした。

その後応永二（一三九五）年、諸事情から了俊は九州探題を解任される。その八年前には、奥州家も島津元久（七代）が当主となっていたが、日向国守護職を回復し薩摩国にも進出していく元久の前に、[22]惣領家であったはずの総州家は支配力を失っていく。応永一六（一四〇九）年、元久が室町幕府から薩摩国守護職に補任され、[23]薩・隅・日三カ国守護職が奥州家のものと

(19)『島津家文書』三一二
(20)『島津家文書』一五〇
(21)「祢寝文書」三九三（『鹿児島県史料　家わけ一』）
(22)『島津家文書』六九
(23)『島津家文書』七〇

なった。南北朝末期、元久は清水城（鹿児島市稲荷町）に居を移し、以降約一六〇年間、ここが島津氏嫡流の本拠地となる。

しかし、室町時代を通じて島津氏の内部対立は何度も繰り返された。元久の死去時には、その弟の島津久豊（八代）と伊集院《いじゅういん》初犬《はついぬ》千代丸《ちよまる》（伊集院家は島津忠時の孫俊忠を祖とする）との後継者争いがあり、また島津国（九代）は弟の島津用久（好久、持久）に一時期、守護の権限を委譲していた。さらに、当該期の薩摩・大隅・日向では国人一揆が度々結ばれており、それらの動向は島津氏の内訌《ないこう》とも複雑に絡んでいた。(24) 京都で南北朝合一がなったのちも南九州は混沌の時代が続いたのである。島津立久（一〇代）の代にようやく領国内の安定化が果たされるが、その息子島津忠昌（一一代）の時代に守護としての島津氏嫡流の権威は再び低下し、苦悩した忠昌は永正五（一五〇八）年自害した。

忠昌の跡は、島津忠治（一二代）、島津忠隆（一三代）、島津勝久（忠兼、一四代）と、三代にわたり忠昌の息子たちが継承するが、大永七（一五二七）年勝久から島津貴久（一五代へ「家督」が譲られる。(25) 貴久（当時は虎寿丸）は、相州家（島津忠国の息子友久を祖とする）の島津忠良（日新公）(26) の長男であり、この家督継承は禅譲というより、相州家による〝クーデター〟とみるべきと、新名一仁氏は指摘する。(27) それから一年も経たぬうちに、薩州家（島津用久を祖とする）の島津実久の主導により勝久が復権し、忠良・貴久父子は薩摩国田布施《たぶせ》

写真３　清水城跡

(24) 室町期の島津氏内訌、及び南九州で結ばれた国人一揆については、新名一仁『室町期島津氏領国の政治構造』戎光祥出版　二〇一五年を参照

(25) 『鹿児島県史料　旧記雑録前編』文書番号二〇一〇

(26) 島津忠良の実父は伊作善久、母は新納是久娘の常盤で、伊作家・新納家とも島津氏庶流である。善久の死後、常盤が相州家の島津運久に再嫁し、忠良は相州家を継いだ。

(27) 新名一仁『島津貴久　戦国大名島津氏の誕生』戎光祥出版　二〇一七年

に退去した。さらに天文四（一五三五）年、勝久は大隅国帖佐《ちょうさ》に退去して、実久が「守護」として振る舞うようになる。[28] しかしその後、相州家の忠良・貴久父子が、勝久との再連携を経て、実久と全面対決するに至った。その結果、天文八（一五三九）年頃には実久の軍事的抵抗はなくなり、薩摩国南部での忠良・貴久の優位は定まった。天文一九（一五五〇）年、貴久は鹿児島に内城（鹿児島市大竜町）を築き、そちらへ伊集院から居を移した。

貴久は、永禄九（一五六六）年、長男の島津義久（一六代）に家督を譲って隠居の身となる。ただし、この段階で彼らの支配は、薩・隅・日のいずれの国でも全域には及んではいなかった。義久が名実ともに「三州太守」となるのは、伊東氏の本拠だった日向国都於郡城を手に入れた天正五（一五七七）年のことである。[29]

3　織豊政権期～江戸時代

貴久の死去（元亀二（一五七一）年）の三年ほど前、京都では織田信長が足利義昭を奉じて入京を果たしていた。信長は、天正八（一五八〇）年、九州の大友氏と島津氏について、両者の講和斡旋に乗り出す。前節で述べた日向平定によって、島津氏は北部九州の雄・大友氏との対決が避けられなくなり、天正六（一五七八）年一一月、世にいう高城《たかじょう》・耳川《みみかわ》合戦で島津氏は大友氏に勝利する。そこからさらに島津氏の勢力が伸びていこうとするなかで行われた信長の斡旋を、義久は最終的には受け入れ、豊薩和平が成立した。[30]

それから五年後の天正一三（一五八五）年七月、豊臣（当時は藤原）秀吉が関白に就任し、

(28)「樺山玄佐自記」（『鹿児島県史料集　三五』）

(29) 新名一仁『島津四兄弟の九州統一戦』星海社　二〇一七年

(30) 注(29)所掲新名『島津四兄弟の九州統一戦』、谷口研語『流浪の戦国貴族　近衛前久』中央公論新社　一九九四年

写真4　豊臣秀吉と島津義久和睦の像

同年一〇月二日付で義久宛てに一通の直書(31)を発した。内容は、天皇の意向という形をとって九州における戦争停止を命じるもので、学界で秀吉の「惣無事令《そうぶじれい》」と呼ばれるものである(32)。この文書から始まった豊臣政権との交渉や駆け引きにおいて、島津氏は結果として秀吉の九州出馬を防ぐことができなかった(33)。天正一五（一五八七）年五月、剃髪した義久は泰平寺（薩摩川内市）において秀吉に降伏する。

　こうして島津氏は、人質の差出、太閤検地、朝鮮出兵など、統一政権の下で大きな負担を強いられることになる。そのなかで義久とその弟の島津義弘（一七代）、そして義久の娘婿で義弘の実子である島津家久（忠恒、一八代）、三者それぞれの立場や考え方の相違が表面化せざるを得ず、家臣たちも各主君の動向に翻弄されることになる(34)。それは、島津氏嫡流が中世の守護家から近世の藩主家へ移行する過程で、経験しなければならなかった苦難であった。慶長五（一六〇〇）年の関ヶ原合戦とその戦後処理のための交渉を経て、同七（一六〇二）年、家久は上洛し徳川家康に拝謁する。江戸時代の島津氏は、薩摩・大隅両国と日向国諸県郡《もろかたぐん》、そして琉球出兵により幕藩体制下に組み込まれることになった琉球王国、合わせて七二万八〇〇〇石余を支配下におく大名として存続することになるのである(35)。なお、家久のときに鹿児島城（鶴丸城）への居城移転が行われるが、鹿児島城については本書の別稿に譲る。

(31)『島津家文書』三四四

(32) ただし、近年では「惣無事令」の存在について疑問も呈されている（藤井譲治「『惣無事』はあれど『惣無事令』はなし」『史林』九三―三　二〇一〇年ほか）。

(33) 山本博文『島津義弘の賭け』中央公論新社　二〇〇一年　初出は一九九七年、注(29)所掲新名『島津四兄弟の九州統一戦』

(34) 注(33)所掲山本『島津義弘の賭け』ほか

(35) 松尾千歳「薩摩藩の成立」（注(5)所掲『鹿児島県の歴史』）

写真５　聚珍寶庫碑

家久以降、島津光久（一九代）、綱貴（二〇代）、吉貴（二一代）、継豊（二二代）、宗信（二三代）、重年（二四代）、重豪（二五代）、斉宣（二六代）、斉興（二七代）と続く近世の島津氏嫡流が常に悩まされていたのは、財政問題であろう。近世大名にとって参勤交代が多大な出費を強いられる勤めであったことは知られているが、薩摩藩は御手伝普請（江戸幕府が行う大規模な土木工事に、労働力、資材、あるいはこれに代わる金品を負担する）[36]も幾度か命じられた。重年が藩主であった宝暦三（一七五三）年に幕命を受け、困難の末に翌々年完了した木曽三川（木曽川・長良川・揖斐川）の治水工事（宝暦治水）は、特に有名である。

重年の跡を継いだ重豪の時代は、近世島津氏の歴史において一つの画期といえる。重豪の娘茂姫は一一代将軍徳川家斉の御台所《みだいどころ》となり、他の娘たちも多く大名家に嫁いだ。また、息子を他藩の養子に入れるなど、姻戚・縁戚関係で結ばれる家が藩内に止まらなくなり、[37]交際費の増加につながった。また、彼は造士館・演武館の設置、薩摩の言語・風俗を江戸・上方風へ改めること等々、様々な政策を実行にうつしており、その諸政策は全体として開化政策と呼ばれる。重豪は、自分が収集した日本や海外の珍しい物品を収蔵するため、江戸高輪藩邸内にある自らの隠居所に聚珍寶庫《しゅうちんほうこ》という土蔵を建てた。その由来を刻んだ石碑「聚珍寶庫碑」は、平成一二（二〇〇〇）年に東京から鹿児島に移され、[38]現在は鹿児島県歴

写真６　島津氏嫡流初代〜五代の墓（野田感応寺）

史資料センター黎明館（鹿児島市城山町）の敷地内にある。

重豪の時代の政策が、慢性的だった藩の財政難をさらに悪化させ、文化朋党事件（近思録崩れ）[39]のような御家騒動の一因ともなったわけであるが、彼の開化政策は、幕末における島津斉彬（二八代）や島津久光（二九代島津忠義の父）の活躍への一階梯であったともいえる。

おわりに

以上のように中世～近世の島津氏を振り返ると、その歴史は数多くの困難に直面しながら繋がれてきたものであることがわかる。危機存亡の場面は幾度もあったにもかかわらず、他の武家を以て代え難い存在感を南九州において保ち得た理由は、本稿のような概観だけでは示すことができず、その困難の局面毎に掘り下げて考える必要がある。

なお、初代の忠久から貞久までの島津氏嫡流五代を祀る石塔が、本立寺《ほんりゅうじ》跡（鹿児島市清水町）と野田感応寺（出水市野田町）にある。また六代の師久及び氏久から二八代の斉彬までの嫡流の墓は、福昌寺跡（鹿児島市池之上町）にある。島津氏の歴史に関心のある人は是非訪れてほしい場所である。

〔参考文献〕

『島津歴代略記』島津顕彰会　一九八五年
川口素生『Truth In History 24 島津一族　無敵を誇った南九州の雄』新紀元社　二〇一一年

(36) 松尾美恵子「手伝普請」『国史大事典』第九巻　吉川弘文館　一九八八年
(37) 重豪より前の島津氏嫡流は、主に家臣団と血縁関係を結んできた（松尾千歳「苦悩する藩政」、注(5)所掲『鹿児島県の歴史』）。
(38) 「聚珍寶庫碑」の説明板の表記による。
(39) 藩主の斉宣が樺山主税、秩父太郎ら近思録派を抜擢して行った改革の内容に、隠居の重豪が激怒し、文化五（一八〇八）年、近思録派の一三人が切腹を命じられるなど、大量の処罰者を出した事件

原口泉・永山修一・日隈正守・松尾千歳・皆村武一『新版　県史四六　鹿児島県の歴史』第二版　山川出版社　二〇一一年
鈴木彰・林匡編『アジア遊学一九〇　島津重豪と薩摩の学問・文化　近世後期博物大名の視野と実践』勉誠出版　二〇一五年
新名一仁『戎光祥研究叢書　第三巻　室町期島津氏領国の政治構造』戎光祥出版　二〇一五年
『鹿児島市　史跡めぐりガイドブック―五訂版―』鹿児島市教育委員会　二〇一六年
新名一仁『中世武士選書　第三七巻　島津貴久　戦国大名島津氏の誕生』戎光祥出版　二〇一七年
新名一仁『島津四兄弟の九州統一戦』星海社　二〇一七年
五味克夫『戎光祥研究叢書　第一五巻　戦国・近世の島津一族と家臣』戎光祥出版　二〇一八年

column

鹿児島の古本文化

多田蔵人

鹿児島県下には古本屋は決して多くないが、特色ある店は多い。ここでは筆者が普段付き合いのある本屋を、贔屓《ひいき》の引き倒しでご紹介することにしよう。

鹿児島市役所の近く、市電の線路を渡った向かい側に、古い雑居ビルを作り変えた「レトロフト」という名前のちょっと不思議な建物がある。この一階部分「レトロフトブックパサージュ」はレストランや喫茶店などが一体化した空間作りで、そのなかに「古書リゼット」がゆったりと本を並べている。レトロフトの建物自体が意欲あるアーティストを支援するためのレジデンス型文化活動施設なのだが、「リゼット」の店主である安井氏はこの店内で読書関連イベントを行い、また鹿児島市内外における様々な業種間融合イベントにも積極的に出店するなど、鹿児島における古本業の認知度向上、そして読書人への貢献に力を尽くしてきた。店内には郷土史資料や郷土作家の資料もバランス良く取り揃えてある他、国内外で集めた美しい絵本や、同じ建物の中にあるカフェで開くのにふさわしい二〇世紀後半の海外文学、エッセイ、それからあまり肩の凝りすぎない哲学書なども並んでいる。近年では九州の他県と共同し、鹿児島で古書市場（業者間での、いわゆる古本交換会）を復活させることにも成功した。

鹿児島市内武岡で営業している若手古書店「つばめ文庫」は、もともと「旅の古本屋」というコンセプトで開業した古本屋。近年では郷土史なども精力的に扱っている他、鹿児島市内を飛び出し、南さつま市や大隅半島など、県内各地での巡回販売にも力を入れている。南さつま市では醤油で知られる「丁子屋《ちょうじや》」の石蔵をイベントスペースとした「石蔵ブックカフェ」を開催し、また全国で展開しているイベント「一箱古本市」を鹿児島で開催するなど、地域に本をなじませ、本を読む人を増やす試みを着々と進めつつある。

中洲通り電停からすぐの場所にある「あづさ書店」は、かつて九州全域に店舗を複数展開した同名の書店を引き継いで営業している店。店主はＳＦや推理小説などに思い入れが強いが、昭和戦前以前の古本をも多く取り扱っており、また鹿児島の学校史に関わる資料など、ここでしか手に入らない資料が多くある。深夜まで営業している、数少ない貴重な古本屋でもある。また高見馬場電停からすぐの所には、郷土史といえばこの店、とすぐに名前の挙がる「廣文館」がある。店内に積み上げられた郷土関係資料があたりを埋め尽くしている様は壮観で、薩摩藩関係、中世の鹿児島、明治以降の鹿児島市、宗教、料理、展覧会カタログなど、鹿児島の歴史資料についてはまずはここを覗いてみるのがいいだろう。

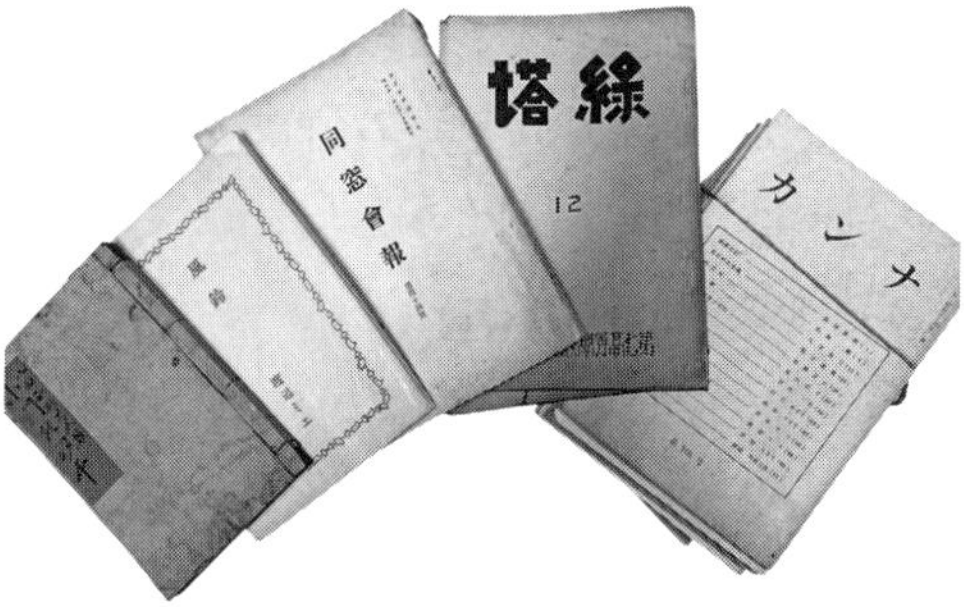

ある日の戦利品

奄美市内にはかつて「奄美古本センター」という名前で営業していた「あまみ庵」がある。県内島嶼部に関する本に強いことは言うまでもないが、沖縄についての本も、沖縄県内の古書店に引けを取らないレベル。文学書については島尾敏雄をはじめとする奄美に関わりを持った作家も、それ以外の作家も豊富で、奄美の読書文化を支えるお店であることが一目でわかる品揃えである。

かつて鹿児島には百貨店「山形屋」でデパート展が行われるなど、古本文化が栄えた一時期があった。遡れば戦前には西田日新堂をはじめ、全国にその名を知られた古本屋もある。本への熱い想いは今も絶えていない。旅のお土産に、ぜひとも本を一冊、選んでもらえたらと思う。

column

銅像

高津　孝

銅像とは、主として青銅（ブロンズ）で鋳造された人間の像を指す。日本では仏教信仰に伴う金銅仏が飛鳥時代以来製作され、珍しいものではないが、宗教的背景を持たない人間像が銅像として建立されたのは、明治時代、欧米の影響を受けて以降のことである。

日本初の西洋式銅像は、明治一三（一八八〇）年に設置された兼六園（石川県金沢市）の日本武尊《やまとたけるのみこと》銅像で、東京では、明治二六（一八九三）年の大村益次郎像（靖國神社）が最初である。有名な上野の西郷隆盛像は、明治二二（一八八九）年大日本帝国憲法発布に伴う大赦で西郷の「逆徒」の汚名が雪《そそ》がれたのを機に薩摩藩出身者が中心となって計画され、西郷の没後二一年目の明治三一（一八九八）年一二月一八日に建立された。高さ三・七m。西郷像は高村光雲作、犬は後藤貞行作である。

西郷隆盛銅像

鹿児島の西郷隆盛像（鹿児島市城山町）は、没後五〇年祭記念として鹿児島市出身の安藤照《てる》が八年をかけ製作、昭和一二（一九三七）年に建立された。上野の西郷像が着流しであるのに対し、陸軍大将の制服姿で、高さ五・七六mのひときわ大きな像である。

鹿児島で最古の銅像

鹿児島で最も古い銅像は、大正六（一九一七）年に建立された島津斉彬《なりあきら》銅像、島津久光《ひさみつ》銅像、島津忠義《ただよし》銅像

写真2　島津斉彬像

写真1　西郷隆盛像

（鹿児島市照国町）で、ともに朝倉文夫作である。前二者は衣冠束帯姿、後者は大礼服姿である。島津斉彬（一八〇九―五八）は、薩摩藩の第一一代藩主、島津氏第二八代当主で、幕末日本を牽引した名君として知られる。銅像は、斉彬公を祭神として祭る照国神社の境内にある。照国神社の東側、旧鶴丸城二の丸庭園である探勝園には、幕末薩摩藩において国父の地位にあり、優れた指導力を発揮した、島津斉彬の異母弟、公爵島津久光（一八一七―八七）の銅像、島津久光の子で、薩摩藩第一二代藩主、島津氏第二九代当主を継いだ公爵島津忠義（一八四〇―九七）の銅像がある。

大久保利通銅像

鹿児島出身の明治維新の元勲であり、西郷隆盛、木戸孝允と並んで「維新の三傑」と称された大久保利通《としみち》であるが、西郷隆盛と対立し、西南戦争の鎮圧にあたっての最高指揮をとったことで、鹿児島においては評価されてこなかった。したがって、鹿児島での西郷隆盛像が昭和一二年建立であったのに対し、大久保利通像（鹿児島市西千石町）は、没後一〇〇年を記念して昭和五四（一九七九）年にやっと建立された。フロックコートが風にひるがえる動きのある像である。中村晋也作。

写真3　大久保利通像

鹿児島市内には銅像が多い。以上、紹介した以外にも、五代友厚（薩摩藩士、大阪商法会議所初代会頭）、平田靭負《ゆきえ》（薩摩藩士、木曽川治水工事の総奉行）など東郷平八郎（薩摩藩士、日露戦争の連合艦隊司令長官）がある。

〔参考文献〕
三澤敏博『幕末維新　銅像になった人、ならなかった人』交通新聞社　二〇一六年
かみゆ歴史編集部編『日本の銅像完全名鑑』廣済堂出版　二〇一三年

絵図にみる鹿児島城と城下町

――小林善仁

はじめに

鹿児島市民に質問してみた。「鹿児島の城の名前は?」と。この問いに対する答えは、名古屋・姫路・熊本など天守がランドマークとして聳《そび》え立っている都市の住民からすれば、意外なものに思えるだろう。城郭の名称は、地名を冠するのが一般的であるが、鹿児島の場合はそうではなく、別の答えが帰って来る。但し、答えてくれた市民は、誰一人その答えに疑問を抱いてはいない。

ここでは、歴史地理学の視点から島津氏の築いた城郭と、それを中心に形成された城下町の地域構成を各種の絵図資料から明らかにしていく。

1　四つの鹿児島の城

前述の通り、城郭の名称は一般的に築城された場所の地名が付されるが、白鷺城（姫路城）や銀杏《ぎんなん》城（熊本城）のように、別名（雅称）をもつ場合もある。鹿児島の場合も当然、地名から鹿児島城となるはずである。しかし、冒頭の質問に対して鹿児島市民は、躊躇せず「鶴丸城」と答える。

それでは、鶴丸城が鹿児島の城郭の正式名称なのだろうか。この点を近世の文書や絵図から確認してみよう。例えば、元禄一四（一七〇一）年に幕府老中が松平薩摩守、すなわち島津綱貴《つなたか》に宛てた文書には鹿児島城と記されている。[1] 次に、少し遡って寛文一〇（一六七〇）年頃とされる「薩藩御城下絵図」[2]を見ると、城山部分に「鹿児嶋城」の表記を確認できる（図1）。この他にも鹿児島城と記した史料は数多くある。

それでは何故、鹿児島城を鶴丸城と別名で呼んでいるのだろうか。廃藩置県が行われた明治四（一八七一）年に成立した『薩隅日地理纂考』[3]には、東福寺城・清水城・内《うち》城という鶴丸城以前に存在した鹿児島の城郭に関する記述が見られる。この三城と鶴丸城の関係を整理したのが表1であり、四城は何れも島津氏が拠点とした鹿児島の城である。

日本の主要な都市の城郭の場合、築城されたのは主に近世初頭であり、地域の中心として初めて建設された例が多い。これに対して、島津氏は一四世紀第二四半期から一九世紀第三四半期まで鹿児島の地を拠点とし続けた希有な大名である。この間、島津氏の鹿児島

（1）　鹿児島県維新史料編さん所『旧記雑録 追録』鹿児島県　一九七一年

（2）「薩藩御城下絵図」鹿児島県立図書館所蔵

（3）　鹿児島県私立教育会『薩隅日地理纂考』一八九八年

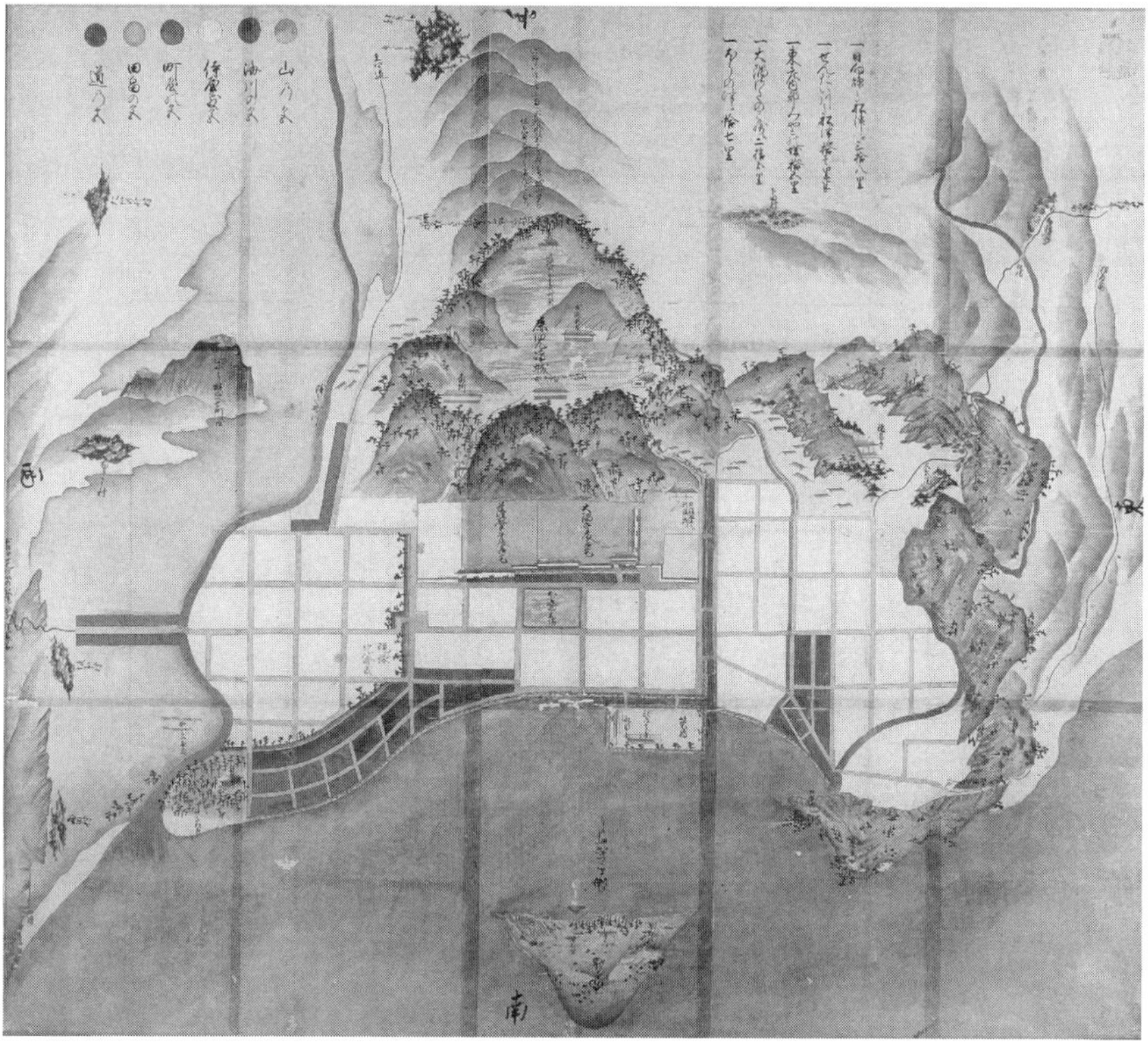

図1 「薩藩御城下絵図」(鹿児島県立図書館所蔵)

表1 四つの鹿児島の城

No.	城名	築城		廃城
		和暦	西暦	
①	東福寺城	暦応4年 興国2年	1341	慶長9(1604)年頃
②	清水城	嘉慶元年 元中4年	1387	慶長9(1604)年頃
③	内城	天文19年	1550	慶長9(1604)年頃
④	鶴丸城	慶長6・7年	1601・02	明治6(1873)年

注. 東福寺城のみ入城年。

での拠城は一つではなく、鶴丸城の前に三城が存在していた。つまり、近世の鹿児島城だけが鹿児島城ではなく、鹿児島城という呼称も特定の一城を指す固有名詞ではない。実際に清水城も内城も鹿児島城と呼ばれていた。このように、鹿児島城と呼びうる城郭が複数存在するなか、どの時期の鹿児島城かを区別するには、個々に呼び分ける必要があった。鶴丸城と言えば、城山とその山麓に築かれた近世の居城を指すように。

現在、同城跡の旧本丸入口には「史跡　鶴丸城跡」の石柱が建っている（写真1）。これを見た観光客や市民は、何の疑いもなくこの城を鶴丸城と認識する。

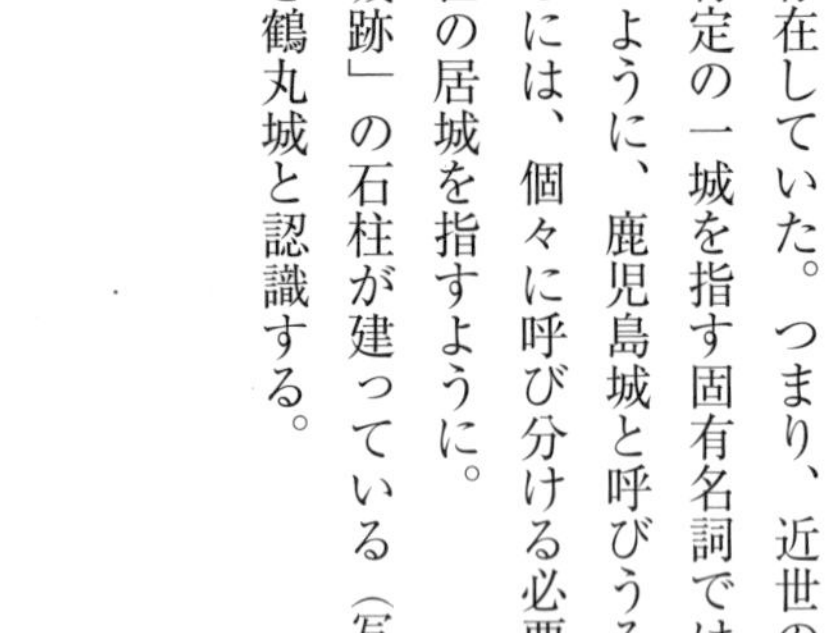

写真1　鶴丸城本丸入口

2　鹿児島の城の変遷

鹿児島市街地の中心部は、前近代の鹿児島城下町を母胎としている。城下町としての鹿児島の歴史の始まりは、島津貞久が東福寺城を攻略し、居城とした暦応四・興国二（一三四一）年とされる（図2）。鹿児島の町が政治・軍事・経済・文化の面で国の中心となるには、薩摩・大隅・日向三国の守護を務めた島津氏の統治の拠点、すなわち守護所（守護館の所在地）である必要があった。当時の守護所は川内平野の碇山《いかりやま》城[4]であり、鹿児島の東福寺城には貞久の息子の氏久を城主とした。当時は南北朝の戦乱の最中であり、東福寺城の位置する鹿児島平野には、南部の谷山に南朝方の谷山氏が北朝方の島津氏と対抗しており、一時期には懐良《かなよし・かねなが》親王（後醍醐天皇の皇子）も滞在し、南九州における南朝方の拠点でもあった。島津氏が鹿児島平野を平定し、守護所が鹿児島へ移されるのは、清水城の築

（4）　鹿児島県維新史料編さん所『旧記雑録 前編 二』鹿児島県　一九七九年

城された一四世紀末以降のことである。薩摩国と大隅国を治める場合、やや北西に偏る川内に比べ、鹿児島湾に面する鹿児島の方が両者のほぼ中央に位置することから守護所に選ばれたと考えられる。

第二の鹿児島の城として清水城が築城されたのは、東福寺城の北北西約八〇〇mのシラス台地上である。東福寺城の狭隘化から島津元久が嘉吉元・元中四（一三八七）年に移転を行ったとされる。城名が示す通り、台地崖下の湧水地を含んだ城域で、山麓には平時に政務を執る居館が置かれていた。山麓の居館と背後の山城という組み合わせは、東福寺城も同様であり、東福寺とは山城の築かれた台地上に存在した寺院ではなく、西麓の安養院（諏訪神社の別当）が東福寺の旧地で、氏久の時の治所《ちしょ》（政務を行う所）は安養院の南隣に置かれていた[5]。この山麓居館と山城の組み合わせは、中世の山城の一般的な形態である。

内城は、天文一九（一五五〇）年に島津貴久が清水城の南西約一kmの段丘上に築いた居館である。清水城は山麓居館の場所に大乗院が建立されたものの、山城は内城を後援する後詰の城として維持された。この点は、東福寺城も同様である。

内城の城地は港のある海岸部に近く、清水城の時代には浜堤上に町屋敷の恵比須町が成立していた。貴久による清水城から内城への移転は、城郭と町屋敷・港を空間的に一体化する意図をもったものと評価でき、内城と柳町の間に車町（廓町）、車町の北側に柳町が成立した。また、武家屋敷の存在も史料から確認できる[6]。

このように、東福寺城・清水城・内城が置かれ、都市として発達した中世の鹿児島の城下町は、稲荷川下流域に形成された。これに対して、近世の鹿児島城下町は南の甲突《こうつき》川下流域に展開する。一八代当主・島津忠恒（家久[7]）による第四の鹿児島城、すなわち鶴丸城

(5) 五代秀堯・橋口兼柄編『三国名勝図会』青潮社 一九八二年

(6) 鹿児島県維新史料編さん所『旧記雑録 後編一』鹿児島県 一九八一年

(7) 島津忠恒は慶長一一（一六〇六）年に徳川家康から一字拝領して「家久」と改名した。以下、家久と記す。

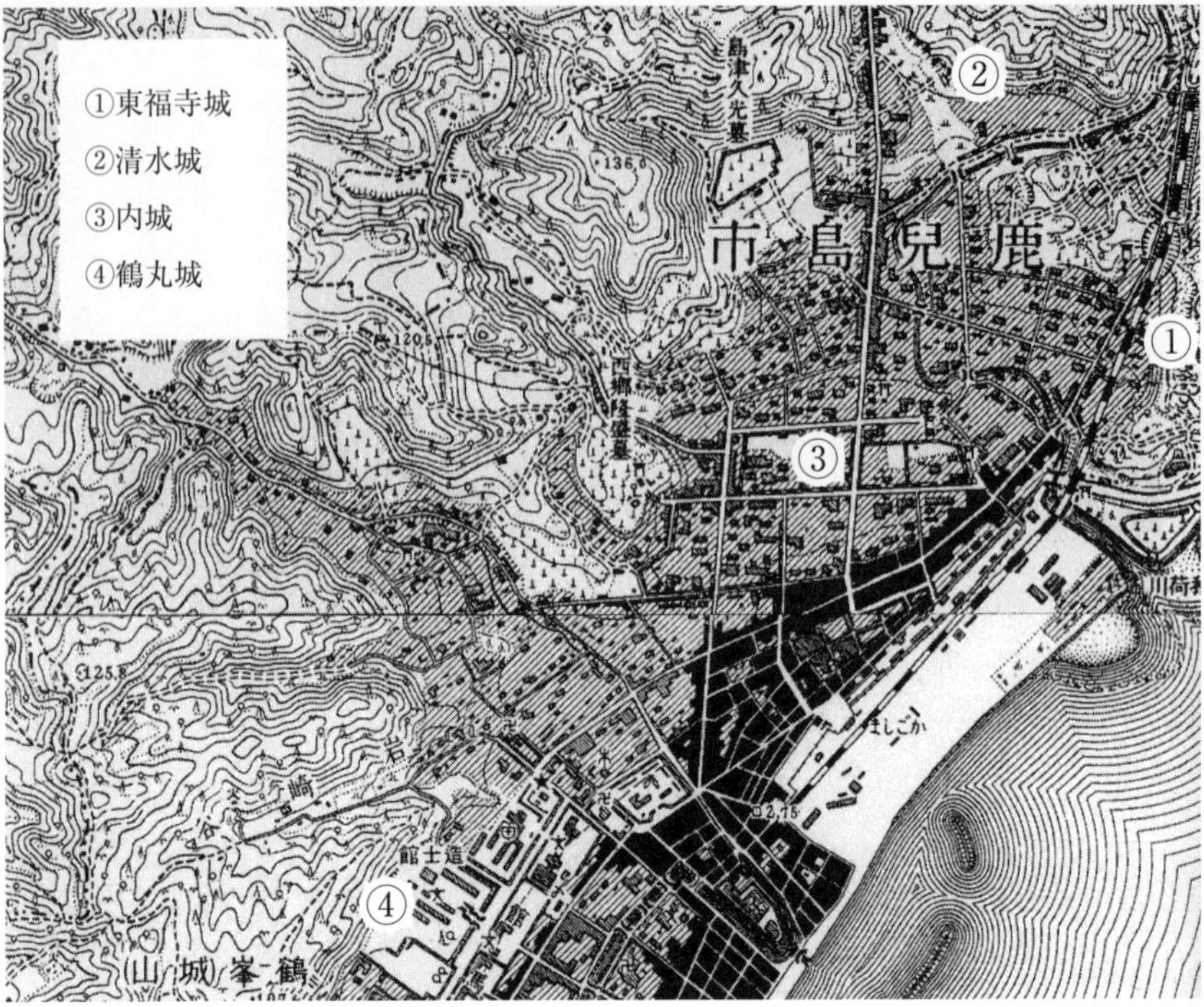

図2　四つの鹿児島の城の位置（明治35年測量5万分1地形図「鹿児島」「伊敷村」）

写真2　俊寛堀の碑

の建設である。(8)

一六世紀末の時点で、甲突川の河口は現在と異なる位置を流れており、その流路は城山の南西端付近から東流して、現在の御着屋《おつきや》交差点付近に至り、海へ注いでいたとされる（古甲突川と仮称）。現在も石碑が建つ俊寛堀は、この河道の名残と伝わる（写真2）。島津家久が鶴丸城を築城した場所は、古甲突川の左岸端に当たり、鹿児島城下町の南部への拡大・発展を企図した築城であった。築城に際し、城郭を水害から守るため古甲突川の流路変更が必須であり、家久は流路を西に改めた。前述の「薩藩御城下絵図」の甲突川の流路は、改変後の姿を示しており、この流路は現在の清滝川に当たると考えられている。(9)筆者も大筋ではこの説に同意するが、清滝川の流路との一致と、絵図に描かれた流路以外の河道の存在の二点に関して、疑問を抱いている。

(8) 島津家久による鶴丸城築城の経緯については、次の論文に詳しい。徳永和喜「鹿児島（鶴丸）城築城にみる思想―家久の「城認識」と展開を中心に―」『黎明館調査報告』第二一集 二〇〇八年

(9) 松尾千歳「鹿児島県立図書館蔵「鹿児島城下町割図」について」『南九州城郭研究』第三号 二〇〇五年

3 絵図にみる近世の鹿児島城と城下町

鹿児島城と城下町に関する絵図の残存状況は、三度の戦争（薩英戦争・西南戦争・アジア太平洋戦争）で被災したことに加え、明治五（一八七二）年に鹿児島県令の大山綱良《つなよし》が引き継いだ藩政文書を焼却処分したこともあり、良好とは言い難い。限られた絵図にはなるが、近世の城絵図や城下町絵図から鶴丸城と城下町の様子を見ていく。

「鹿児島城絵図」(10)と題された城絵図が『島津家文書』（東京大学史料編纂所所蔵）や鹿児島県立図書館に伝存している。城絵図の描写範囲は概ね一致しており、東は鹿児島湾、西は

(10) 鶴丸城御楼門建設協議会『鹿児島（鶴丸）城保存活用計画』鹿児島県 二〇一六年

城山と岩崎谷・新照院谷、南は南泉院馬場の堀から俊寛堀、北は吉野橋堀までを描き、本丸の三方を囲む堀と石垣や城山部分に「本丸」「二丸」、山裾に「居所」（居宅）の置かれていた当時の状況が読み取れる。鶴丸城も山麓居館と城山が一対であった。平地の部分だけに注目すると島津氏の石高と城郭の規模が見合わないように感じるが、城山を含んで城域と捉え直すと、この感想は一変する。

城絵図は基本的に城郭部分を描いた絵図であり、城下町の様子を見るためには別の絵図が必要である。そこで、幕末期の安政六（一八五九）年頃とされる「旧薩藩御城下絵図」[11]を用いて、城郭以外の武家屋敷・町屋敷と寺院・神社の状況を見ていく。

近世後期、本丸と二ノ丸は山麓の居館を指す名称に代わり、これに続く三ノ丸に相当する一帯に奉行所・御蔵《おくら》・御厩《おうまや》などの藩施設と造士館などの藩校が置かれた。また、一門のうち加治木・垂水の両島津家と一所持の都城・宮之城・永吉・黒木の各島津家、同じく肝付・種子島・小松・入来院といった上級家臣の拝領屋敷が配された。これら上級家臣の屋敷は赤で着色され、同様の屋敷は他に、緑で着色された主要街路の竪馬場・大龍寺馬場・清水馬場と千石馬場・天神馬場などに面して配置されている。

近世の鹿児島城下町では、鶴丸城を挟んで北側を「上《かみ》」、南側で甲突川までの範囲を「下《しも》」と呼んだ。中世から続く稲荷川下流域の地域を上とした、当時の人々の空間認識が窺い知れる。なお、武家地は、上方《かみほう》（上方限）・下方《しもほう》（下方限）と呼ばれていた。

一般に近世城下町の空間構造として、身分制に基づく同心円的構造が知られている。つまり、城郭の周囲に武士が居住する武家地、その外側で街道に沿って商工業者が居住する町人地、さらに外側に寺院・神社（寺社地）や足軽の組屋敷地が配置され、武家地の内部

（11）「旧薩藩御城下絵図」鹿児島県立図書館所蔵

表2　幕末・維新期の偉人の出生地の屋敷位置・規模

人名	家格	家禄	屋敷位置	面積（坪）
篤姫	一門	11,400	大龍寺馬場	4,608
小松帯刀	一所持	5,200	鶴丸城前面	2,224
西郷隆盛	御小姓与	47	加治屋町	259
大久保利通	御小姓与	—	高麗町	150

※篤姫は今和泉島津家、小松帯刀は肝付家の屋敷位置・規模などを記している。

でも禄高などに応じて上級の武士ほど城郭に近い場所に広大な屋敷を与えられた。これを幕末維新期の偉人の誕生地に当て嵌めてみると、表2の通りとなる。最上級の家に生まれた篤姫と小松帯刀《たてわき》は、鶴丸城の近所や大龍寺近くの広大な屋敷に居住したのに対し、下級武士の西郷隆盛や大久保利通は、氾濫を繰り返した甲突川の畔に住んでおり、両者の屋敷位置と規模の差は歴然である。なお、大久保の出生地は、しばしば西郷と同じ加治屋町と誤解されがちであるが、甲突川右岸の高麗町が正しい（写真3）。

「旧薩藩御城下絵図」を見ると、武家地は上方・下方の他、甲突川右岸の西田や荒田でも認められ、近世前期と比べて城下町の拡大したことが読み取れる。武家地は、馬場・小路・通と呼ばれた街路によって区切られ、各方限は郷中《ごじゅう》と呼ばれる小地域に細分化されていた。これらの武家地のかたち、すなわち街区の形態に注目してみると、鶴丸城の周辺、上方の大龍寺界隈、下方の甲突川左岸の武家地は直線路を組み合わせた長方形街区であることが分かる。但し、道路の向きは城山や河川などの地形に規定されて建設されたため、大部分が綺麗に東西・南北方向を向くことが無く、これと接続する海岸部の町人地は、基本的に海岸線に沿って建設されたため、

写真3　大久保利通誕生地の碑

湾曲している道路も多い。こうした町のかたちは、近代以降の鹿児島市街地に継承されている。

近世の鹿児島城下町絵図に共通する事柄として、町人地の記載の簡略な点が挙げられる。これは絵図の作成目的と関係するものだが、個別町の町絵図が管見の限り確認できていないため、町人地については町数などの概要を記すに止める。町人地は、稲荷川下流部に中世の町人地（恵比須町など）から続く上町があり、甲突川左岸の海岸部に下町、さらに甲突川右岸で西へ通じる参勤交代路の出水筋に沿って西田町が形成されていた。

文化七（一八一〇）年と文化九年の二度、全国測量のため鹿児島を訪れた伊能忠敬の関係資料の中に、当時の町人地の町数と軒数に関する記述がある（表3）。これによると、上町六町・下町一二町・西田町三町とあるが、上町はこの後、弘化・嘉永期（一八四四〜五四）に小川町が、明治四（一八七一）年に向江町が成立して八町に、下町も天保初年に下築地の拡張が行われ、弁天町・汐見町・住吉町が成立して一五町になる。西田町は三町のまま近代に至るが、東・中・西であったものが、西田橋側から上・中・下の三町へと変化した。

なお、下方と下町の境には松並木があり、天保一四年頃とされる『鹿児島城下絵図屏風』[12]には「是自リ西、武士小路」とあり、武士と町人の居住地を明確に区分していたことが分かる。この例を踏まえて一つ誤りを指摘したいのが、近世の稲荷川下流域の武家地（上方）と町人地を合わせて「上町」と呼んでいる点である。史料にも明らかな通り、近世の「上町」とは、町人地のみを指す地名で武家地は含まない。これらの地域が「上町」と呼ばれるのは、近代以降のことである。

（12）「鹿児島城下絵図屏風」鹿児島市立美術館所蔵

続いて、寺院・神社である。近世の鹿児島城下町には、島津氏の菩提寺である福昌寺（写真4）と祈願所の大乗院、それに浄光明寺・南林寺・大龍寺などの大寺院が存在していた。これらの境内地には、子院《しいん》や塔頭《たっちゅう》と呼ばれる付属寺院が群をなしており、寺町（寺院街）の景観を呈していた。なお、これらの寺院の位置を見ると、主に山麓部や町外れに分布しており、街中の寺院は数が少ない。また上と下とを比べると、歴史の長い上の方に多い。

他方、神社としては上に中世以来の由緒をもつ鹿児島五社（諏訪・祇園・稲荷・春日・若宮の各神社）があり、近郊には西田・原良の山王社や荒田の八幡宮などもある。なお、現在の鹿児島市で最大級の規模を誇る照国神社の創建は、島津斉彬の没後の文久二（一八六二）年であり、当初は南泉院郭内に社地が定められた。南泉院は東照宮の別当寺で、鹿児

表3　文化期の町屋敷数・軒数

地域名	町名	軒数
上町	車町	117
	地蔵町	105
	和泉屋町	199
	浜町	241
	柳町	147
	恵美須町	33
下町	六日町	95
	中町	68
	納屋町	110
	船津町	113
	木屋町	95
	大黒町	112
	呉服町	142
	新町	215
	今町	123
	築町	112
	堀江町	355
	泉町	332
西田町	東之町	65
	中之町	71
	西之町	66

資料：『九州東海辺沿海村順』伊能忠敬記念館所蔵

写真4　福昌寺跡

図3　花見船（「鹿児島城下絵図屏風」、鹿児島市立美術館所蔵）

写真5　紅硝子製造所の碑

島にも徳川家康を祭神として祀る東照宮が存在していたのである。

最後に城下町の郊外について触れておく。郊外の土地利用としては、大名の別邸が代表的であり、島津氏の別邸では北郊の磯に置かれた仙巌園が著名である。磯の南には、現存していないが桜谷と呼ばれる桜の名所が幕末期まで存在しており、当時の人々が春になると花見船を仕立てて海から花見をしていた様子が屏風などに記録されている（図3）。

「旧薩藩御城下絵図」には、仙巌園の他に、西郊に「玉里御仮屋」、南郊に「中村御茶屋地」とある。玉里御仮屋は現在も旧島津氏玉里邸庭園として遺構が残る。対して中村御茶屋は現在の騎射場の東に推定され、弘化三（一八四六）年には構内に製薬館が置かれ、薬品開発や硝子瓶・切子の製造などが行われていた[13]。遺構が残る仙巌園や玉里邸に比べ、中

（13）中村憲「中村製薬館内硝子精錬所について」『黎明館調査研究報告』第二三集　二〇〇九年

村御茶屋の遺構は皆無であり、詳細な位置も不明でただ石碑が建つのみである（写真5）。

郊外に別邸を構えたのは大名の島津氏に限らず、坂本龍馬が訪れた小松帯刀の別邸は、西郊の原良の山裾に位置し、景勝地の尾畔《おぐろ》にも近い。この他にも、郡元《こおりもと》には黒木島津家の別邸があり、この屋敷の池が鴨池の地名の由来の一つになったと伝わる。

おわりに

鹿児島城の城名に関する疑問は、意外なほどに意識されず、疑問に思われることも無いまま、鶴丸城の名が様々な場面に登場する。城の別名が本名にとって代わる逆転現象こそ、鹿児島の都市としての歴史の長さを表し、他都市と比較して鹿児島市の地域的特性の一つと言える。但し、長い歴史をもつと書いたわりに、市街地中心部には文化財になるような前近代の建築も古い町並みも存在しない。確かに残ってはいないが、それは初めから存在しなかったのではなく、近世の絵図類には鶴丸城や城下町、寺院の大伽藍、大小様々な船が行き交い賑わいを見せる港の景観が良く描かれている。鹿児島は明治維新だけではない。現存するものだけが、全てでもない。

〔参考文献〕
松尾千歳「鹿児島県立図書館蔵「鹿児島城下町割図」について」『南九州城郭研究』第三号　二〇〇五年
鹿児島市史編さん委員会編『鹿児島市史　第一巻』鹿児島市　一九六九年

column

鹿児島の夏祭り
―「六月燈」と「おぎおんさぁ」―

小林善仁

鹿児島の梅雨は、日本の他地域と比べて長く、雨量も多い。この雨の季節が終わる頃、鹿児島県内の各地の神社を中心に行われているのが「六月燈」（ろっがっどーとも呼ばれる）で、八坂神社（鹿児島市清水町）の夏祭りが「祇園祭」（通称、おぎおんさぁ）である。このうち、前者は鹿児島県と宮崎県南西部で行われている地域限定の祭礼と言える（写真1）。

六月燈の起源は、鹿児島が城下町であった近世に遡る。島津氏一九代当主・島津光久が新照院観音堂を造替し、旧暦六月一八日に参詣して灯籠を寄進した故事に因む。なお、毎月一八日は観音の縁日でもある（写真2）。

写真1　照国神社の六月燈（写真提供：鹿児島市）

近世後期に著された『三国名勝図会』[1]には、「本府の俗、神社仏閣、毎歳六月必ず其縁日の定夜ありて、大に燈《とうろう》を陳《つら》ぬ、六月燈と呼ぶ」とある。鹿児島城下町の六月燈の主なものが、浄光明寺と南林寺の六月燈で、前者は初代・島津忠久の命日である六月一八日に「上市」（上町）の民家が家ごとに灯籠を灯したもので、後者は一五代・島津貴久の命日である六月二三日に「下市」（下町）の民家が同様に灯籠を灯した。

このように、六月燈は島津氏に所縁の行事と

写真2　六月燈発祥の地（鹿児島市新照院町、筆者撮影）

写真3　市来湊祇園祭の山車（筆者撮影）

して寺院に起源をもち、近世後期には神社と寺院の両方の祭りとして広まったが、現在は概ね神社の祭として七月（旧暦六月）から八月上旬に開催されている。六月燈の広がりにみる文化の伝播と受容・変容の過程は興味深い。

おぎおんさぁ（鹿児島市無形民俗文化財）は、八坂神社の前身である祇園社の御霊会を起源とし、同種の祭礼はいちき串木野市などでも見られる[2]（写真3）。前述の『三国名勝図会』によると、鹿児島城下町の町人の祭りとして寛永九（一六三二）年には和泉屋町（上町の一つ）などへ神輿を授け、正保元（一六四五）年には高砂の翁姥を飾った山棚《やま》（山車）が登場する。山車は上町・下町の他、西田町からも出ており、なかには祇園囃という少女が乗って歌う山車もあった。なお、終戦直後の写真を見ると、牛が山車を牽引していた。

近世は旧暦六月一五日に行われていたおぎおんさぁも、明治初期の新暦導入後は七月一五日に祭日が移り、その後、幾度かの変更を経て、現在は七月の第三土・日曜日に行われている。長らく祭礼の担い手は氏子達であったが、現在では商工団体を中心とした鹿児島おぎおんさぁ振興会が組織され、天文館の商業者などが神輿を担いで参加している。

このように、六月燈と同じくおぎおんさぁも様々に形を変えて現在に至っている。神輿・山車などの神幸行列のルートも時代と共に変化しており、篤姫は徳川一三代将軍家定へ輿入れする直前に、鹿児島城本丸御角《おすみ》櫓《やぐら》から神幸巡行を見物したとされる。

〔注〕

（1）五代秀堯・橋口兼柄編『三国名勝図会』青潮社　一九八二年

（2）市来町郷土誌編集委員会『市来町郷土誌』市来町　一九八二年

〔参考文献〕

浦野和夫『新薩藩年中行事』南方新社　二〇一〇年

鹿児島県教育委員会『鹿児島県の祭り・行事』かごしまの祭り・行事調査報告書　鹿児島県教育庁文化財課　二〇一八年

column

鹿児島市電の系譜

石塚孔信

鹿児島市電は、一九一一(明治四四)年に設立された鹿児島電気軌道株式会社が一九一二(大正元)年一二月に武之橋〜谷山間の六・四一九kmで運行を開始したところにそのルーツがある。その後、市街地に路線を延ばして、一九一四(大正三)年一二月に市内一期線と呼ばれた武之橋〜鹿児島駅前が開通した。市内一期線を延伸する際、いづろ通〜朝日通の路線は今より一つ東側の広馬場通に建設する予定であった。広馬場通は、商店や金融機関が並ぶビジネス街であったが、騒音がうるさくなると猛烈な反対に遭った。その時、山形屋が敷地を提供して現在の位置に市電を通した。そのことがその後の山形屋デパートの発展のきっかけとなったといわれている。その後、一九一五(大正四)年に高見馬場〜武駅(のちの西鹿児島駅、現在の鹿児島中央駅)間の市内二期線(武線)、一九二〇(大正九)年には、柿本寺通(現在の加治屋町)〜伊敷(のちの玉江小学校前)間の伊敷線、一九二七(昭和二)年には、朝日通(戦後に市役所前からの分岐となる)〜竪馬場間の上町線が開通した。

鹿児島電気軌道の業績は市街地線の開通で好調であった。とりわけ、箕面有馬電気軌道(のちの阪急電鉄)の小林一三のビジネスモデルをお手本にした沿線の鴨池公園・動物園の整備は、好評を博した。しかし、その後の電気化学工場の建設でつまずき世界的不況の影響もあり業績が低迷した。そのため市が買収することになり、一九二八(昭和三)年七月に遊園地を含めて鹿児島市に移管することになった。

その後、第二次世界大戦の末期の一九四五(昭和二〇)年六月の大空襲により、壊滅的な被害が出たが、戦後の復興とともに復旧し、さらに、一九五一(昭和二六)年〜一九六一(昭和三六)年にかけて上町線と伊敷線の延長がなされ、唐湊線の新設、郡元までの延長によって、循環線が実現した。これにより、鹿児島市電の最盛

図　鹿児島市電系統図（2018年7月現在）

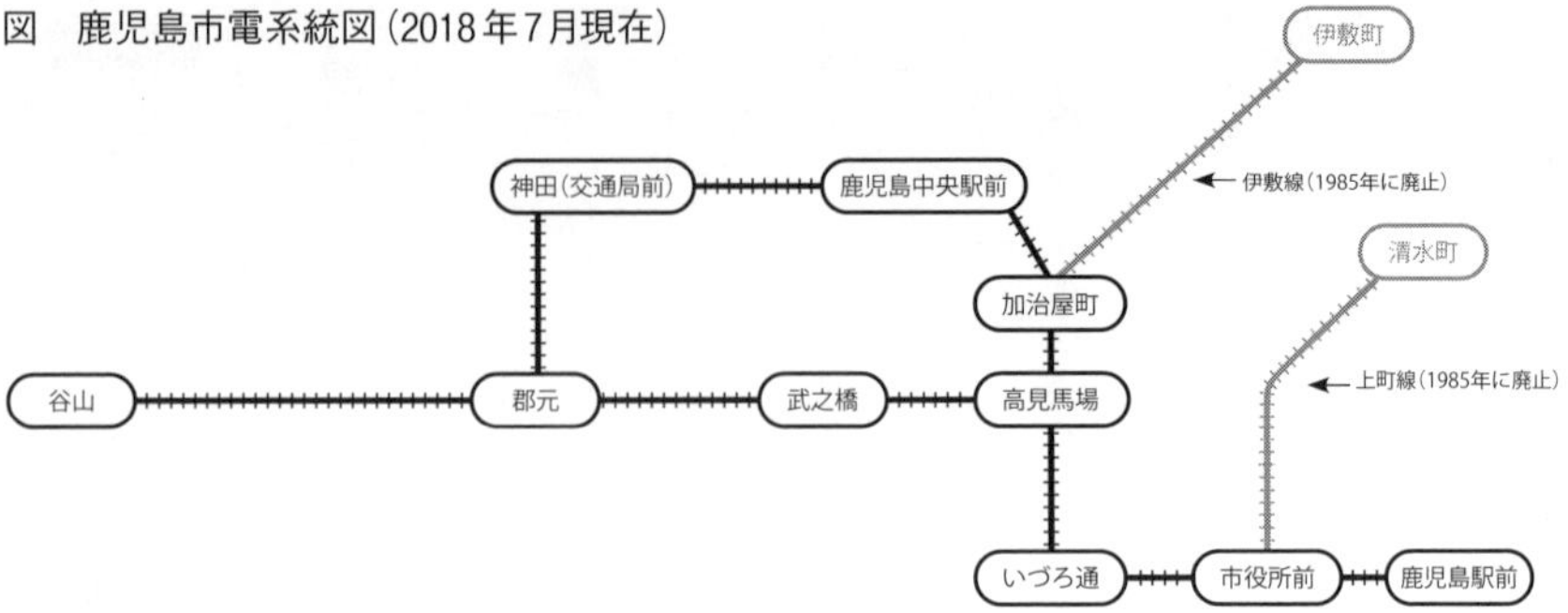

写真1　郡元電停に停車中のユートラム。
奥は鴨池動物園跡（現在はイオン鹿児島鴨池店）

写真2　朝日通〜いづろ通を走る市電。
センターポールと軌道敷の芝生　左手は山形屋デパート

期を迎えることになった（営業キロ：一九・三六一㎞）。なお、谷山線の脇田と笹貫の間にかつては鹿児島市と谷山市の市境があった。そのため、市電に乗ったまま鹿児島市から谷山市に入ると市外料金を支払わなければいけなかった。一九六七（昭和四二）年に両市が合併するころ鹿児島市内の均一料金は二〇円で笹貫に入ると五円の市外券を車掌さんから買っていた。

このように発展を遂げた鹿児島市電ではあったが、一九六〇年代の高度経済成長を経て一九七〇年代〜一九八〇年代には郊外団地の開発が続き、モータリゼーションの発達とも相まって、伊敷線（国道三号線）と上町線（国道一〇号線）で、交通渋滞の問題が深刻化し、加治屋町〜伊敷町間では朝夕の混雑時に軌道敷への自動車の乗り入れを実施したが、結局、一九八五（昭和六〇）年に伊敷線（加治屋町〜伊敷町：約四㎞）と上町線（市役所前〜清水町：約二㎞）の計約六㎞が廃止された。

以来、約一三㎞の路線で営業しているが、この間、大きな発展を遂げている。一九八〇年代後半から二〇〇〇年代にかけて、全車両の冷房化、センターポール事業、車体更新と新車導入、超低床車『ユートラム』の導入、電車運行情報システムの導入、ICカード（ラピカ）導入等、利便性を向上させている。さらに、軌道に芝生を敷いて緑化を図ってライトアップする事業を進めている。二〇〇〇年代になると鹿児島市内も少子高齢化が進み、コンパクトシティ化を進める都市計画の中で、交通弱者に優しく環境に配慮した市電が見直されている。

〔参考文献・参考資料〕
水元景文『鹿児島市電が走る街　今昔』ＪＴＢパブリッシング　二〇〇七年
鹿児島市交通局『鹿児島市交通局三十年史』一九五八年

鹿児島電気軌道が奉納した手水鉢（稲荷神社　鹿児島市鴨池二丁目）

集成館事業を掘る

渡辺芳郎

はじめに―集成館事業とは

平成二八（二〇一五）年七月八日、鹿児島の集成館事業関連施設が、「明治日本の産業革命遺産――製鉄・製鋼、造船、石炭産業――」の構成資産として、世界文化遺産に登録された。具体的には、磯地区の旧集成館（反射炉跡、機械工場、鹿児島紡績所跡など）と関吉《せきよし》の疎水溝《そすいこう》跡、寺山の炭窯跡である。全国で八地区二三の構成資産よりなる世界遺産は「試行錯誤の挑戦」期（一八五〇年代）、「西洋技術の直接導入」期（一八六〇～九〇年代）、「産業基盤の確立」期（一九〇〇～一〇年）の大きく三つの時期に分けられている。幕末の薩摩藩主・島津斉彬（一八〇九～五八年）によって始められた集成館事業は、このうち「試行錯誤の挑戦」期と「西洋技術の直接導入」期の前半部分（一八五〇～七〇年代）に該当する。この二つの時期にまたがることは、集成館事業が、前半と後半とでは、ともに近代化を目指しつつも、そのコンセプトが異なることを示している。つまり前半の斉彬が主導して進めた「第一期集成館」（一八五一～五八年）は「在来技術応用型」であり、斉彬の死後いったん縮小され、薩英戦争（一八六三年）後に復興された「第二期集成館」（一八六四～七七年）は「外来技術導入型」であった。(1)

第一期集成館の時期では、西洋工業の技術情報は基本的に書籍（文字・画像情報）のみで伝わり、その実現にあたっては、日本在来のさまざまな手工業技術（製鉄・石工・窯業など）が応用された。具体的な事業内容は製鉄・造船・紡績・電信・製薬・ガラスなど幅広い分野にわたっている。薩英戦争を経験した薩摩藩は近代化の必要性を再認識し、集成館事業を復活させる。それが第二期である。この時期には西洋から直接、機械の輸入が可能になり、技術者も来日する。武器製造・紡績・製糖などが手がけられ、磯地区には巨大工場群が成立したが、明治一〇（一八七七）年の西南戦争とともに終焉した。

集成館事業については、文献史・技術史・建築史などさまざまな分野からの研究アプローチがあるが、(2)近年、地下に埋没した遺構や遺物から、その実相を明らかにしようとする考古学的な調査研究が蓄積されつつある。考古学というと、日本であれば縄文時代や弥生時代など古い時代を対象とする場合が多いが、文字に残されていない、記録の乏しい過去については、近代においても同様にアプローチできる学問である。本章では、集成館事業の中核となった磯地区における考古学的な調査成果を紹介したい。

（1）渡辺芳郎「幕末近代化事業の意味とその解明――薩摩藩と佐賀藩――」『三重津海軍所跡国史跡指定記念シンポジウム「幕末佐賀藩、洋式船に挑む」資料集』一二～一三頁　佐賀市教育委員会他　二〇一三年
松尾千歳「集成館事業関連遺産について」『鹿児島考古』四四　五～一五頁　二〇一四年

（2）長谷川雅康編『薩摩藩集成館事業における反射炉・建築・水車動力・工作機械・紡績技術の総合的研究』一七～五五頁　薩摩のものづくり研究会　二〇〇四年
長谷川雅康編『近代日本黎明期における薩摩藩集成館事業の諸技術とその位置づけに関する総合的研究』薩摩のものづくり研究会　二〇〇六年

1　反射炉跡

集成館事業の中心となったのは、現在の鹿児島市吉野町磯である。磯庭園、鶴嶺《つるがね》神社、尚古集成館が所在し、国道一〇号線を挟んだ海側、鹿児島紡績所技師館（異人館）などを含めた一帯である（図1）。

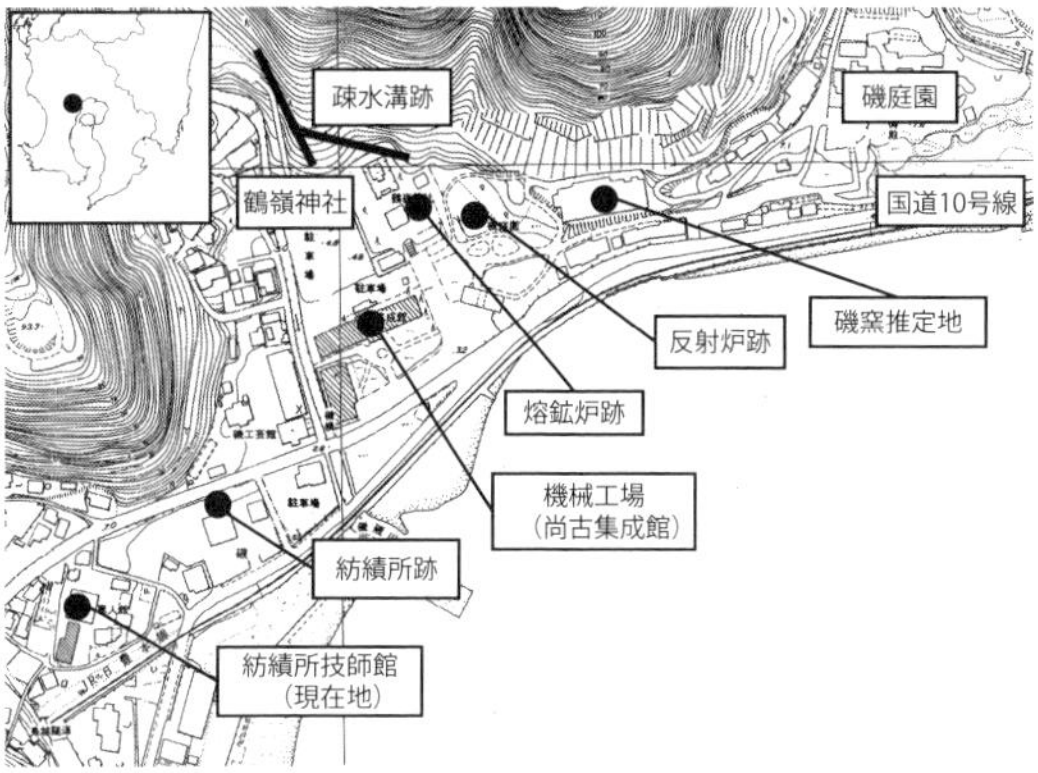

図1　磯地区集成館事業関係遺跡分布図

第一期集成館の大きな目的の一つが鉄製大砲の鋳造であった。鉄製大砲を造るためには、鉄鉱石や砂鉄を熔かして、原料となる銑鉄《せんてつ》を作るための熔鉱炉（洋式高炉）、その銑鉄をもう一度熔かして鋳型に流し込み砲身を作る反射炉、巨大な円柱状の砲身の中心部を穿孔する鑽開台《さんかいだい》の三つの施設が必要である。安政四（一八五七）年、集成館を訪れた佐賀藩士の見聞の元に描かれた『薩州鹿児島見取絵図』から、この三施設が磯地区において隣接して建造されていたことがわかる。

このうち反射炉の石造基壇部が、現在の磯庭園内に残っている（写真1）。反射炉跡は平成八（一九九六）年に発掘調査され、一部地下に埋もれて

写真1　反射炉跡（磯庭園内）

いた部分が検出された[3]。結果、南北長三二・三六m以上、東西長二二・八八m、高さは最大で四・八mを測ることが確認された。石材の積み方は鹿児島城の石垣などのそれに共通する部分もあり、在地の石工が深く関与していたと考えられる。基壇上面の中央部はプール状に凹んでおり、南北幅七・四二m、東西長九・八八m、深さ約一mである。この上に炉の本体が構築されていた。その床面は矩形の切石が密に敷き詰められており、湿気対策と考えられる。またそのプール状の凹みをめぐって、基壇内部には三本のトンネル状の通路が造られている。これらは炉本体への水や湿気の流入を防ぐためと推測されている。後述する熔鉱炉とともに、反射炉の設計図となったのは、オランダのヒューゲニンが著した『ロイク王立鉄製大砲鋳造所における鋳造法』（一八二六年）であり、その翻訳『西洋鐵熕鋳造篇』（手塚謙蔵訳）である。そのため反射炉基壇の法量は設計図のそれと一致するが、このようなトンネル状の構造は見られない。現在残る反射炉跡は二号反射炉と考えられ、先行する一号反射炉は操業中に倒壊して、失敗に終わった。それゆえ二号反射炉には、その失敗を踏まえた、薩摩の土地に適した独特の工夫がなされたと考えられる。なおこの発掘調査により、これまで反射炉は三基建造されたとされていたが、二号炉までであることが確認された。

　ところで反射炉跡からは大量の耐火レンガが出土している。いわゆる赤レンガと異なり、白色を呈している。反射炉では、銑鉄を熔かすために一四〇〇～一五〇〇℃の高い温

（3）出口浩他編『旧集成館　溶鉱炉・反射炉跡』（株）島津興業　二〇〇三年

度が必要であり、当然、反射炉の建築部材も、その高温に応じた耐火性が求められる。そのために製作されるのが耐火レンガである。

この耐火レンガの製作方法も、先述のヒューゲニンの著作に書いてあるが、その実際の製作にあたってそうとうの苦労があったようだ。最初、「星山之土組」と文献に出てくる粘土組成のレンガを製作したが、失敗に終わる（「星山」とは、薩摩藩の藩窯・竪野窯の中心的人物であった星山仲次を指すと思われる）。先述の一号反射炉の倒壊は、耐火レンガの不備が原因だったと推測される。その後、肥後（熊本）天草から、磁器の原料として使われる天草陶石を購入して、耐火レンガを製造、二号反射炉の建造・操業に成功する。

耐火レンガは、反射炉の東側に築かれた連房式登窯＝磯窯で焼成されたと考えられる。かつては窯跡が残っていたが[4]、現在はレストランになっており、その痕跡は視認できない。しかしその周辺では焼成不良の磁器の破片が採集されており、薩摩藩内の磁器窯（南京皿山窯（日置市美山）や平佐窯（薩摩川内市）など）の陶工が関与していたと推測される。在来の手工業技術が集成館事業に活かされていた一例である[5]。

2 熔鉱炉跡

熔鉱炉跡は、『薩州鹿児島見取絵図』の描写から、現在の鶴嶺神社境内に所在したと推測されていたが、地表面にまったく痕跡は認められなかった。平成一五～一八（二〇〇三～〇六）年、薩摩のものづくり研究会[6]による、地下レーダー探査と三回にわたって実施さ

（4）田澤金吾・小山冨士夫『薩摩焼の研究』東洋陶磁研究所　一九四一年

（5）渡辺芳郎「磯窯考――集成館事業における在来窯業の役割――」注（2）長谷川雅康編　二〇〇六年　一〇三～一一六頁

（6）薩摩のものづくり研究会は、平成一三（二〇〇一）年に尚古集成館と鹿児島大学教育学部の長谷川雅康教授（現名誉教授）を中心に結成され、集成館事業の解明を目的として、文献史・技術史・建築史・考古学・理化学的分析など多面的な調査研究を推進した。その成果は注（2）・（7）の文献などにまとめられている。

写真2　熔鉱炉水路跡（鶴嶺神社境内、現在は埋め戻されている）

れた発掘調査によって、熔鉱炉に付随したと考えられる石組みの水路跡（残長約一四m、幅一・二～一・四m、残高最大約一・三m、床面約四度の傾斜）が検出された（写真2）。石材と石材の間の隙間は黒い漆喰で目張りされていた。熔鉱炉では鉄を熔かすため鞴《ふいご》で送風したとされるが、その鞴の動力は水車であった。水路に水車が取り付けられていたという確実な証拠は見つからなかったが、おそらく水路跡は水車跡であったと考えられる。その水路跡の西側に、一辺が約九mを測る、平面正方形の突き固め遺構が見つかっている。厚さ約五～一〇cmの砂状の層は、ツルハシでないと掘り進められないほど、きわめて強固に突き固められていた。それを掘り下げると、下部は大きな凝灰岩が密に埋め込まれていた。このような遺構は、「地業《ちぎょう》」と呼ばれ、重量のある大型建築物の基礎として、近世城郭跡などにも見られる。文献記録によれば、熔鉱炉本体の規模は横幅一一尺（約三・三m）とあり、この突き固め遺構の範囲内に収まることから、同遺構の上に熔鉱炉が建設されたと考えられる。(7)

　この熔鉱炉の建造と操業にあたっては、藩内の鉄鉱石や砂鉄が使われるとともに、薩摩在来の石組製鉄炉の技術と知見が活かされていると推測されている。(8)

（7）長谷川雅康他『集成館熔鉱炉（洋式高炉）の研究――薩摩藩集成館熔鉱炉跡発掘調査報告書――』薩摩のものづくり研究会　二〇一一年
（8）上田耕「薩摩における在来製鉄技術――南九州の鉄づくりの歴史から――」注（7）一三七～一四七頁　二〇一一年

3 疎水溝跡

第一期集成館の水車に用いられた水を、磯地区に引き込んでいたのが疎水溝である。(9) 疎水溝は、鹿児島市下田町の関吉を流れる楠木川《あべき》から取水され、磯まで約八㎞に渡って、吉野台地の縁辺部をめぐるようにして掘り抜かれている。その間、一七ヶ所のトンネルが穿たれていたとされる。また関吉から、磯地区のすぐ裏手になる吉野町雀ヶ宮までの距離は約六㎞であり、その比高差は約八m、その間の傾斜角度はわずか〇・〇〇七七度である。きわめて高度な土木技術が用いられていたと言えよう。

疎水溝はもともと関吉から実方《さねかた》までの水田を潤す灌漑用水として用いられ、同地に残る石碑から元禄四（一六九一）年に取水口が設置されたことがわかる。その後、おそらく享保六（一七二一）年に隠居した島津吉貴が磯別邸に居住するようになる頃には、磯まで延長されたようである。そしてそれまで灌漑用水路、生活用水路であった疎水溝が、幕末の集成館において動力源として利用されるようになったと推測される。

現在、関吉の疎水溝取水口は、堰のために岩盤を溝状に刳り抜いた遺構が残っている（写真3）。関吉から実方地区までは、その後に改修を受けているが、今も灌漑用水路として利用されている。しかし実方から磯までは、昭和四四（一九六九）年に大明丘《だいみょうがおか》団地の造成の際に寸断され、現在は遺構が残るのみであり、それらもまた埋没したり、深い藪や山林に覆われている。一方、磯地区では、鶴嶺神社裏手の斜面に石組みの疎水溝跡が確認さ

（9） 大木公彦他「集成館事業に使われた疎水溝の地形・地質学的考察」『鹿児島大学理学部紀要』四三 一六〜二五頁 二〇一〇年
深港恭子「集成館事業の動力源としての「関吉の疎水溝」——その役割と現状——」『鹿児島考古』二七〜三六頁 二〇一四年
宮本裕二・桑波田武志編『関吉の疎水溝測量調査成果報告書』鹿児島県企画部世界文化遺産課 二〇一〇年

写真3　疎水溝取水口跡（鹿児島市関吉）

写真4　疎水溝跡（磯庭園内。現在整備中のため見学はできない）

れている（写真4）。分岐した疎水溝のうち一つは鑽開台があったと推定される地点（現磯庭園駐車場）の方向へ、一つは熔鉱炉が所在した地点へと流れている。最終的には木樋などで各施設へとつながり、水車を回していたと考えられる。

4　紡績所跡

「外来技術導入型」である第二期集成館では、積極的に西洋の機械が購入され、また外国人技術者が招聘された。たとえば元治二（一八六五）年一月に長崎製鉄所に注文していた工作機械が届き、また四月には蒸気機関やスチームハンマーなどを備えた洋式機械工場

写真5　機械工場（現尚古集成館）

写真6　紡績所跡石碑

が操業を始めた。その工場が、現在、尚古集成館となっている石造建物（ストーンハウス）である（写真5）。この建物は一見すると洋風建築であるが、屋根の構築方法や窓のアーチなど、日本の技術が応用されているところもあり、和洋折衷の技術で作られていることがわかる。

　この機械工場とともに、尚古集成館と国道一〇号線を挟んだ一帯に鹿児島紡績所が建造された。慶応元（一八六五）年、イギリスへ赴いた五代友厚らは、同国プラット・ブラザーズ社から紡績機械を購入するとともに、工場建設や技師の派遣も依頼した。翌年三月に四人の技師が鹿児島に入り、着工。同三年には、工場長ジョン・テットローが機械とともに到着し、五月に洋式機械紡績所が竣工した。技師は計七人が来鹿した。

　この日本で初めての洋式紡績工場は、残念ながら地表面には残っておらず、現在はその存在を示す石碑が建つだけである（写真6）。しかし薩摩のものづくり研究会が、明治五（一八七二）年の古写真を手がかりに、その所在地を推定し[10]、さらに平成二二（二〇一〇）年、その地点において鹿児島県立埋蔵文化財センターが発掘調査を実施したところ、工場の基礎となる坪地業《つぼちぎょう》（円形の地業）や切石による基礎が検出され、古写真からの推測とほぼ合致した。現在も地面の下には紡績所の遺構が残っていることが確認された[11]。

（10）土田充義他「建築」注（2）長谷川雅康編　二〇〇四年　二七～五五頁

（11）西園勝彦・鍬田岳志編『鹿児島紡績所跡・祇園之洲砲台跡・天保山砲台跡』鹿児島県立埋蔵文化財センター　二〇一二年

5　紡績所技師館跡

鹿児島紡績所に招聘されたイギリス人技師たちのための住居として、慶応三（一八六七）年に建築されたのが、紡績所技師館、通称「異人館」である（写真7）。木造二階建て、屋根は方形造り、瓦葺きで、壁には白ペンキが塗られた。建物四面にベランダがめぐるコロニアルスタイルの初期洋風建築であるが、柱間寸法は尺寸法が用いられた和建築であることがわかっている。またドアのノブが、現在のものより低く設置されているのは、膝をついて襖や障子を開ける日本の習慣に合わせたものだろう。

写真7　紡績所技師館（異人館）

イギリス人技師たちは、戊辰戦争の勃発（一八六八年）にともない、わずか一年で離日する。その後、明治五（一八七二）年の明治天皇の鹿児島臨幸の際に休憩所として使用された。明治一五（一八八二）年に、鹿児島城本丸跡に建設された鹿児島県立中学校造士館の一部として移築されたが、昭和一一（一九三六）年に現在地に再移築された。しかし再移築に際しては、本来の位置からずれていた可能性が、古写真の検討結果で指摘されていた。[12]

（12）注（10）

平成二三～二四（二〇一一～一二）年、鹿児島市教育委員会により技師館南側の隣接地が発掘調査された。その結果、古写真において技師館の背後（西側）に写っている建物の基礎が二棟分検出され、さらにその東側には、坪地業が三ヶ所検出された。坪地業の間隔は約一・八mを計り、現存する技師館の柱の間隔六尺とほぼ一致する。以上より、この坪地業が技師館木柱の基礎であり、本来の技師館の位置が、現在のそれより東南方向に約三〇mの位置にあったことがほぼ明らかにされた。その位置は薩摩のものづくり研究会による推定位置よりやや東にずれており、発掘調査により、より正確な原位置が確認されたことになる(13)。

おわりに

今回取り上げた磯地区以外でも、県内各地で、集成館事業あるいは近代化遺産の発掘調査が実施されている。鹿児島市内では、祇園之洲砲台跡・天保山砲台跡(14)・寺山炭窯跡(15)（写真8）などが調査されている。県内では敷根《しきね》火薬製造所跡（霧島市）・根占《ねじめ》平砲台跡（南大隅町）・奄美久慈《くじ》白糖工場跡（奄美大島瀬戸内町）(16)などがある。また銀などの製錬会社の一部である金山《かなやま》水車（轟製錬所）跡（南九州市）(17)は、藩や政府ではなく、民間の近代化事業を考える上で貴重な資料である。

本章で述べたように、日本の近代化を支えたさまざまな産業遺産に対する考古学的アプローチは、文献や建造物が残っていない歴史を明らかにする上で、有効な手段である。し

(13) 藤井大祐編『鹿児島紡績所技師館（異人館）隣接地試掘調査報告書』鹿児島市教育委員会 二〇一三年

(14) 注(11)

(15) 野邉盛雅編『寺山炭窯跡発掘調査成果報告書』鹿児島市教育委員会 二〇一二年

(16) 今村結記・樋之口隆編『敷根火薬製造所跡・根占原台場跡・久慈白糖工場跡』鹿児島県立埋蔵文化財センター 二〇一八年

(17) 福永修一・有馬孝一編『金山水車（轟製錬所）跡』鹿児島県立埋蔵文化財センター 二〇一六年

写真8　寺山炭窯跡（鹿児島市寺山）

かし一方、遺跡として残っているのは、多くの場合が痕跡であり断片である。それらを読み解くためには、文献史や技術史、建築史、さらには理化学的な分析（例えば鉄の分析）などさまざまな分野の調査研究も必要とする。集成館事業のさらなる解明には、それらの協同研究が、今後ますます求められよう。

「明治天皇駐蹕《ちゅうひつ》跡」碑（昭和 7（1932）年建立）
紡績所技師館は、明治5（1872）年、明治天皇の鹿児島臨幸の際、休憩所として使われた。

column

戦跡考古学としての西南戦争研究

渡辺芳郎

明治一〇（一八七七）年二月に勃発した西南戦争は、九州各地に戦闘が広がったが、兵数と物量にまさる官軍の攻撃に押され、鹿児島の城山に立て籠もった薩軍の盟主・西郷隆盛の自刃をもって、九月二四日に幕を閉じる。官軍約七〇〇〇人、薩軍約八〇〇〇人の戦死者を出した最大の、そして最後の士族反乱である。西南戦争に関する研究、著作は数多く、また小説や映画、テレビドラマなどフィクションも多いが、近年、西南戦争を戦跡考古学の対象として取り上げる調査研究が少しずつ増えてきており、注目されている（「戦跡考古学」については本書の橋本達也氏の論考を参照されたい）。

たとえば最大の激戦地となった熊本県熊本市の田原坂では、発掘調査とともに金属探知機によって地中の銃弾を検出し、激戦の具体的な姿を浮かび上がらせている（同遺跡は平成二五（二〇一三）年に国の史跡に指定された）。また高橋信武氏は、九州各地に残る戦争時の堡塁跡を広くかつ丹念に調査し、戦闘に関する文書記録と照合することで、戦闘の具体的な経過や様子を明らかにしている。

鹿児島における事例は現段階で多いとは言えないが、二例を挙げたい。ひとつは鹿児島城跡の石垣に残る砲弾・銃弾痕である（写真1）。戦争の最終局面、城山に籠もった薩軍に対して、官軍は徹底した包囲網を敷き、攻撃を加える。当時すでに焼失していた御楼門部の石垣には砲銃弾痕が多数残り、一部は鉄製の弾頭部を残している。また城跡南側（県立図書館側）の石垣や、隣接する私学校跡（現鹿児島医療センター）の石塀にも砲銃弾痕が残っている。これらの一部には太平洋戦争時の米軍機による銃弾痕も含まれる可能性もあるが、その砲銃弾痕の密度の濃さは、官軍の攻撃の激しさを伝えている。

写真1　鹿児島城跡石垣（御楼門部）に残る砲銃弾痕

写真2　戦没した青森県元弘前藩士の石碑（明治11年）

また鹿児島市清水町には西南戦争の官軍墓地があった。明治一〇年に設置され、太平洋戦後、荒廃していた同墓地は、昭和三〇（一九五五）年に改葬され、現在は祇園之洲公園となっている。官軍墓地としての面影はすでにないが、公園の一隅に、明治一一（一八七八）年八月に建立された、青森県元弘前藩士の戦死者四四名の名を刻む石碑が残っている（写真2）。平成九（一九九七）年の発掘調査で、改葬の際に残された墓石の一部が出土している。また人骨を収めた薩摩焼苗代川産の甕が二基埋納されていた。この甕がどのような理由で埋納されたのかは不明だが、おそらく西南戦争の戦死者に関連するものであろう。解明が望まれる。

このほか鹿児島市内の発掘調査においては、しばしば西南戦争時の銃弾や砲弾などが出土する。これらの遺構や遺物は、戦争の具体相を直接伝える重要な資料である。今後の調査研究の進展を期待したい。

〔参考文献〕
高橋信武『西南戦争の考古学的研究』吉川弘文館　二〇一七年
出口浩他編『祇園之洲砲台跡』鹿児島市教育委員会　一九九八年
中原幹彦編『田原坂　西南戦争遺跡Ⅰ～Ⅳ』熊本市教育委員会　二〇一一～一四年
前迫亮一「発掘された鹿児島の戦争関連資料について」『鹿児島考古』三七　五九～八〇頁　二〇〇三年
宮本千恵子編『玉東町西南戦争遺跡調査総合報告書』玉東町教育委員会　二〇一二年

column

東洋のナポリ——鹿児島市の姉妹・友好都市

——藤内哲也

九州新幹線のターミナルである鹿児島中央駅から、ほぼ正面の桜島に向かって伸びる大通りは、ナポリ通りと名づけられている（写真1）。桜島と錦江湾が織りなす雄大な景色が、ヴェスヴィオ火山とナポリ湾の青い海を望む南イタリアの中心都市ナポリと似ていることから、鹿児島は「東洋のナポリ」と称され、その縁で両都市は一九六〇年五月に姉妹都市盟約を結んだ。ナポリ通りの名称はそれを記念したものであり、毎年五月にはこの通りに沿った甲突川の河岸でナポリ祭りが開催されている。そのため、鹿児島にはナポリやイタリアに親近感を抱いている人も多い。

写真1　鹿児島中央駅から伸びるナポリ通り。途中で折れて、パース通りと名前を変える（筆者撮影）。

ミラノ、ローマに次ぐイタリア第三の都市として、一〇〇万近い人口を抱えるナポリは、「ナポリを見て、死ね Vedi Napoli, e poi muori」と言われるほどの風光明媚な景観と温暖な気候、そしてナポリっ子たちの陽気な気質で知られている。都市の起源は、前五世紀に建設されたギリシア人の植民都市ネアポリスにさかのぼり、中世にはビザンツ（東ローマ）帝国やイスラーム勢力などが割拠した南イタリアは、ノルマン人傭兵が建国したシチリア王国によって統一され、ナポリもその支配下に入った。それ以後、ナポリを中心とする南イタリアは、フランスやスペインなどの外国勢力によって統治され、北中部イタリアとは異なる歴史を歩んできた。スペイン統治時代に伝来した新大陸原産のトマトは、一七世紀末にナポリでトマトソースが開発されると、パスタやピッツァとの相性の良さから広く普及した。今ではイタリアの国民食のようにとらえられるトマトソースのパスタやピッツァは、実はナポリの庶民的な食文化として誕生したのである。

【表】鹿児島市の姉妹・友好都市

姉妹都市	ナポリ市（イタリア）	1960年5月3日締結
	パース市（オーストラリア）	1974年4月23日締結
	マイアミ市（アメリカ合衆国）	1990年11月1日締結
友好都市	長沙市（中華人民共和国）	1982年10月30日締結

鹿児島市役所ホームページ「姉妹・友好・兄弟都市」より作成。
https://www.city.kagoshima.lg.jp/soumu/shichoshitu/kokusai/shise/kokusaikoryu/kyodai/index.html（2018年6月15日最終閲覧）

写真2　ナポリの鹿児島通りにあるバール「Kagoshima」（吉田智貴氏提供）。入り口には桜島と西郷隆盛が描かれた暖簾がかけられている。

イタリア統一運動が展開した一九世紀半ば、ガリバルディが率いる義勇軍によって解放されたシチリアと南イタリアは、イタリア北中部を併合したサルデーニャ王に献上されて、一八六一年イタリア王国が成立する。しかし、残存する大土地所有制や工業の発展の遅れ、貧困化など、半島北中部との経済的、社会的格差は大きく、ナポリを含む南イタリアは南北アメリカ大陸などに多数の移民を送り出し、マフィアのような非合法組織の温床ともなった。こうした南部問題は、いまなおイタリアの政治や経済、社会に深刻な影響を与えている。

さて、鹿児島市はナポリ以外の都市とも姉妹・友好都市盟約を結んでいる（表参照）。平成二年度からは、外国との親善を深め、海外体験を通じた国際的視野の獲得や鹿児島の国際化促進に寄与する人材を育成するために、こうした姉妹・友好都市などに中高校生や大学生を派遣する「青年の翼」事業が開始された。また、鹿児島市内には、姉妹都市の名を冠した路面電車のナポリ号やパース号、マイアミ号が走り、パースやマイアミには鹿児島通りや鹿児島公園がある。実はナポリにも鹿児島通りがあり、そこにはバール「Kagoshima」もあるが（写真2）、ほぼすべての街路に名前をつけるヨーロッパ都市の伝統ゆえか、その場所は残念ながら一九九五年に世界遺産に指定された歴史地区ではなく、町外れの住宅地である。

〔参考文献〕

竹中克行・山辺規子・周藤芳幸編『地中海ヨーロッパ』朝倉書店　二〇一〇年
河島英昭監修『読んで旅する世界の歴史と文化　イタリア』新潮社　一九九三年
北村暁夫『ナポリのマラドーナ　イタリアにおける「南」とは何か』山川出版社　二〇〇五年
澤井繁男『ナポリの肖像　血と知の南イタリア』中公新書　二〇〇一年
田之倉稔『ナポリ――バロック都市の興亡』ちくま新書　二〇〇一年
藤内哲也編著『はじめて学ぶイタリアの歴史と文化』ミネルヴァ書房　二〇一六年

藩校と近代の高等教育機関

丹羽謙治

はじめに―聖地城山をめぐる攻防

昭和五（一九三〇）年七月、樺山《かばやま》可也《かなり》鹿児島市長は在郷軍人会の協力のもと、観光客の誘致を目的として城山に自動車道路を建設するという計画を発表した。その建設の際、古木の楠を伐採することが含まれていたため、鹿児島のみならず、中央を巻き込んだ建設反対運動に発展した。翌六年一月になると岡積勇輔《おかづみゆうすけ》を中心とする敬天舎の人々が「城山傷かんとす麑城《げいじょう》人なきか」（漢学者塩谷温《しおのやおん》）を合言葉に反対運動を展開、それに鹿児島高等農林の岡島銀次教授が会長を務める鹿児島博物学会、鹿児島林学会などが反対の声明を出した。鹿児島博物学会は一月一六日に長文の反対意見書を発表、同月二四日には県立図書館で博物学会例会を開催、聴衆は四〇〇名に達した。反対運動の中心となった敬天舎は、七高造士館初代校長の岩崎行親《いわさきゆきちか》の教えに共鳴する人々が集まった修養団体で、孝経の素読等を通して儒教精神を養い、西郷隆盛らの先人を思慕し切磋琢磨を行っていた。彼らには西南戦争の最後の激戦地であり西郷の終焉の〈聖地〉である城山に自動車を乗り入れることは絶対に許されないことであった。彼らの反俗精神と、博物同志会など学問的な集団の、人の手が加えられていない自然林と貴重な動植物が多い城山が博物学的にも重要であると考えが一致し、運動は大きく展開したのである。(1)

この事件を紹介したのは、当時の鹿児島の人々の気概や反俗精神がよく表れていることに加え、現在では失われてしまった聖地に対する人々の思いが伝わってくるからである。城山に対する思いは旧藩主島津家にもあったはずで、島津家は城山への〈学校〉設立・支援という形でその思いを表していく。

本稿では、この城山の一帯に着目し、近世から近代にかけての鹿児島の学校の発展の一端を覗いてみたい。

1 藩校造士館

安永二(一七七三)年八月、島津家二五代島津重豪《しまづしげひで》(一七四五―一八三三)は、現在の鹿児島市中央公園、同市中央公民館、県文化センター(宝山ホール)の一帯の地に、孔子を祀った聖堂(一七八六年に造士館と改称)と武芸稽古所(一七七四年、演武館)を建設した(図1)。

(1) 事件は次のように展開した。市では現地説明会を行い、伐採本数を変更するなどして一般の理解を求め、文部省にも陳情書を提出して計画を推し進めようとした。文部省は脇水鉄五郎を派遣したが、結局、工事差し支えなしという結論に達した。在郷軍人会では、人海戦術で三月上旬に完成させた。しかし、反対派の運動を受けて、文部省は、史蹟名勝天然記念物保存法により城山(の北東部)を「天然記念物・史跡」に指定、こうして、現在、探勝園の脇から通じる自動車道路は事実上、一般車の乗り入れができないことになった。

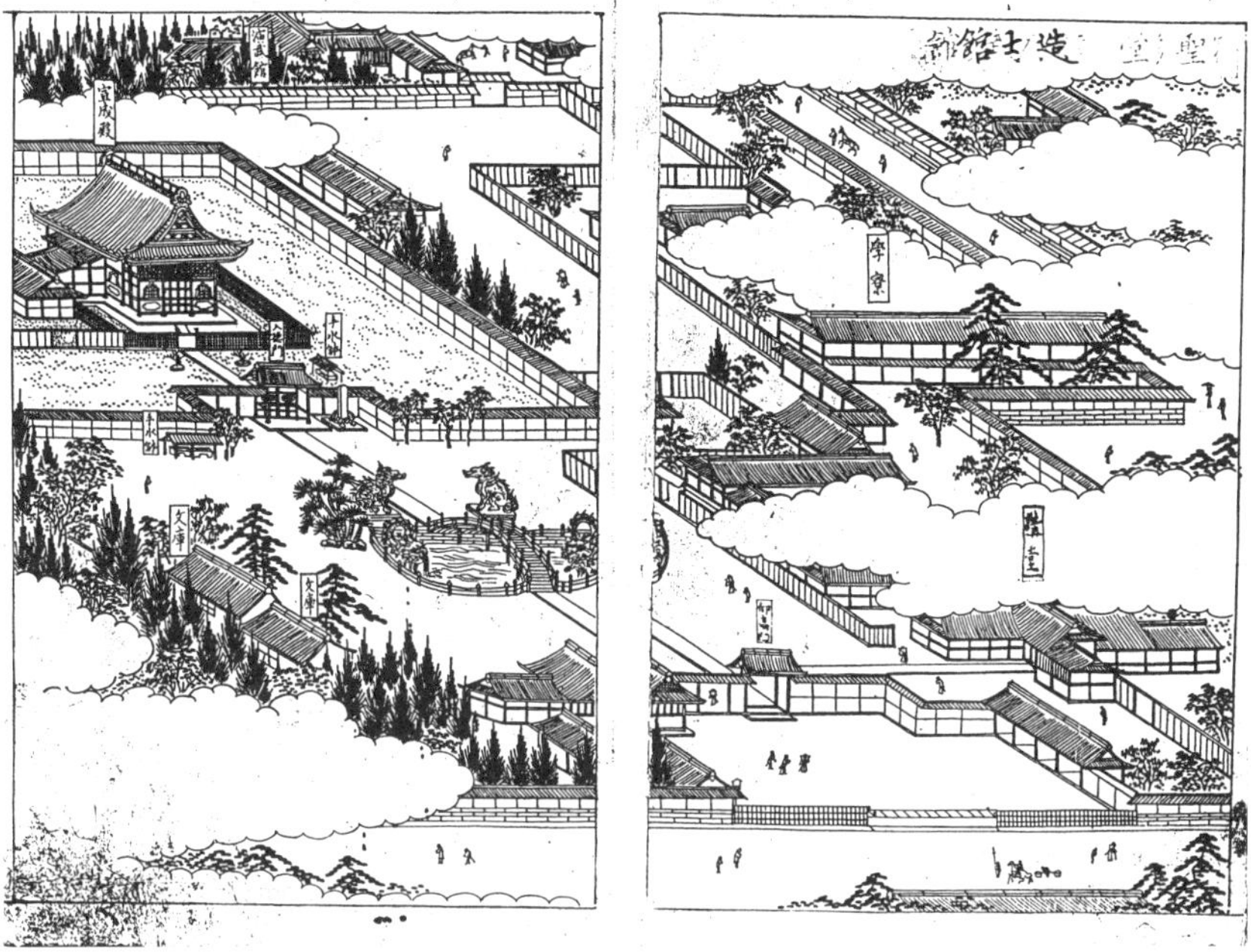

図 1　造士館（『薩藩名勝志』巻 2、鹿児島大学附属図書館蔵）

写真 1　館馬場からみた旧鶴丸城址

重豪は積極的な開化策を採用したが、本土の西端の地の粗野・粗暴な藩士に、朱子学的な身分秩序の意識を植え付ける藩校の設置はその重要な柱をなすものであった。(2)

『薩藩学事　二』(3)所収の「旧鹿児島藩学制沿革取調要目」によれば、造士館における教育は概ね次のようなものであった。

教科用書ハ、孝経・小学・四書・五経ヨリ、其他和漢ノ史類及文章ナリ、授業方法ハ凡ソ、四時ヨリ九時迄ヲ素読トシ、九時ヨリ八時迄ヲ講義温習時間トス、然シテ講義ハ隔日ト定ム、順次ハ大凡ソ大学・論語・孟子・中庸・小学・易・書経・詩経・礼記・春秋トスト雖モ、必ラズ之ヲ確法トセズ、講義ハ四書・五経・令義解・左伝等トス、或ハ教員中或日ヲ以テ、小学・四書其他経伝ヲ輪講スルアリ、

造士館では、他藩同様、出版事業が行われたが、朱子の「童蒙須知《どうもうすち》」（一七九七年刊）、四書五経のほか、「苧山文集《ちょざんぶんしゅう》」や「月洲詩集」といった詩文集(4)を出版した。これは造士館の教育内容がいかなるものであったかを語っている。初代の教授山本正誼《やまもとまさよし》は、朱子学者であるが荻生徂徠門の大内熊耳《おおうちゆうじ》の弟子でもあり、古文辞学にも近く、倫理的実践よりも詩文を重んじる傾向があった。文化年間、禁欲的で実践を重んじる近思録派が台頭すると、真っ先に攻撃の対象とされ、造士館は政治的抗争の舞台ともなった。

職制は、教授一人、助教六、七人、訓導師、句読師、句読師助が各八、九人で構成され、寄宿舎を設け、城下士、諸郷士の子弟の便宜を図った。造士館は、明治四（一八七一）年に廃されるまで、およそ二〇〇年間、薩摩藩の教育の中心をなした。

（2）重豪の改革は先行する幕府の改革や施策と類似するものが多い。学問所の設置の他、例えば、薬園や天文台（明時館）の創設、地誌・歴史書の編纂、博物学の奨励、事業に必要な人材の積極的な登用などである。つまるところは、幕府の施策を藩独自に行ったものと考えるとわかりやすい。

（3）『鹿児島県史料集41』鹿児島県立図書館　二〇〇二年三月

（4）『苧山文集』（『苧山集』）は河口静斎（一七〇三―一七五四）の文集。江戸の人。室鳩巣の高弟。武蔵川越藩儒。詩文にたけ、薩摩藩士山田月洲や郡山蘭畹を指導した。『月洲詩集』は薩摩藩士山田月洲（一七一五―一七六八）の詩集。名は有雄、君豹。児玉図南・郡山員雄から儒学を学び、江戸で河口静斎、伊藤澹斎に学ぶ。記録奉行を務め、藩主島津重豪の侍講を務めた。

2　近代鹿児島の「学校街」

近代の学校は明治五（一八七二）年の「学制」に始まるが、廃藩置県以前、鹿児島藩では、上級学校である「本学校《ほんがっこう》」、その管轄下に「小学校」および「郷校」（鹿児島城下および外城）を整備して、新時代に対応する布陣をとっている。造士館の系統を引く「本学校」では漢学に加えて国学と洋学の学問を加え、三学兼修の形をとるとともに、外国人を招き、英語、仏語を教授した。これらの学校は造士館の跡地の一部に設けられ、明治天皇の行幸も受けている。

一方、明治六（一八七三）年、西郷隆盛が征韓論に敗れて下野《げや》すると、それに従って帰県する軍人や官人が多く、これらの若者を教導するために学校を創設する気運が高まった。翌年六月、鹿児島城旧厩《うまや》跡に鉄隊学校・砲隊学校からなる私学校《しがっこう》（本校）が置かれ、旧城下の各方限《ほうぎり》や諸郷（地方）に分校が作られた。

明治一〇（一八七七）年の西南戦争では、城山が最後の攻防の地となったため、多くの建物が焼失した。図2は西南戦争直後の旧鹿児島城周辺を示した地図である。

図中、山下邸とあるのは島津久光の屋敷で、西南戦争で焼亡した。

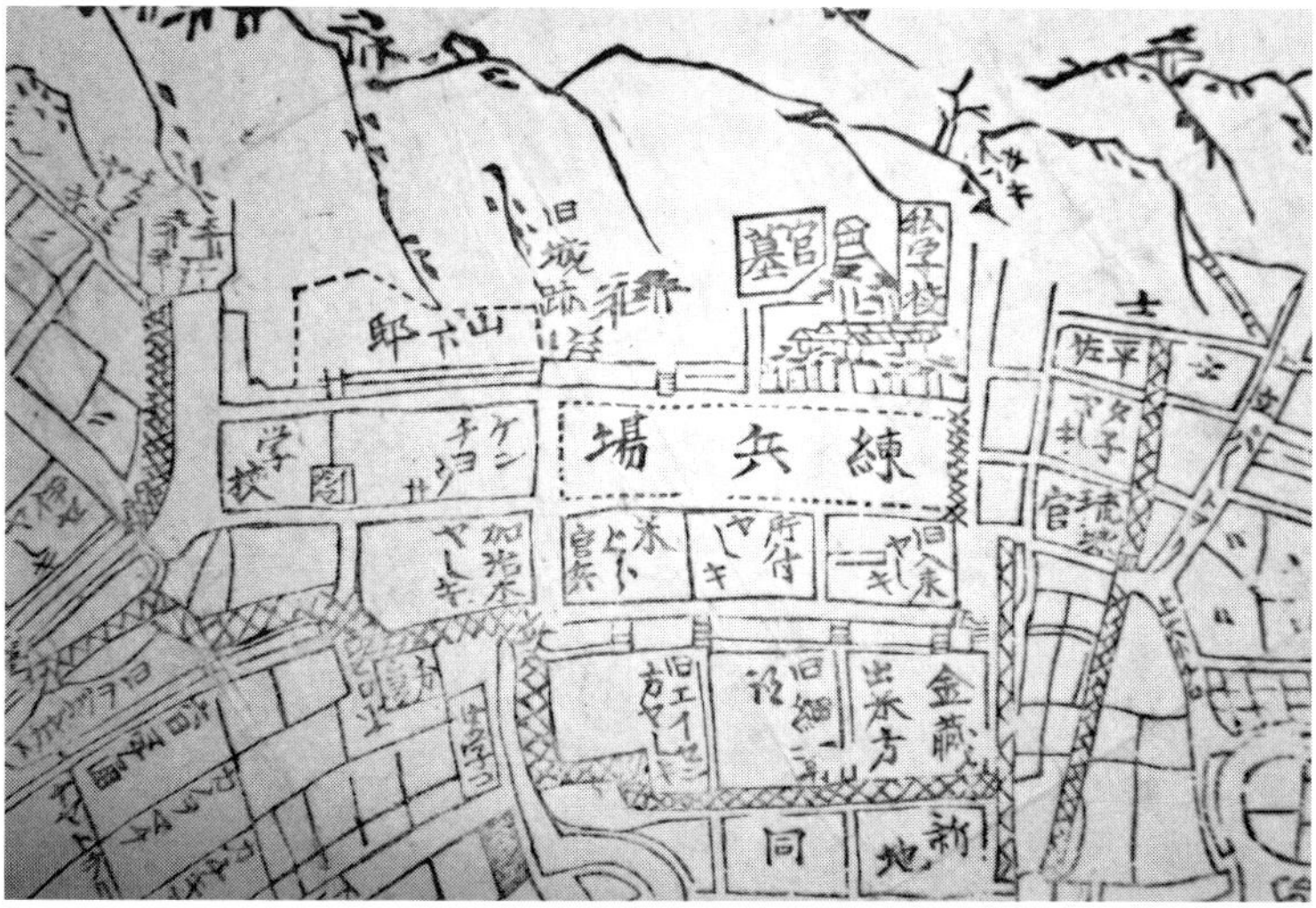

図２　鹿児島略図（明治11年、部分、筆者蔵）

これより先、鹿児島城は廃藩とともに官有地となったが、本丸は明治六（一八七三）年に火事で焼けている。その海側の広い土地には「練兵場」が置かれ、陸軍省がこれを管轄する。一方、造士館のあった土地には前述の学校と県庁が置かれている。

その後、就学率が高まり、教育制度が整備されるなかで、この場所には中等・高等教育機関が設置される。現在まで続く公立学校のほとんどはこの土地で生まれた学校をルーツとする。

図3は明治一七（一八八四）年の状況を示したもので、県庁の敷地に「師範学校」が置かれている。旧鹿児島城本丸には「鹿児島学校」が建設されている（江戸時代の政庁である鹿児島城と藩校、近代の鹿児島県庁とこの鹿児島学校―政庁と学校の場所が入れ替わっているところに注目したい）。

さらに時代を下げて、明治の末から大正初年の旧鹿児島城下「館馬場」に存在した学校を眺めてみたい（図4）。ここが鹿児島の各種の学校の集合地＝「学校街」となっていることがわかるだろう。

本丸跡は、「鹿児島縣第七高等学校造士館」となっている。現在は、鹿児島県歴史資料センター黎明館から鹿児島県立図書館にかけての土地である。鹿児島城旧二之丸の中央部には市役所があるが、現在では鹿児島市立美術館が建つ。さらに南（地図では左）に目を移すと、興業館[5]と農工銀行が見える。農工銀行のところは現在鹿児島県立博物館である。

次に館馬場（現在の国道一〇号線）の反対側（海側）を見てみよう。練兵場であったところには、第一鹿児島中学校、市高等小学校、市女子高等小学校がある。地図では師範学校は鹿児島女子師範学校となっているが、明治四四（一九一一）年に新築成った西武田村の

（5）興業館は、渡辺千秋知事の発案にかかる物産参考館で、明治一六（一八八三）年、西本願寺二一世門主の大谷光尊の寄付によって建設された。のち、物産陳列館等として利用。

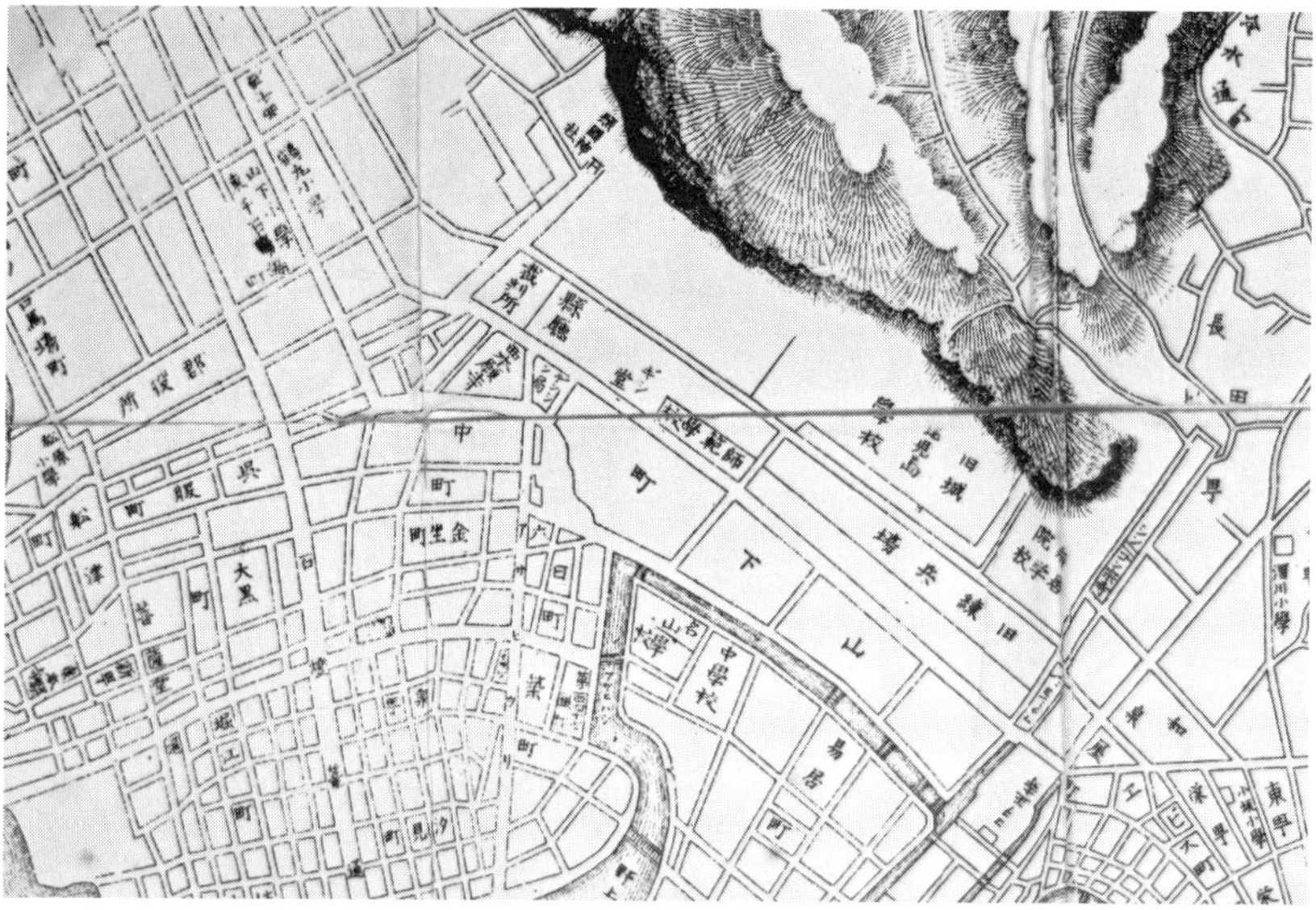

図 3　鹿児島市街図（明治17年、部分、『鹿児島市史　Ⅰ』より）

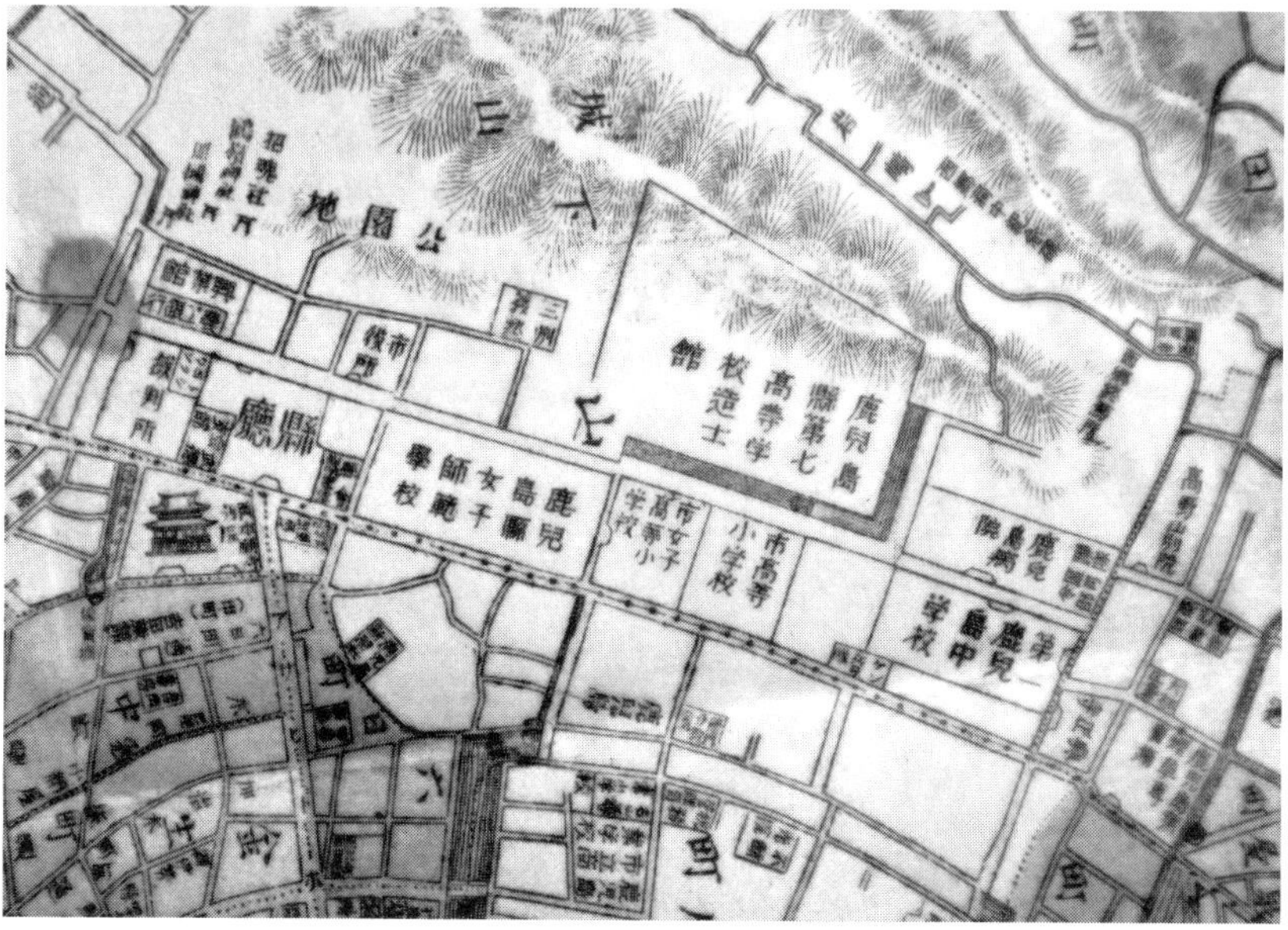

図 4　鹿児島市街実地踏査図（明治45年　鹿児島大学蔵）

校舎に男子部は移転したため、この地図には見えない。

3 第七高等学校造士館

造士館の流れを汲む本学校は明治九（一八七六）年、変則中学を経て准中学校と英語学校に分かれるが、いずれも西南戦争で廃止された。

西南戦争の後、明治一一（一八七八）年七月、県立中学校が設置された。一方、先述したように明治一四（一八八一）年九月、野村政明ら有志たち（郷友会）の奔走により、磯の洋館を借り受けて鹿児島中学校が設立され、翌年、旧鹿児島城跡に移転する。明治一七（一八八四）年に両中学校の合併統合と造士館の復活を図る委員会が組織され、旧藩主島津忠義が四万七〇〇〇円余の基金と年々九四〇〇円の寄付を出すこととし、同年一二月鹿児島県立中学校造士館が旧鹿児島城跡に誕生した（同年、異人館が城跡に移築され同校の本館として利用された）。注目すべきは鹿児島城跡に学校が作られたことと島津家が積極的に関わったことで、のちに第七高等学校造士館に発展する基礎がここに置かれたことになる。西南戦争では官軍・薩軍に分かれて戦い、物心両面で荒廃した鹿児島を立て直す象徴的な出来事であった。県の施設（県庁、県立師範、県立中学など）の多くが、旧鹿児島城よりも一段低い、館馬場の海側に並んだのとは対照的である。

明治一九（一八八六）年中学校令が公布されたが、これは中学校を尋常・高等のふたつに分け、各府県に尋常中学を一校、全国に高等中学校を五校設置するというもので、東京

（6）『鹿児島市統計書　第六回』鹿児島市役所　一九一五年一一月

表1　大正初年の鹿児島の主な中等・高等教育機関(注6)

学校名	創立年月	所在	授業料総額
第七高等学校造士館	明治34年3月	山下町	21,676円
鹿児島高等農林学校	明治41年4月	荒田村	4,440円
鹿児島県立第一中学校	明治27年3月	山下町	12,049円
鹿児島県立第二中学校	明治34年4月	上之園町	11,642円
鹿児島県立師範学校	明治31年4月	西武田村	—
鹿児島県立女子師範学校	明治43年4月	山下町	—
鹿児島県立商船水産学校	明治41年7月	荒田村	2,000円
鹿児島県立第一高等女学校	明治34年5月	加治屋町	6,358円
鹿児島県立第二高等女学校	明治43年4月	山下町	5,788円
鹿児島市立商業学校	明治27年11月	易居町	7,985円
鹿児島郡立工業徒弟学校	明治40年5月	上之園町	360円

表2　鹿児島市中心部にあった公立学校とその児童・生徒数(大正2年度)(注6)

学校名	就業年限	生徒数	備考
第七高等学校造士館	大学予科3ヶ年	649	内、10名は留学生。
鹿児島県立第一中学校	本科5ヶ年 補修科1ヶ年	504	
鹿児島県立女子師範学校	本科第一部4ヶ年 本科第二部1ヶ年 養成講習科3ヶ年	283	
鹿児島市立商業学校	商業科4ヶ年 〃　2ヶ年	494	
鹿児島県立第二高等女学校	本科4ヶ年 補習科1ヶ年	263	
鹿児島市高等小学校	3ヶ年	623	
鹿児島女子高等小学校	2ヶ年	456	

写真 2　第七高等学校造士館全景（『記念誌』より）

に第一高等中学校、仙台に第二、大阪に第三、金沢に第四、熊本に第五が作られた。島津忠義は、文部大臣森有礼《もりありのり》の視察を機に、高等中学校昇格運動を始める。島津忠義の基金に加え、高島鞆之助《たかしまとものすけ》らの寄付を合わせて運営資金とすることとし、官立の鹿児島高等中学造士館が発足する（七番目の高等中学校）。高等中学校に昇格したものの尋常中学校がない状態になった鹿児島では、明治二七（一八九四）年四月に鹿児島県立尋常中学校（四年制）が、旧練兵場跡（当時は競馬場）に作られた。同年六月、高等学校令が公布され、高等中学校が高等学校―たとえば熊本高等中学校が第五高等学校へ―となったが、鹿児島高等中学校造士館は突如廃止されてしまう。戦費調達のため国家財政がその存続を許さなかったようである。

鹿児島高等中学校造士館の在校生の行き場を確保するため、明治二九（一八九六）年一二月、鹿児島県立尋常中学校造士館が設立され、ここに県立の尋常中学校が二校存在することになった。

明治三四（一九〇一）年島津忠重は一六万二〇

〇〇円と中学造士館の建物、図書、器具一切を寄付、ここに第七高等学校造士館（以下「七高」）が成立した（写真2）。これに伴い、県立中学校造士館は廃止され、低学年の在校生のために鹿児島県第一中学校分校が設立された（山下町、一九〇二年上荒田へ移転、第二鹿児島中学校となる）。

七高は大学予科として大学への進学を前提として学生を受け入れ、定員は一学年二〇〇名である。大正二（一九一三）年一二月末時点で、六四二名（県内出身が二一七名、県外出身者が四二五名）と中国人一〇名の学生が在籍している。[7] 県外からの学生が多いことも、県立学校とは違った趣きを醸しだしていた。彼ら七高生は大学を目指すエリートであり、周囲からも一目置かれ、学生生活を謳歌したのである。卒業生には[8]、各方面で活躍した著名人が多い。

4 師範学校

近代の学校制度の発足とともに児童を教え導く教員の養成の場として師範学校が設置される。鹿児島県においては明治八（一八七五）年五月、山下町の県庁内に小学校授業講習所が設置されたのが始まりである。明治一二（一八七九）年には教育令改正によって府県ごとに師範学校の設置が義務づけられた。教員には士族の子弟が多かったといわれる。西南戦争後、県庁内に校舎が設置され男女それぞれの教場が設けられた。

制度も次第に整備され、就業年限（四年）や入学資格（高等小学校以上の学力を有する者）

（7）『鹿児島県統計書　大正二年度』鹿児島県庁　一九一六年

（8）卒業生としては、政治家では東郷重徳（外務大臣）、石黒忠篤（農林大臣）、佐野学、徳田球一、経済界では安川寛、弁護士の正木ひろし、学者としては島津久基（国文学）、赤崎勇（物理学者）、評論家の花田清輝、俳優の天本英世、詩人の黒田三郎など。

が定められ、明治一七（一八八五）年から在学中は学校に寄宿することになった。国家主義的な教育が実施され人物錬成に力が注がれた。その意味で、七高などとは大きな違いを見せている。

前掲の表でも明らかなように、在学中の費用は全て県費で賄われている。また、徴兵期間も六週間と短かった（通常は三カ月）。これに対応して、服務義務があり、卒業後一〇年間は公立小学校長・教員に服す義務があった。

昭和一八（一九四三）年に師範学校は官立の専門学校となり、戦後は新制鹿児島大学教育学部になった。

5　鹿児島高等農林学校

明治四一（一九〇八）年三月、勅令をもって鹿児島高等農林学校（鹿児島大学農学部の前身）が、鹿児島市荒田村の田園の中に設置されることになった（写真3）。日清・日露の両戦争を経て、植民地を獲得した大日本帝国が、南方の開発と研究を目的として、第一（盛岡）高等農林学校につづく二番目の高等農林学校を開校させたのであった。創立当初、定員は農学科・林学科各三〇名ずつで、就学期間は三年。農場や牧場、演習林を含む広大な土地を用意したことからも農林業技術者養成が国家の喫緊の課題であったことがわかる。

鹿児島出身の初代校長玉利《たまり》喜造《きぞう》（一八五六―一九三一）は、第一高等農林学校の設立

写真 3　鹿児島高等農林学校全景（『鹿児島高等農林学校創立二十五周年記念誌』より）

にも関わり独特な教育方針（実習の重視、「気」の重視、紳士の育成）を示した。

現在の鹿児島大学には、各所に高等農林の遺跡が残っている。建物としては総合研究博物館常設展示館となっている旧高等農林図書館書庫がある。また、林園・圃場・植樹林は高等農林学校から引き継いだ「賜物」と言っても過言ではない。林園は、開校当初、エングラー式の植物分類順に植林された植物園で、いまも大学の中のオアシスの役割をはたしている。また、開設当初は現在の市立病院・鹿児島市交通局を含み、指宿枕崎線の線路に接するところまでが高農の敷地であった。土地の譲渡により往時より狭くなったが、春はレンゲソウやシロツメクサ、各種のイネやムギ、四季折々の野菜類などが植えられ、実験圃場の役割を超えて市民の目を楽しませている。

おわりに

城山の麓に次々に設置された中等・高等教育機関は、学生数の増加や施設の狭隘化、また老朽化、さらには都市の郊外への発展といった理由により、甲突川の南に移転するケースが多くなった。鹿児島第一中学校が西武田村に移転した。男子師範学校や附属学校も西武田村（現在の鹿児島中央駅裏）に移転、これも戦後は七高とともに新制鹿児島大学へと移転して現在地に移っていく。また戦後は陸軍四十五連隊のあった伊敷地区に学校が設立された。かくして、城山の麓にある学校は名山小学校のみとなった。その代わりに、美術館や博物館、ホールなど文化施設があつまるエリアとなっている。

〔参考文献〕

『記念誌』第七高等学校造士館　一九二六年
『鹿児島県史』第三巻　鹿児島県　一九三九年
『鹿児島市史』第一巻　鹿児島市　一九六九年
山田尚二「鹿児島県の中等教育の変遷（一）中学造士館を中心に」『鹿児島史学』26号　一九七九年
山田尚二「鹿児島県の中等教育の変遷（二）―県議会史を中心に―」『鹿児島史学』28号　一九八一年
前村智子「―資料紹介―「造士館関係資料」」『尚古集成館紀要』第一二号　二〇一三年
丹羽謙治編『鹿児島高等農林学校の底力』鹿児島大学附属図書館　二〇一五年

鹿児島市立病院と農学部実験圃場

column

黎明館の郷土玩具コレクション（川邉コレクション）

大田由紀夫

鹿児島県歴史資料センター黎明館《れいめいかん》には、知るひとぞ知る日本有数のコレクションがある。それは郷土玩具に関する通称「川邉《かわなべ》コレクション」である。このコレクションは、鹿児島市に在住した川邉正己《かわなべまさみ》氏（一九〇六～九七年）が主として戦前に日本・中国東北地方（旧「満洲」）を中心とするアジア各地より蒐集した、郷土玩具・版画・文献類から構成され（総数は八七四三点）、鹿児島県指定有形文化財の指定を受けている。

郷土玩具とは、「伝統・郷土・信仰いずれかのイメージを備えた装飾的、玩具的な造形物の総称」（川越、一九九九）である。日本では、明治・大正以来、子供の遊び道具である「おもちゃ」だけでなく、人形や縁起物などのさまざまなもの（土人形・土鈴《どれい》・張り子・こけし・絵馬など）がこの名称のもとで蒐集されてきた。そして、多数の蒐集家により郷土玩具のコレクションが各地に形成され、のちに博物館へ収蔵されるものも現われたが、川邉コレクションもその一つである（写真1）。

川邉コレクションの特徴は次の点にある。①昭和前期（一九三〇～四〇年代）に蒐集された郷土玩具コレクションであること。②地元鹿児島の郷土玩具がコレクションの中核を成し、当地の古い郷土玩具の姿を知る貴重な資料であること。③二〇世紀前半の旧「満洲」を中心とする中国郷土玩具の質・量ともに優れた蒐集（九二四点）を含んでいること。④戦前刊行の玩具関連文献の一大コレクション（二六八五冊）を有すること、などである。

とりわけ川邉コレクションをユニークな存在にしているのは、③と④の特徴である。「満洲玩具」の蒐集家としての川邉氏は、戦前の日本で「第一人者」と称されたが、その蒐集が黎明館に継承されている。ちなみに、現在の中国にこの種の古い郷土玩具はほとんど残っていない。また、川邉氏は玩具・人形や蒐集趣味に関する書籍・

写真1　川邉コレクションの日本や中国のさまざまな郷土玩具

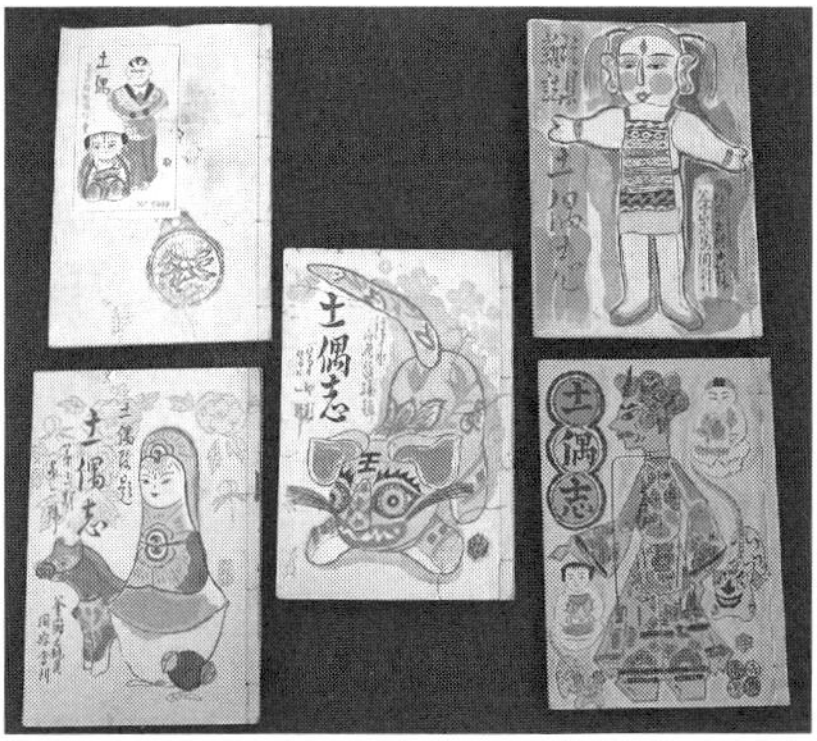

写真2　中国玩具の孔版画（板祐生の作）が表紙を飾る玩具雑誌『土偶志』

雑誌のコレクターとしても著名で、そのコレクションには現在では入手困難な戦前の非売品・私家版が多数含まれ（写真2）、これらは大学・公共の図書館に所蔵されていないものも多い。さらに特筆すべきは、その文献コレクションが目録の形で整理・公刊され（菊野、二〇〇五）、外部の利用も可能になっている点で、この種の文献を閲覧しようとする者にとって得難い存在となっている。

以上のように、多様な蒐集品より成り立つ川邉コレクションは、鹿児島の誇るべき「文化財」の一つといえるだろう。

〔参考文献〕
川越仁恵「郷土玩具」福田アジオほか編『日本民俗大辞典　上』吉川弘文館　一九九九年
菊野智美「鹿児島県指定有形文化財 川邉コレクション目録」『黎明館調査研究報告』一八　二〇〇五年

column

近代医学始まりの地

米田孝一

鹿児島市電の桜島桟橋電停を降りた交差点に「英人医師ウィリアム ウィリス　赤倉の跡」という石碑がある（写真1）。一八六八（明治元）年に薩摩藩は浄光明寺跡（現在の南洲公園）に医学校をつくり、その後、小川町に赤レンガ造りの洋風の医学校兼病院を建てた。その外観から赤倉病院と呼ばれていた。昭和になり鹿児島県教育会が「赤倉病院跡」という石碑を立てたが、第二次世界大戦で破壊され、戦後鹿児島市教育委員会が石碑を建て直した。石碑の裏には「ウィリアム・ウィリスは一八六九（明治二）年十二月から八年間ここで多くの医学生を養成した。これが本県における近代医学の始まりである」と刻まれている。

写真1　英人医師ウィリアム ウィリス　赤倉の跡
（鹿児島市小川町）

ウィリアム ウィリスは一八三七年にアイルランドで生まれ、スコットランドのエジンバラ大学で医学を学んだ。一八六一年に英国公使館の医官として来日することになった。彼がなぜ日本に来ようと思ったのかについては諸説あり、わかっていない。来日して間もなく生麦事件、次いで薩英戦争に遭遇し、現場でイギリス人負傷者の治療に当たった。その後、薩摩とイギリスは親善関係を結び、交流が始まった。薩摩はイギリスの力を目の当たりにし、それは医学についても同様であった。

写真2　オブジェ『ウィリス、高木に西洋医学を説く』（鹿児島市山下町）

写真3　ウィリアム ウィリス頌徳紀念碑（鹿児島市桜ヶ丘）

当時の医学は漢方医学が中心であり、外傷治療には弱かった。

一八六八年、戊辰戦争の鳥羽・伏見の戦いで薩摩藩に多数の負傷者が出て、西郷隆盛の弟従道《じゅうどう》も首に貫通銃創の重傷を負った。外傷治療の医術に頼り、戦いの場にウィリスが入ることが許可され、その治療によって従道は救われた。西郷隆盛とウィリスの縁は、負傷した弟を治療してもらったことにあった。戊辰戦争後、ウィリスは東京医学校兼大病院（東京大学医学部の前身）の院長をしていたが、明治政府がドイツ医学を採用する方針としたため、ウィリスは辞職した。西郷隆盛らの働きかけでウィリスは鹿児島医学校兼病院（鹿児島大学医学部の前身）の院長として招聘された。ウィリスは診療の傍ら、医学教育に力を入れ、講義と臨床実習を同時に行う重要性を説き、他にも病理解剖、妊産婦検診、死肉食用禁止、研修医制度、予防医学、公衆衛生の実践を行なった。一八七七年の西南戦争開戦でウィリスはイギリスに帰国したが、その八年の間にウィリスから医学を授かった三〇〇余人の門下生がその後の鹿児島の医学、日本の医学に貢献することとなった。脚気の原因説を巡って森鷗外（陸軍軍医総監、小説家）と医学上の論争をし、栄養にその原因があることを突き止めて実証医学の先駆けとなった高木兼寛（海軍軍医総監、東京慈恵医科大学創設者）はその一人である。かごしま県民交流センター前の城山入口交差点でウィリスと高木のオブジェに会える（写真2）。

西南戦争で西郷隆盛は自決し、一緒に参戦していた息子の菊次郎は右脚に被弾した。抗生剤がなかった当時は壊疽《えそ》を避けるための切断術が最善の治療であった。かつての藩医の医学知識と技術では太刀打ちできなかった外傷であるが、ウィリスの医学教育のおかげで鹿児島には近代医学が根付いていた。菊次郎の右下肢切断手術を成功させたのはその流れを汲む足立盛至《もりよし》であった。西郷隆盛の家族は二人ともウィリスの医学に救われたことになる。

ウィリスの功績を讃えて門下生が一八九三年に鹿児島市城山に頌徳紀念碑を建立した。その翌年ウィリスは五七歳で人生を閉じた。その頌徳紀念碑は今も桜ヶ丘の鹿児島大学医学部鶴稜会館内に保存されている（写真3）。

〔参考文献〕
永徳縁峯『薩摩医学史（上巻）』新時代社　一九六五年
佐藤八郎『英医ウィリアム　ウィリス略伝』渕上印刷　一九六八年
森重孝『薩摩医人群像』春苑堂　一九七六年

第2部

薩摩・大隅編

鹿児島の「麓」——小林善仁
【コラム】鹿児島の方言——木部暢子
【コラム】鹿児島のラーメンと大根の漬物——小林善仁
薩摩・大隅の港とヨーロッパ文化の伝来——藤内哲也
【コラム】大英帝国と薩摩藩—「前の浜の戦」から「サツマ・スチューデント」へ——細川道久
【コラム】薩摩塔——高津　孝
鹿児島近代の戦争遺跡と戦跡考古学——橋本達也
【コラム】鹿児島のプロスポーツ——福山博文
【コラム】鹿児島の宗教事情—廃仏毀釈と明治初期の浄土真宗・キリスト教——小林善仁
鹿児島の文学——多田蔵人
【コラム】モウソウチク——高津　孝
【コラム】豚肉食——高津　孝
鹿児島の金山と鉱業——新田栄治
【コラム】温州みかんと薩摩——高津　孝
【コラム】三〇〇人弱の集落で成し遂げた行政に頼らない『やねだん』のむらおこし——北﨑浩嗣
考古学が明らかにする薩摩焼の歴史——渡辺芳郎
【コラム】鹿児島と台湾の縁—もう一人の西郷どん菊次郎——米田智美

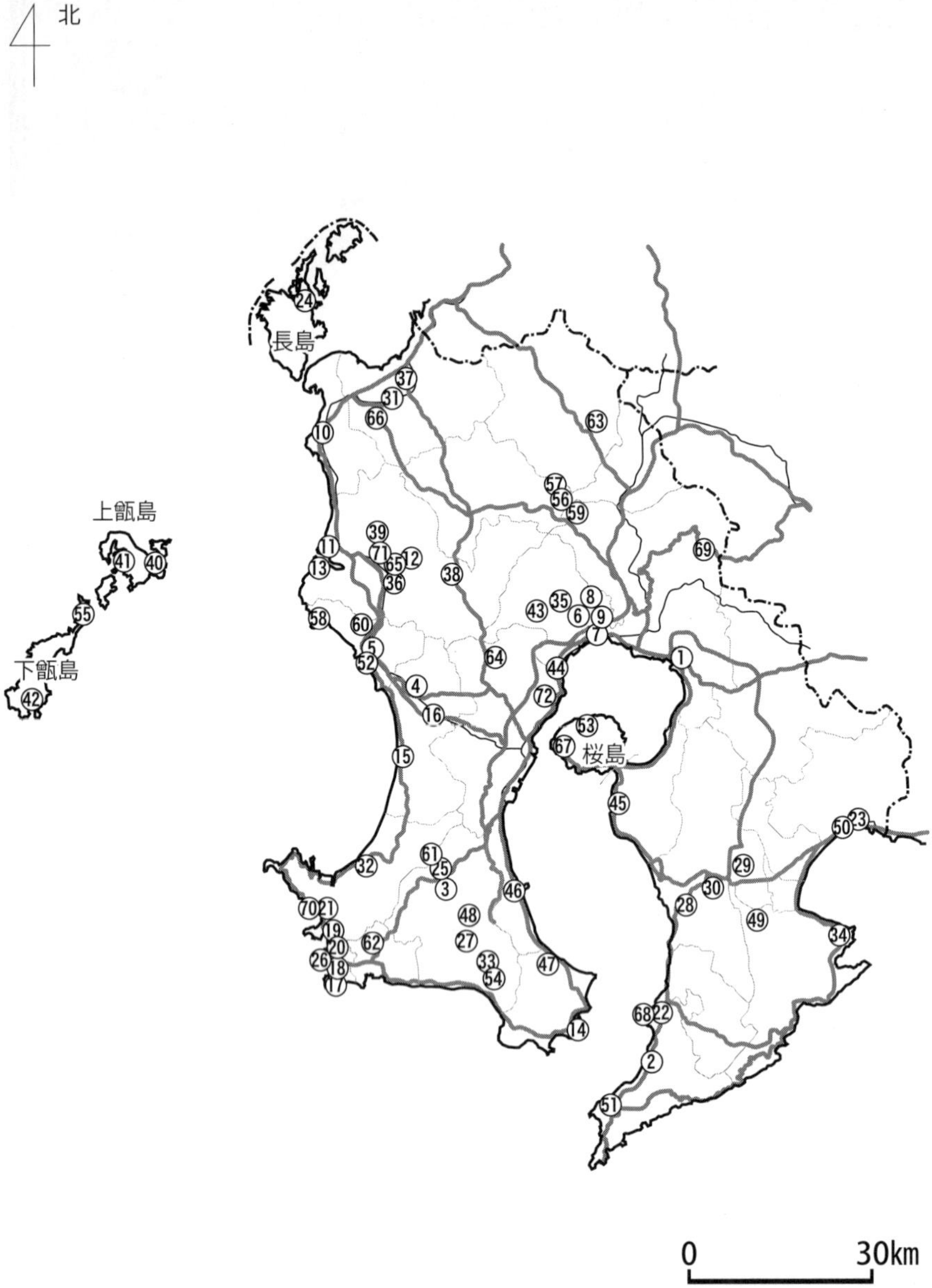
北
長島
上甑島
下甑島
桜島
0
30km
1
2
3
4
5
6
7
8
9
10
11
12
13
14
15
16
17
18
19
20
21
22
23
24
25
26
27
28
29
30
31
32
33
34
35
36
37
38
39
40
41
42
43
44
45
46
47
48
49
50
51
52
53
54
55
56
57
58
59
60
61
62
63
64
65
66
67
68
69
70
71
72

No.	薩摩大隅編
1	敷根火薬製造所跡（霧島市国分町）
2	根占平砲台跡（肝属郡南大隅町）
3	金山水車（轟製錬所）跡（南九州市知覧町）
4	堂平窯跡（日置市東市来町）
5	串木野窯跡（いちき串木野市）
6	宇都窯跡（姶良市）
7	御里窯跡（姶良市加治木町）
8	龍門司窯跡（姶良市加治木町）
9	山元窯跡（姶良市加治木町）
10	阿久根（阿久根市）
11	京泊（薩摩川内市）
12	東郷（薩摩川内市東郷町）
13	久見崎（薩摩川内市）
14	山川（指宿市山川町）
15	吉利（日置市日吉町）
16	一宇治城（日置市伊集院町）
17	坊（南さつま市坊津町）
18	泊（南さつま市坊津町）
19	久志（南さつま市坊津町）
20	博多浦（南さつま市坊津町）
21	秋目（南さつま市坊津町）
22	根占（小根占港）（肝属郡南大隅町）
23	志布志港（志布志市志布志町）
24	温州みかん原木碑（出水郡長島町）
25	水元神社(南九州市川辺町）
26	坊津歴史資料センター輝津館（南九州市坊津町）
27	陸軍知覧基地跡（南九州市知覧町）
28	海軍鹿屋基地跡（海上自衛隊鹿屋基地）（鹿屋市）
29	海軍串良基地跡（鹿屋市串良町）
30	海軍笠之原基地跡（鹿屋市）
31	海軍出水基地跡（出水市）
32	陸軍万世基地跡（南さつま市）
33	陸軍青戸基地跡（南九州市頴娃町）
34	内之浦要塞（肝属郡肝付町）
35	山田招魂社・凱旋門（姶良市）
36	碇山城（薩摩川内市）
37	出水麓（出水市）
38	入来麓（薩摩川内市入来町）
39	高城麓（薩摩川内市）
40	里麓（薩摩川内市里町）
41	中甑麓（薩摩川内市上甑町）
42	手打麓（薩摩川内市下甑町）
43	蒲生麓（姶良市蒲生町）
44	重富麓（姶良市）
45	垂水麓（垂水市）
46	喜入麓（鹿児島市喜入町）
47	今和泉麓（指宿市）
48	知覧麓（南九州市知覧町）
49	高山麓（肝属郡肝付町）
50	志布志麓（志布志市志布志町）
51	佐多麓（肝属郡南大隅町）
52	八坂神社（いちき串木野市）
53	桜島大根の畑（鹿児島市）
54	大根櫓（南九州市など）
55	藺落（薩摩川内市鹿島町）
56	永野金山　鉱業館敷地跡（薩摩郡さつま町）
57	西郷菊次郎夜学校跡（薩摩郡さつま町）
58	薩摩藩英国留学生渡欧の地（いちき串木野市）
59	山ヶ野金山 (霧島市横川町）
60	芹ヶ野金山（いちき串木野市）
61	神殿金山 (南九州市川辺町）
62	鹿籠金山（枕崎市）
63	菱刈金山（伊佐市菱刈町）
64	花尾神社（鹿児島市）
65	泰平寺（薩摩川内市）
66	野田感応寺（出水市野田町）
67	桜島・梅崎春生文学碑（鹿児島市）
68	南大隅町立根占図書館（肝属郡南大隅町）
69	霧島神宮（霧島市）
70	谷崎潤一郎『台所太平記』文学碑（南さつま市坊津町）
71	川内まごころ文学館（薩摩川内市）
72	寺山炭窯跡（鹿児島市吉野町）

鹿児島の「麓」

小林善仁

はじめに

鹿児島県内をフィールドワークなどで回っていると、各地で目にする地名がある。その地名とは、「麓《ふもと》」である。一般に、麓とは山裾の部分を指す地名であるが、鹿児島の麓は台地の上や海岸に程近い平坦地など、近くに山が無い場所でもこの地名が付けられている。

この麓とは、一体何を意味しているのだろうか。ここでは、麓地名を手がかりとして、近世の島津家の領国支配とそのなかで形成された集落について概観し、現在に残る歴史的景観から集落の構造や形態をみていく。

1　麓とは？

麓の概要

近世、島津氏は領国の薩摩国・大隅国（鹿児島県）と日向国諸県郡《もろかた》（宮崎県南西部）を一一〇余の「外城《とじょう》」（天明四・一七八四年から郷）と呼ばれる行政区に区分して地域の支配を行った。外城の「外」は「内」に対するものであり、内とは「御内《みうち》」、すなわち鹿児島城を指す。一六世紀中葉に建設された三番目の鹿児島城は、「内城《うちじょう》」と呼ばれているが、次いで鶴丸城が建設されると、今度は鶴丸城が御内となり、内城の地は本《もと》御内と呼ばれた。(1)

このような領国統治の仕組みは外城制と呼ばれ、外城の拠点として領国の各地に武士の集落が建設された。これこそが「麓」である。麓には、仮屋《かりや》という役所が置かれたが、麓と仮屋の設置については、文化三（一八〇六）年に編纂された『薩藩名勝志』(2)に詳しい記述が見られる。これによると、島津氏の領国では一郡内を幾つかの小地域に区分して外城と呼び、一城を構えて地頭に守備・統治させていたが、領国内の城郭を大名の居城に限定する一国一城令が元和元（一六一五）年に出されると、外城の城郭は全て破却され、これに代わる役所として仮屋が建てられた。本書では、仮屋が設けられた場所を「麓」と称したとし、続けて麓のことを「外城の府なればなり、鹿児島を本府と言えるが如し」と解説している。麓は「府下」や「府本」(3)とも記されたが、仮屋や集落が形成された場所、すなわち中世の城山の麓を意味すると考えるのが自然である。

(1)　五代秀堯・橋口兼柄編『三国名勝図会』青潮社　一九八二年

(2)　本田親孚『薩藩名勝志』（鹿児島県史料集四三）鹿児島県立図書館　二〇〇四年

(3)　鹿児島県『鹿児島県史』第二巻　一九三九年

外城制は地域支配の仕組みであると同時に、領国の防衛体制でもあった。内（鹿児島城）を外（外城）が守る体制である。近世の日本では、在地の有力な武士を大名が被官化することで家臣団を編成し、居城の周囲に屋敷を与えて集住させ、城下町を形成する一方、在地に残ることを選んだ武士は有力農民として村役人に任命し、地方支配の一端を担わせた。これに対して、島津氏の領国では在地の城郭を廃止し、有力な武士の一部は鹿児島城下町に集められて城下士となったものの、大部分の武士を在地に残して武士身分のまま支配に当たらせた。この外城衆中（安永九・一七八〇年から郷士）と呼ばれる麓の武士団を統括する役割を担ったのが地頭《じとう》であり、有事の際は地頭の指揮の下で外城衆中が戦闘に動員される兵士となった。

写真1　出水麓の御仮屋門

外城は、藩直轄の地頭所《じとうしょ》と一門・一所持が支配する私領の二種類に大別される。そのため、仮屋も前者は地頭仮屋、後者は領主仮屋と呼ばれる（写真1）。近世後期の一一三外城を区分すると、地頭所は出水《いずみ》・伊集院・加世田・国分・志布志など九二ヶ所で、私領は加治木・垂水《たるみず》・喜入《きいれ》・知覧など二一ヶ所を数える。外城衆中は、島津氏の直臣であるため、藩直轄の麓の場合は地頭と衆中の間に主従関係は存在せず、地頭の交代もある。これに対して、私領の麓の場合は、私領主家が代々相続し、私領士・家中士と呼ばれる陪臣（又家来）が領主仮屋の周囲に居住した。

　このように、島津氏の領国では鹿児島城下町の他、領内の各地に武士が居住していた。その結果、明治四（一八七一）年の調査では、鹿児島県の人口約四六万人のうち、武士階級である士族の人口は二六％に相当する約一二万人を数えた。(4)当時の鹿児島県民の四人に一人は士族という状況であり、全国の平均が五〜六％であったことと比べると、士族の占める割合の高さが際立つ。家臣団の数の多さは財政負担に直結したが、これを軽減するため麓の武士達は、外城の行政に従事する一方、自ら農業も行う半士半農の状態であった。いわゆる屯田兵である。

（4）明治四（一八七一）年「鹿児島県禄高調」

写真2　西之表麓の武家屋敷（月窓亭）

麓の形成

　麓は、豪族の居館を中心として形成された中世的性格の集落を起源とする。主に中世末期から近世初頭に形成された南九州の豪族の居住地に対する呼称と言われる。(5)

　この麓が島津氏の領国内に偏りなく分布していたかと言えば、そのようなことはなく、鹿児島県本土域では、北は肥後国（熊本県）との領境である出水麓（出水市）から南は大隅半島南部の佐多麓（南大隅町）まで広く分布したのに対し、薩南諸島では種子島の西之表《にしのおもて》麓（西之表市、写真2）があるのみで、

（5）太田喜久雄「薩藩領麓之研究（軍事的聚落としての麓）一」（『地球』第一五巻七号）一九三一年

吐噶喇《とから》列島以南では見られない。これは、奄美群島が慶長一四（一六〇九）年の琉球侵攻後に島津氏の支配下となった地域であることと関係している。

麓の形成時期は、慶長一八（一六一三）年に成立した高城《たき》麓[6]（薩摩川内市）のように、その多くが近世初頭とされる。他方、一八世紀に形成された麓もあり、重富は元文四（一七三九）年、今和泉は延享元（一七四四）年に麓が新設され、例外的に岩川や百引《もびき》は明治初年に成立している。また新設ではないが、重富や今和泉と前後する時期に蒲生《かもう》（享保年間）や溝辺（宝暦三年）では麓の再整備が行われており、仮屋と武家屋敷の移転が行われている。

麓の形成時期と関連するのが、麓と中世に城郭が築かれた城山との位置関係である。大半の麓は城山の麓に集落が形成されていたが、なかには戦国大名で大隅半島を領有し、島津氏とも争った肝付《きもつき》氏の居城の高山《こうやま》城と高山麓（肝付町）のように離れて形成された例もある。また、垂水麓（垂水市）のように、城山の無い麓もある。

外城衆中も在地の武士がそのまま居住し続けたのではない。例えば、出水では近隣の港町である米ノ津や南薩の加世田などから武士を移住させて麓が形成された。同様の手法は蒲生でも行われており、島津氏との争いに敗れ、祁答院《けどういん》（薩摩川内市）へ蒲生氏が移封された後に、各地から武士が集められて蒲生麓が形成されている。

（6）川内郷土史編さん委員会編『川内市史』上巻川内市　一九七五年

2　麓集落の景観

麓の景観要素

一つの麓は、中世に城郭が築かれた城山、仮屋、外城衆中（郷士）の屋敷群、寺院、神社などで構成されている。麓の中心には仮屋が位置し、鹿児島と麓、あるいは麓と麓を結ぶ街道に沿うようにして周囲を石垣と生垣で囲んだ武家屋敷が整然と建ち並んだ。馬場や小路と呼ばれた集落内の道路は、見通しをあえて悪くする遠見遮蔽《とおみしゃへい》の手法が採られている。

前述の通り、麓は半士半農の集落であるため、生活用水の他に農業用水を得やすい場所を選んで形成された。[7] 武家屋敷を建設する土地に加え、農地を営む土地も別に必要なため、両者を十分に確保できる河川の流域や海岸部の平地が選ばれた。山地の多い島嶼部の場合も、例えば東シナ海に浮かぶ甑島《こしき》（薩摩川内市）では、里・中甑・手打の三つの麓が存在していたが、共通するのは何れも近隣に水田地帯が広がっている点であり、麓の集落は僅かに高い砂洲などの微高地上に位置した。島津氏の領国が位置する南九州は、水捌けが良い半面、稲作に不向きなシラス台地が大半を占めているため、稲作を行える低地は貴重であり、これらの場所を選択して麓は配置されていたことがその位置から読み取れる。

地形に応じた集落形成という点では、高低差を利用した屋敷配置も行われている。出水麓では、平良川右岸で一段高い丘陵部の高屋敷《たかやしき》地区に地頭仮屋と上級郷士の屋敷地、次に高い左岸の向江地区に下級武士の屋敷、最も低い平良川沿いの低地には町屋敷を配置し、

（7）　桐野利彦『鹿児島県の歴史地理学的研究』徳田屋書店　一九八八年

身分別の屋敷配置を地形に則して行っていた。

集落の形態は、成立した地域の地形によって多様であり、都城麓（宮崎県都城市）や大口麓（伊佐市）のように広い平地に立地し、多数の武家屋敷が配置された麓では、計画性の高い格子状の街区が形成された。[8] これに対して、志布志麓（志布志市）は海岸部の大規模な麓ながら、中世の志布志城が築かれた四つの尾根の間に広がる三つの谷を利用して、列状に集落が展開した。

外城衆中の屋敷も城下町の例と同じように、身分に応じて屋敷の規模（面積）が定められていた。享保一一（一七二六）年の定によると、高一〇〇石以上は三〇〇坪、九九石より七五石は二四〇坪、七四石より一ヶ所衆迄は一五〇坪と三段階に分かれていた。[9] 屋敷地内の構成は、主屋部分は座敷のある「オモテ」と居間・台所などの「ナカエ」の二棟からなる分棟型民家（写真3）の形式で、他に作業を行う納屋や家財道具を収めた石蔵などの建物が建つ。なお、門から主屋までの通路は屈曲しており、直進して門に辿り着ける例は少ない。

屋敷地の周囲は石垣や生垣で囲繞されている。石垣石も麓によって違いが見られ、南九州の各地で見られる火山噴出物からなる溶結凝灰岩を加工して積み上げた切石積みの石垣（写真4）が見られる一方、山や川の自然の玉石《たまいし》を積み上げた野面《のづら》積みの石垣もある。

麓には、集落に住む人々が信仰した寺院と神社も存在した。麓の寺院のうち、禅宗の寺院一寺は私領主や衆中の菩提所とされ、真言宗の一寺は祈願所として様々な祈願を行わせた。他方、神社としては、諏訪社（廃仏毀釈後は南方神社）や八幡社などがあり、祭礼では大いに賑いを見せた。

（8） 高橋康夫「麓集落―その成立と景観―」（『年報都市史研究』第二号）山川出版社　一九九四年
（9） 石井良助『藩法集』第八巻（鹿児島藩下）創文社　一九六九年

写真3　分棟型民家（旧二階堂家住宅）

写真4　知覧麓の武家屋敷と馬場

最後に、商工業者が居住した町屋敷地区について触れる。麓の景観は、よく小規模な城下町に類似するとされる。事典類にも「麓に接続して、町人居住区である野町、あるいは浦町が置かれたが、麓プラス野町や浦町を総称して麓集落と呼び、地方の政治的経済的中心地となっていた」[10]と記述されている。

確かに、蒲生麓など一部の麓では、衆中の屋敷群と町屋敷とが隣接しており、城下町のような景観を呈していたと言えよう。島津氏の領国において、商工業者の居住地は、岡町（一八世紀初頭から野町）と呼ばれていた。鈴木公[11]によると、日向国内の麓を除く一〇三麓の野町・浦町（海岸部に形成された町人などの居住地）の有無は、有が八三、無が二〇で、五分の一は町屋敷を伴わない麓であった（図1）。

（10）山本正三ほか編『人文地理学辞典』朝倉書店　一九九七年

（11）本冨安四朗『薩摩見聞記』東洋堂　一九〇二年

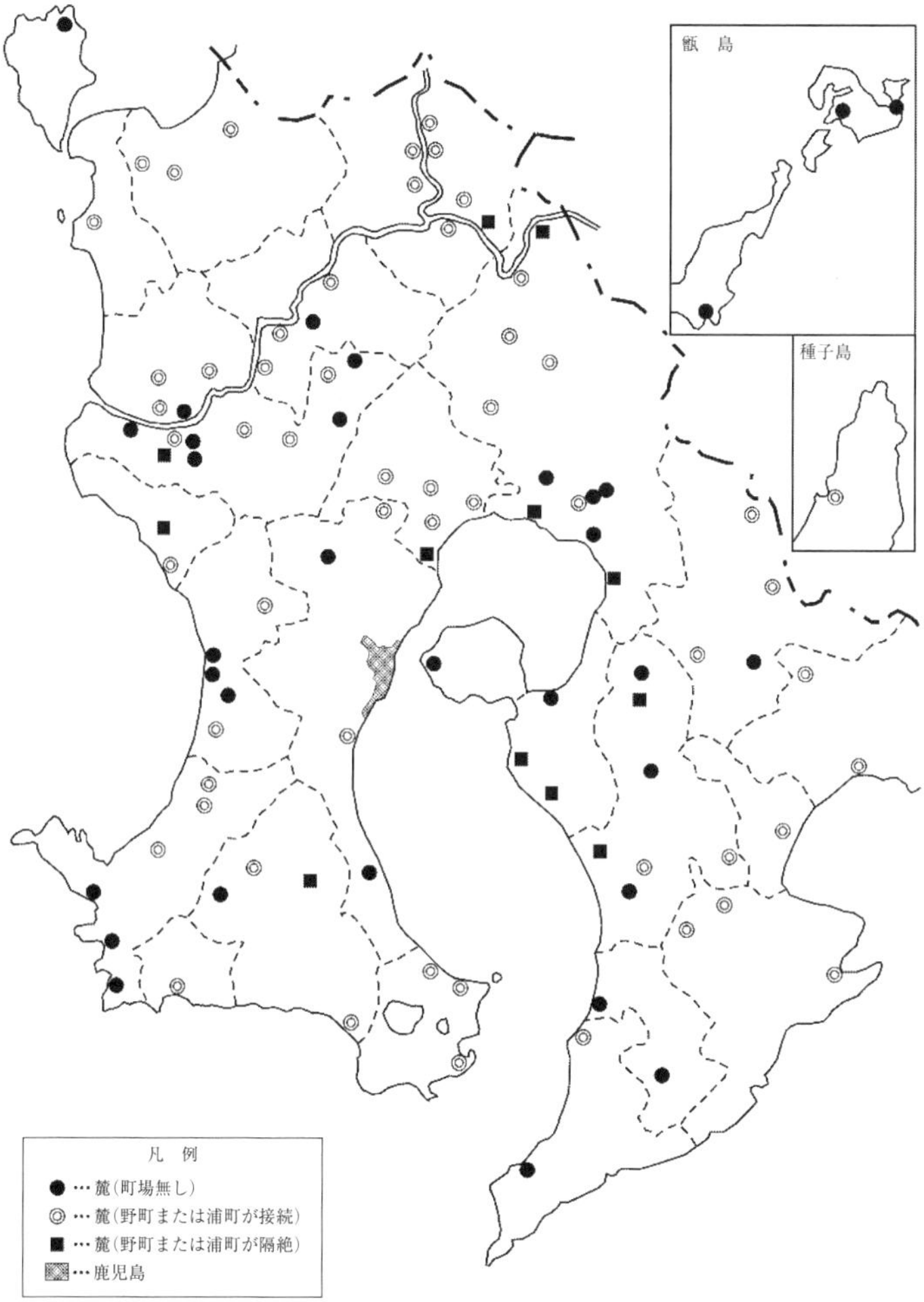

図1　麓の分布(鈴木(1970)より作成)

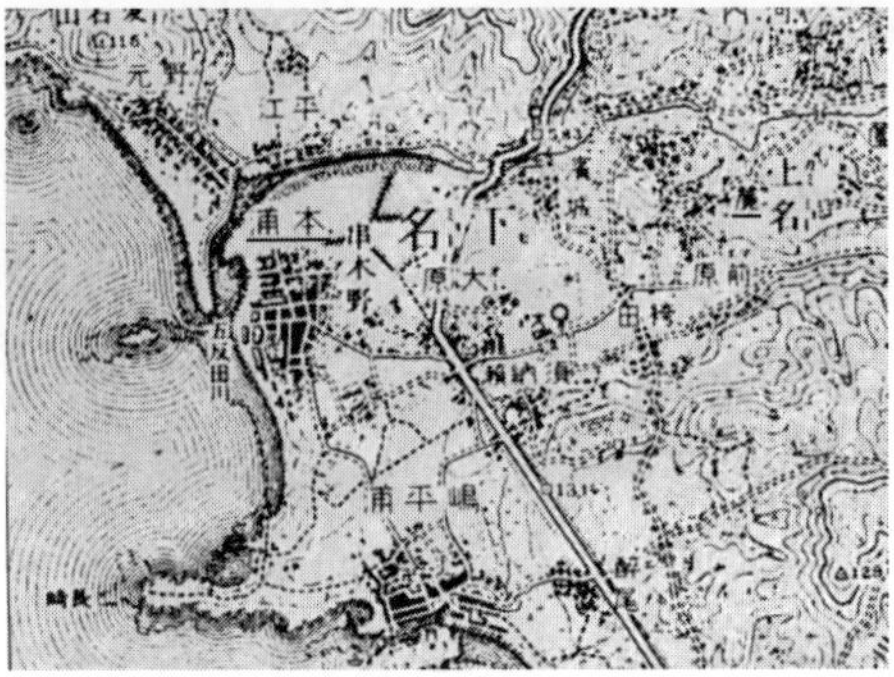

図2　串木野麓と浦町の位置（5万分1地形図「川内」、明治35年測図）

明治中期に鹿児島を訪れた本冨安四朗は、著書の中で当時の商業地の状況に触れている。[12] 要約すると、①旧外城の武士は屯田兵であり、生活に必要な衣類や食器などは大抵自作していたため、商人を必要としなかった、②大部分の旧外城では、数百戸の士族屋敷の中に多くて数十戸、少ない場合は五戸ほどの商家が粗末な家の造りで建っている、③商業が盛んに行われている外城は二つ・三つしかなく、二・三百戸の商家をもつ程度で、「他国の都邑とは全く反対」とも記している。

また、前述の野町・浦町をもつ麓についても、町屋敷が接続するものは半数で、残りは麓と野町・浦町の間に距離がある点にも注意が必要である（図2）。本冨の指摘と併せて考えると、無批判に麓を城下町のようだと述べることはできない。半士半農という麓の集落的性質を踏まえた上で、この点は慎重に検討されるべき課題と言える。

(12) 鈴木公『鹿児島県における麓・野町・浦町の地理学的研究』一九七〇年

麓の歴史的景観―入来と喜入旧《もと》麓

現在、麓の歴史的景観を良く止めている知覧・出水・入来の三ヶ所は、国の重要伝統的建造物群保存地区に指定され、武家屋敷の遺構や石垣の並ぶ街路を活かしたまちづくりが行われている。ここでは、観光地化があまり進んでいないものの、麓の歴史的景観を良く残している地域を二ヶ所取り上げる。

(一)入来

私領の一つである入来《いりき》麓（薩摩川内市）は、中世に入来院氏（渋谷氏の一族）が本拠とした清色城《きよしき》の東麓、城山と東を流れる樋脇川との間に形成された武家集落である。(13) 清色城は、シラス台地を削平して曲輪《くるわ》とし、掘削して空堀とする鹿児島県内の中世城郭に共通する点をもつ山城であり、堀切や土塁などの遺構が現存している。

入来麓の中央を貫く中ノ馬場に面して建つ入来院家住宅の茅葺門は、入来麓を象徴する建造物である（写真5）。また、国指定重要文化財の旧増田家住宅は伝統的な分棟型民家の構造を良く伝えている。これらの住宅は、樋脇川などで採石される玉石垣と生垣で囲まれており、表通りだけでなく路地に至るまでこれらの屋敷囲いが確認できる。

集落の南から東を流れる樋脇川では、近代以前に舟運が行われており、本流の川内川から遡上してきた船が内陸の入来まで荷物を運搬していた。川沿いに「船瀬馬場」の地名も残る。

近年、旧増田家住宅の整備と公開が行われ、地域内には武家屋敷の古民家を改装したカフェも新たに営まれるなど、歴史的景観を活かした取り組みが進んでいる。

(二)喜入の旧麓

喜入（鹿児島市）の旧麓地区は、中世に喜入氏（もとは給黎《きいれ》氏）が本拠とした給黎城の東麓に形成された麓を起源とする。一六世紀末に喜入氏が鹿籠《かご》（枕崎）へ移封されると、大

写真5　入来麓の茅葺門

(13) 薩摩川内市教育委員会『清色城跡と入来麓』二〇一六年

隅から肝付氏が入り、近世は同氏の私領の麓であった。
初期は、諏訪社（南方神社）北側の尾根に築かれた給黎城と八幡川との間に仮屋と衆中屋敷が配置され、諏訪社の東に肝付氏の菩提寺の玉繁寺が建立された。承応二（一六五二）年に肝付兼屋《かねいえ》は八幡川河口に程近い海岸部の琵琶山南麓に仮屋（喜入小学校付近）を移して新たな麓を建設した。防御性を重視した中世山城に代わり、海と陸の交通の利便性を重視する近世的要請に基づく仮屋と麓の移転(14)の一例である。

仮屋の移転に際し、農地の関係から転居せず、そのまま残った衆中もいた。これらの屋敷が旧麓地区の武家屋敷群であり、牧瀬家住宅武家門（鹿児島市景観重要建造物）を始め、武家屋敷を思わせる石塀が馬場の両側に建ち並び、水路と合わせて歴史的景観を形成している（写真6）。他方、移設された仮屋の石垣も現存し、その周囲には石垣や石塀をもつ屋敷も確認できる。

写真6　喜入旧麓の歴史的景観

(14) 前掲(7)

おわりに

麓は、近世の島津氏が採った外城制のもとで形成された武家集落であり、地域の行政的中心地の性質は、その多くが近代以降も引き継がれた。近世日本で城下町以外に、このような集落が形成された例は、現在の秋田県や宮城県など一部に見られるのみで、極めて珍しいと言える。

近世の鹿児島城下町を母胎とする鹿児島市街地には、武家屋敷の町並みが全く残っていない。これに対して、麓の歴史的景観は、減少しつつあるが県内各地にまだ遺されている。鹿児島市に存在しないのであれば、ここが起点となって各地の麓を巡ることで近世の武士の暮らしなどを知れば良い。麓は、地域の自然や歴史、人々の生活が相互に結び付いて存在していた。こうした地域の成り立ちを学ぶ地域学習や他地域からの教育旅行、広域での周遊観光などの面でも麓は大いに活用できると確信している。

〔参考文献〕
桐野利彦『鹿児島県の歴史地理学的研究』徳田屋書店　一九八八年
鈴木公『鹿児島県における麓・野町・浦町の地理学的研究』私書版　一九七〇年

column

鹿児島の方言

木部暢子

鹿児島方言は、究極の省エネ言語である。特に発音面での省エネが進んでいて、たとえば、「口」「首」「靴」「釘」「屑」「来る」はみな「クッ」と発音される。これだけ同音語が多くなると「クッガ　イテ」と言っても「何が痛い」のか分からなくなってしまいそうだが、実際には前後の文脈の助けがあるので、コミュニケーション上、問題は生じない。このような発音は、最初、語末の狭母音のi・uの発音を省略してしまったことに始まり、残った子音も省略して「ッ」にしてしまった結果、生じたものである。ただし、これに助詞の「に」や「を」がつくと、クチ（口に・靴に）、クツ（口を・靴を）、クビ（首に）、クブ（首を）のようにもとの子音が復活する。鹿児島方言の話者の頭の中には、どうもkut（口・靴）、kub（首）、kug（釘）、kuz（屑）のような形で記憶されているようである（表1）。

表1

語	変化過程	単独形	～に	～を
口	kuti >kut	＞クッ（kut）	クチ	クツ
靴	kutu >kut		クチ	クツ
首	kubi >kub		クビ	クブ
釘	kugi >kug		クギ	クグ
屑	kuzu >kuz		クジ	クズ

長音が短く発音されるのも省エネの一つである。たとえば、「今日は焼酎を買います」を標準語で言えば「キョーワ　ショーチューオ　カイマス」で一二音だが、鹿児島方言で言えば「キュワ　ショチュオ　ケモス」で八音である。

次に、鹿児島方言のアクセントは二型《にけい》アクセントといって、どんなに単語が長くなっても、最後が下がる型（A型）と最後が上がる型（B型）の二つしかないシステムである。助詞がついたりして文節が長くなると、高い部分をどんどん後ろへずらしていき、「最後が下がる」「最後が上がる」というA型、B型の特徴をキー

表2

	〈単語〉	〈複合語〉	〈～が〉	〈～だけでも〉
A型	アメ（飴）	アメダマ（飴玉）	アメダマガ	アメダマダケデン
B型	アメ（雨）	アメフイ（雨降り）	アメフイガ	アメフイダケデン

表3

〈最初の漢字〉	〈名前〉
イシ（石）〈A型〉	→イシダ（石田）・イシダサン（石田さん）〈A型〉
ウメ（梅）〈A型〉	→ウメダ（梅田）・ウメダサン（梅田さん）〈A型〉
ヤマ（山）〈B型〉	→ヤマダ（山田）・ヤマダサン（山田さん）〈B型〉
アキ（秋）〈B型〉	→アキタ（秋田）・アキタサン（秋田さん）〈B型〉
ナツ（夏）〈A型〉	→ナツミ（夏美）・ナツミチャン（夏美ちゃん）〈A型〉
ハル（春）〈B型〉	→ハルミ（春美）・ハルミチャン（春美ちゃん）〈B型〉

プする（表2、上線部分を高く発音する）。このとき「ン」や「ッ」や「イ」（いわゆる特殊拍）は独立せず、前の音と一緒に一単位を作るのも鹿児島方言の特徴である。

　このようなアクセント規則は、人名や地名にも適用されるので、最初の漢字がA型かB型かが分かれば、人名や地名のアクセントが予測できる（表3）。みなさんも調べてみてはどうだろうか。

〔参考文献〕

平山輝男代表編・木部暢子編『鹿児島県のことば』明治書院　一九九七年
木部暢子『西南部九州二型アクセントの研究』勉誠出版　二〇〇〇年
木部暢子『そうだったんだ！　日本語　じゃっで方言なおもしとか』岩波書店　二〇一三年

column

鹿児島のラーメンと大根の漬物

小林善仁

九州でラーメンと言えば、福岡県や熊本県の豚骨スープのラーメンが良く知られている。他地域の人達に「鹿児島＝ラーメン」のイメージは無いかもしれないが、鹿児島県民にとってラーメンは、昼食・夕食の選択肢から飲んだ後の〆の一杯まで、身近な食の一つと言える。鹿児島県内のラーメン店数は四六七軒①で、九州一ラーメン店が多く博多や久留米を擁する福岡県の一一一三軒には遠く及ばないものの、九州で二番目にラーメン店の数が多い。

鹿児島のラーメン（以下、鹿児島ラーメン）の主流は、福岡や熊本のラーメンと同じ白濁したスープである。但し、豚骨のみから出汁を取るのではなく、豚骨と鶏ガラを併せ、これに野菜などが加わる。そのため、白濁の具合は両者と比べるとやや薄く、スープの臭みも少ない。麺は中太麺と細麺に分けられるだろうか。

福岡や熊本の豚骨ラーメンと一線を画したラーメンが鹿児島で提供されるのには、理由がある。伝播の経路が異なるのである。九州の豚骨ラーメンの発祥地は福岡県の久留米市とされ、北へ伝わったものが福岡県各地のラーメンへと発展し、南へ伝わったものが熊本ラーメンへと発展したとされる。これに対して、鹿児島ラーメンは起源が異なる。

鹿児島で最初のラーメン店は、昭和二二（一九四七）年に鹿児島市堀江町で開業した「のぼる屋」（平成二五年閉店）と言われ、横浜で中国の人から作り方を教わり、鹿児島へ戻ってきて創業した。この後、昭和二〇年代前半には現在も天文館で営業を続ける老舗ラーメン店が相次いで開業しているが、これらの店は何処か一つの店で修業して、そこから暖簾分けしたのではなく、それぞれ異なるルーツをもつ。

鹿児島ラーメンの特徴をもう一つ。鹿児島では、注文時にお茶（水）と共に大根の漬物（写真1）が提供される。[2] 漬物入れが机やカウンターに設置されている場合は、小皿に取って自由に食べることができる。

一見すると、ラーメン店にとって大根の漬物の提供は余分なコストのように思えるが、大根は軟らかく水捌けの良い土地を好む作物で、シラス台地などでは甘藷（サツマイモ・唐芋）と並んで広く栽培が行われてきた。桜島には世界一大きな「桜島大根」もある（写真2）。ちなみに、鹿児島県の大根の収穫量は九万七三〇〇t（平成二八年産）と全国第四位[3]である。そのため、大根の漬物も保存食として家庭で良く作られており、冬場になると櫓を組んで大根を干す「大根櫓」を各地で目にする（写真3）。また、漬物を製造する食品加工業も盛んである。

以上の点から、大根の漬物は極めて身近な日常の食べ物であり、取り立ててコストがかかるとも言えない。

大根の漬物を提供するサービスは、のぼる屋で始まり、これが次第に他店舗へと普及したとされる。このよう

写真1　鹿児島のラーメン（筆者撮影）

写真2　桜島大根（写真提供：鹿児島市）

写真3　大根櫓（写真提供：南九州市）

に、鹿児島ラーメンは九州のラーメンのなかでも独自の文化を育み続けている。

〔注〕
（1）iタウンページより。平成三〇（二〇一八）年七月三日現在の店舗数。
（2）宮崎県のラーメン店でも、大根の漬物を提供する店舗がある。
（3）農林水産省『平成二八年産野菜生産出荷統計』。

〔参考文献〕
川竹中茂雄『鹿児島ラーメン案内』南方新社　二〇一四年
斯文堂編『ラーメン怒涛の一二九杯』斯文堂　二〇〇〇年
奥山忠政『文化麺類学・ラーメン篇』明石書店　二〇〇三年

薩摩・大隅の港とヨーロッパ文化の伝来

——藤内哲也

はじめに——ヨーロッパ文化の伝来地としての鹿児島

大隅半島の南に浮かぶ種子島が鉄砲伝来の地であり、キリスト教をもたらしたフランシスコ・ザビエルが最初に上陸したのが鹿児島であることは、周知の事実だろう。九州南端に位置する薩摩・大隅の諸港は、古くから東シナ海に広がる海上ネットワークの一翼を担い、中世後期には中国や日本の商人が活発に往来して、倭寇勢力の拠点ともなっていた。

一六世紀になると、こうしたネットワークに組み込まれる形で本格的にアジア貿易に参入したポルトガルやスペインの商人や宣教師が薩摩や大隅の港を訪れ、ヨーロッパの思想や文化の基盤をなすキリスト教と、先進技術を象徴する鉄砲をもたらすこととなる。ヨーロッパ文化の窓口としては、平戸や長崎、あるいは大分や山口がよく知られているが、薩摩や大隅の諸港もまた、こうしてアジアやヨーロッパと日本とをつなぐ結節点としての役割を果たしていた。しかも、いわゆる鎖国体制が確立してからも、琉球への道は閉ざされることはなく、そこから世界へとつながっていたのである。

そこで本章では、一六世紀中葉における鉄砲とキリスト教の伝来を中心に、海外とつながる薩隅諸港の姿をのぞいてみよう。

1　ポルトガル人の来訪と鉄砲伝来

一六〇六年に書かれた文之《ぶんし》玄昌《げんしょう》の『鉄炮記』によれば、一五四三年八月、種子島南端に多数の「西南蛮種之賈胡」を乗せた大船が来航した。同乗していた明人の五峰――倭寇の首領、王直とされる――によれば、彼らはポルトガル人だという。その長とされる牟良叔舎《ムラシュクシャ》と喜利志多佗孟太《キリシタダモウタ》から鉄砲を購入した領主の種子島時堯《ときたか》は、家臣に鉄砲製造を命じた（写真1）。鉄砲の製造法は、来島した堺の商人や紀州根来寺の僧兵によって各地に伝えられたという。こうした伝承に基づき、種子島開発総合センター鉄砲館では初伝銃等が展示され（写真2）、西之表市街地には鉄砲鍛冶集落跡や、娘をポルトガル人に嫁がせて銃底を塞ぐ技術を習得したとされる八板金兵衛清定像などを見ることができる。

鉄砲伝来から半世紀以上を経て成立した『鉄炮記』に対し、ヨーロッパにはより古い史料が残されている。たとえば、ポルトガル人アントニオ・ガルヴァンの『新旧諸国発見記』

写真1　赤尾木城跡に立つ種子島時尭像（筆者撮影）。目の前に鉄砲館、遠くにポルトガル人の乗る大船が回航された赤尾木港（西之表）を望む。

（一五六二年）では、一五四二年にポルトガル人アントニオ・ダ・モッタ、フランシスコ・ゼイモト、アントニオ・ペイショットの三人がアユタヤからシナに向けて脱走し、暴風雨に遭って北緯三二度付近の「ジャポンイス」、すなわち日本を見たとし、ジョアン・ロドリゲス・ツーズの『日本教会史』は、これを種子島の鉄砲伝来と結びつけている。また、一五四八年にメキシコ副王に送られたスペイン人ガルシア・デ・エスカランテ・アルヴァラードによる『エスカランテ報告』には、ポルトガル人ディオゴ・デ・フレイタスの情報として、おそらく一五四二年にシナに向かったポルトガル人二名が「レキオス（琉球）」に漂着し、旧知の友人のとりなしで国王から歓待されたが、翌年の再訪時には上陸は許されず、商品の代金と食糧を与えられて退去したという。こうした記述は『鉄炮記』と類似した要素を含むものの、来航したポルトガル人の数、名前、年代や到着地、漂着か否かなどの情報が異なるうえ、必ずしも鉄砲の授受には触れていない。そのため、これらの出来事の同定や解釈が研究者によって分かれ、近年の東西交流史やアジア海域史研究の隆盛ともあいまって、ポルトガ

写真2　来航したジャンク船を模した種子島開発総合センター鉄砲館（筆者撮影）。

ル人の日本初来や鉄砲伝来をめぐる議論は今なお活況を呈しているのである。
とはいえ、この問題について、ここで結論を出す必要はないだろう。重要なことは、種子島がポルトガル人の来航と鉄砲初伝の地である可能性がきわめて高く、しかも漂着か否かにかかわらず、それはポルトガルによるアジア進出の戦略的帰結であったということである。というのも、中国の寧波《ニンポー》近海の双嶼を拠点に活動していた王直のような倭寇的な中国商人が、一五四〇年代から頻繁に日本に来航し、ポルトガル商人もそこに加わっていくからである。したがって、一五四二／四三年の種子島来航直後からポルトガル人やスペイン人が鹿児島の諸港を訪れる戦国期の日本は、ヨーロッパ諸国の海外進出によって一体化しつつある世界に否応なく組み込まれていくのである。

2　大航海時代の展開

ポルトガルとスペインが位置するイベリア半島では、中世以来イスラーム勢力に対する再征服運動《レコンキスタ》が展開されており、キリスト教世界の拡大を目指す両国の海外進出はその延長線上に位置づけられる。最終的な目的地は、ヨーロッパ商人の垂涎の的であった香辛料や絹などのアジア商品の集散地、インドであった。

一四一五年、金や砂糖の集散地であったモロッコ北端のセウタを攻略したポルトガルは、アフリカ西岸を南下して四五年にはヴェルデ岬を回り、八二年にはギニア湾岸に達して、金や象牙、奴隷などの交易に参入した。さらに一四八八年にはバルトロメウ・ディアスがアフリカ南端の喜望峰に、九八年にはヴァスコ・ダ・ガマがインドのカリカットに到達してインド航路が開かれると、ムスリム商人による地中海への香辛料の供給は中断した。

インドに到達したポルトガルは、一五一〇年ゴアを征服し、翌年には第二代インド総督アフォンソ・デ・アルブケルケがマレー半島の要衝マラッカを攻略して、クローブの産地マルク（モルッカ）諸島にも船隊を派遣した。一方、一五一三年に広州湾に現れたポルトガル人は、海禁政策をとる明から交易を拒否され、双嶼での私貿易に参入した。中国商人と結びついたポルトガル人が種子島に出現したのは、まさにこうした活動の結果であった。

ポルトガルに後れを取ったスペインは、一四九二年、イスラーム勢力の最後の拠点グラナダを陥落させると、西回り航路によってコロンブスがカリブ海のサン・サルバドール島に到達し、さらにマゼラン艦隊による世界周航を機にフィリピンに進出した。一方、一四九三年の教皇分界線に続いて、翌年にはヴェルデ岬諸島の西三七〇レグワを境界とするトリデシリャス条約が結ばれ、一五二九年のサラゴサ条約ではアジアの分界線を東経一三四度に設定することで、両国による世界分割《デマルカシオン》が確定した。スペインは、マルク諸島を三五万クルザードでポルトガルに売却する一方、フィリピン経営に注力してマニラに総督府を置き、アカプルコとマニラを結ぶ太平洋航路を確立して、本格的にアジア貿易に参入することとなる。

こうしたポルトガルとスペインに対して、ローマ教皇は新たな発見地での独占的な布教を認める布教保護権を与えて、両国の海外進出を正当化した。ヴァスコ・ダ・ガマの遠征隊には聖三位一体会の修道士が随行し、フランチェスコ会士やドミニコ会士もインド布教に加わったが、これらの修道士はポルトガル人への司牧活動を優先し、現地住民への布教には消極的であった。アジア世界での本格的な布教活動は、フランシスコ・ザビエルに代表されるイエズス会の登場を待たなければならない。

3　海上交易ネットワークのなかの鹿児島

一五四六年に山川に来航したポルトガル人アルヴァレスは、九州の主要な港として、博多や豊後、日向などとともに、阿久根、京泊《きょうどまり》、坊津《ぼうのつ》（秋目、坊）、山川、鹿児島、根占《ねじめ》を挙げている。こうした薩摩や大隅の諸港は、古代から中国やアジアとの交易拠点として賑わっていた。

七〇二年に派遣された遣唐使は、新羅との関係悪化により朝鮮半島を避け、鹿児島から島伝いに中国を目指す南島路を採用した。九世紀には五島から東シナ海を横断する南路が開かれ、鹿児島の諸港の重要性は低下したが、中世には日宋・日明貿易の拠点として再び繁栄をみた。とりわけ応仁の乱後、細川氏による遣明船が、対立する大内氏支配下の瀬戸内海を避けて堺から土佐、南九州を経由する南海路をとり、また中国や日本の商人による私貿易活動が活発化すると、薩隅諸港は倭寇の本拠地として認識されるようになる。たとえば、明の地理書『籌海図編』（一五六二年）では、倭寇の拠点として坊津（泊、久志）や山川、鹿児島、根占、京泊、志布志などが挙げられており、坊津（久志）の博多浦など各地に中国人居住地が形成された（写真3）。さらに、薩摩・大隅を統一した島津氏は、山川や根占を基盤として、琉球渡海朱印状を発給して琉球貿易の独占を図った。

では、そうした薩摩・大隅のおもな港をめぐってみよう。
川内川河口北側の京泊は、一五四〇年代から多くの中国商人が来航した。一五四八年に双嶼南方で拿捕された私貿易船には、東郷出身の二名の日本人が同乗し、二架の銃を携行していたという。また、島津貴久に反旗を翻した肝付兼演《きもつきかねひろ》に東郷重治が加勢した一五四九年の黒川崎の戦いでは、両軍ともに鉄砲を使用しており、これが実戦での鉄砲使用の初見だと考えられる。種子島氏と良好な関係を築いていた島津勢はともかく、敵対する肝付・東郷勢は中国商人から鉄砲を入手したと考えて、同時多発的な鉄砲伝来の可能性を指摘する見解もある。鉄砲は一五五四年の岩剣《いわつるぎ》城の戦いや翌年の帖佐《ちょうさ》城攻めでも使用されており、島津氏の内紛や周辺豪族との抗争が続く一六世紀の鹿児島では、早くから実戦で使われていたようである。一方、京泊の対岸に位置する久見崎は、豊臣秀吉による朝鮮出兵に際して島津軍の軍船が建造され、江戸時代には参勤交代時の発着港となった。

写真３　坊津、久志湾の南側に位置する博多浦の港（筆者撮影）。この博多地区の一角にはかつて中国人居住区があり、いまも唐人祠や船着場跡が残る。

　博多津、安濃津《あのつ》とともに日本三津の一つに数えられる坊津は、薩摩半島西南端に位置し、風除けに好適なリアス式海岸の入り江に並ぶ坊、泊、久志、秋目の四つの港の総称であり、その地名は後奈良天皇によって勅願所とされた一乗院の僧房に由来する（写真４）。坊津は南島路をとる遣唐使の発着港となり、

写真4　坊津（坊）の入江と港（筆者撮影）

写真5　苦難の末に来日を果たした鑑真が上陸した秋目の港（筆者撮影）。秋目は映画「007は二度死ぬ」（1967年）のロケ地としても知られている。

七五三年に来日を果たした鑑真が上陸したのも秋目であった（写真5）。遣唐使の航路変更後も対外貿易港として栄え、近衛家による荘園支配のもとで唐物《からもの》税が徴収されている。室町時代には南海路を採用した遣明船に輸出品の硫黄が積み込まれ、アジア・琉球貿易の拠点となる一方、島津氏や周辺豪族の係争地ともなった坊津は、島津忠良が加世田別府城を攻略して以降、島津宗家による支配が強化されていった。しかし、鹿児島に近い山川港の重要性が増大すると、坊津の地位は相対的に低下し、幕府による密貿易の統制強化にともなう「唐物崩れ」により衰退していく。

　錦江湾の薩摩半島側入り口に位置する山川は、枚聞《ひらきき》神社の宮津として発展し、一五世紀初頭には頴娃《えい》氏の支配を受けた。一六世紀には倭寇の拠点の一つに挙げられ、一五四六年には先述のアルヴァレスが来航するなど、アジア・琉球貿易で繁栄した山川は、一五八〇年代には島津氏による支配が強化され、頴娃氏の検断権や貿易権が著しく制限される一方、唐船奉行を設置して円滑な貿易の促進が図られ、中国商人の安全と自由な貿易活動が保証された。また、一六〇九年の琉球侵攻の出発地となった山川は、江戸時代には鹿児島藩による道之島支配と砂糖の専売強化に大きな役割を果たした。

鶴の湊と称された山川に対して、亀の湊と呼ばれた対岸の根占は、大隅半島の雄川河口にあり、古代末期より禰寝《ねじめ》氏が支配した。戦国期には琉球・アジア貿易で栄え、一五四四年にポルトガル人を乗せた五隻のジャンク船と別のジャンク船団がこの港で衝突した。なお、このとき戦死した池端弥次郎重尚について、ザビエルを導いたアンジロウ（ヤジロウとも。洗礼名パウロ・デ・サンタ・フェ）に比定する見解もあるが、アンジロウ／ヤジロウの漢字表記は不明であり、この事件とアンジロウの活動時期が一致しないことから、両者の同定には無理があるといわざるを得ない。対外貿易に積極的な禰寝氏は、一五四三年に種子島に出兵し、一時屋久島を支配下に置いたが、島津氏が大隅半島を制圧すると、薩摩半島中西部の吉利《よしとし》に移封され、根占は島津氏の直轄港とされた。

大隅半島北部には、都城を中心とする島津荘の外港として機能した志布志もある。一三一六年の宝満寺敷地の寄進史料に初出する志布志は、日宋貿易や私貿易の拠点となり、江戸時代には藩米の積出港として、山下家や藤後家のような海運業者が活躍した。

4　ザビエルの来鹿とキリスト教の伝来

日本にキリスト教を伝えたフランシスコ・ザビエルは、一五四九年八月一五日、鹿児島

写真6　鹿児島市の祇園之洲公園にあるザビエル上陸記念碑（筆者撮影）。実際の上陸地は稲荷川河口付近であったと考えられているが、祇園之洲はその沖合にある埋め立て地である。

出身のアンジロウに導かれて鹿児島に上陸し、熱烈な歓迎を受けた。現在、鹿児島市の祇園之洲《ぎおんのす》公園にザビエル上陸記念碑が建てられている（写真6）。

ザビエルは一五〇六年、イベリア半島北部にあったナバラ王国のザビエル城で誕生した。パリ大学に進学したザビエルは、イグナティウス・デ・ロヨラに感化されて高位聖職者への道を棄て、同志とともにイエズス会を結成した。教皇パウルス三世により正式に修道会として承認されたのは一五四〇年、ちょうどルターに始まる宗教改革によって動揺したカトリック教会が、失地回復のために対抗宗教改革を展開し始めた時期であった。

ポルトガル王によるインドへの宣教師派遣の依頼に応じて、リスボンから出港したザビエルは、一五四二年ゴアに到着し、漁夫海岸の布教などで功績をあげた。その後マルク諸島など東南アジア布教に従事したザビエルは、マラッカでアンジロウと出会い、日本布教を決意する。鹿児島出身のアンジロウは、殺人を犯して旧知のポルトガル人アルヴァロ・ヴァスの船に逃げ込んだが、ヴァスから紹介された別人と間違えて、山川に停泊中だった前述のアルヴァレスを訪ね、その船に乗って鹿児島を脱出した。アルヴァレスは、ザビエ

写真7　ザビエルが島津貴久と会見した伊集院の一宇治城（筆者撮影）。両者の会見場所については、伊集院ではなく国分とする説もある。

ルの依頼により詳細な『日本情報』を著したが、その多くは鹿児島で見聞したものだろう。ザビエルの日本布教には、日本人の資質や能力を高く評価したアンジロウやアルヴァレスの情報が大きな役割を果たした。

　ザビエルは、ゴアのサン・パウロ学院で学んだアンジロウらとともに、一五四九年六月マラッカを出発した。ザビエルに従ったのは、アンジロウとその従者（洗礼名ジョアネ）のほか、司祭コスメ・デ・トーレスと修道士ジョアン・フェルナンデス、およびポルトガル人からザビエルに譲渡されたと思われる日本人奴隷（洗礼名アントニオ）である。鹿児島到着後、ザビエルの名代として島津貴久に謁見したアンジロウは、ポルトガルとの貿易を望む貴久にマラッカやゴアで得た情報を提供し、聖母子像を献上した。その後、ザビエルも貴久と会見し、布教の許可を得る（写真7）。ザビエルはまた、福昌寺第一五世文勝忍室《ぶんしょうにんしつ》を訪ね、霊魂の不滅などについて議論した。ザビエルは忍室の学識や品格を高く評価しているが、忍室の禅問答に苦慮し、通訳を務めるアンジロウの限界もあって、必ずしも相互の理解は深まらなかったようである（写真8）。

　ザビエルは来日前から、上京して天皇から布教許可を得るとともに、諸大学を訪れて仏教について研究する計画を有し、島津貴久に支援を求めた。しかしながら、貴久が仏教勢力に押されて禁教政策に転じたため、一五五〇年八月末ザビエルは海路で平戸に移動した。

写真8　ザビエルが忍室と議論したと伝えられる福昌寺跡（筆者撮影）。島津氏の菩提寺であった福昌寺は明治期の廃仏毀釈によって破壊され、忍室ら歴代住持や島津氏の墓所だけが残された。その奥にはキリシタン墓地もある。かつての寺域には、現在、鹿児島玉龍中学・高等学校が建っている。

その後上京して、戦乱による京都の荒廃と天皇の権威失墜に落胆したザビエルは、一五五一年一一月マラッカに向けて出航し、その途中で種子島に寄港したようである。離日したザビエルは、鹿児島出身のベルナルドと山口出身のマテオをともなっていたが、このうちベルナルドはコインブラの修道院で学んでイエズス会士となり、ローマでロヨラと面会した。一方、ザビエルの退去後も鹿児島に残ったアンジロウは、約五か月後に出奔して中国に渡り、倭寇勢力に身を投じたといわれている。

〔参考文献〕

浅見雅一『フランシスコ＝ザビエル　東方布教に身をささげた宣教師』山川出版社　二〇一一年
伊川健二『大航海時代の東アジア　日欧通行の歴史的前提』吉川弘文館　二〇〇七年
伊川健二「鉄砲伝来の史料と論点（上・下）」『銃砲史研究』三六一―二　二〇〇八―九年
伊川健二「ポルトガル人はなぜ種子島に上陸したのか」秋田茂・桃木至朗編著『グローバルヒストリーと戦争』大阪大学出版会　二〇一六年
宇田川武久『鉄炮伝来　兵器が語る近世の誕生』講談社学術文庫　二〇一三年（原著は一九九〇年）
宇田川武久「ふたたび鉄炮伝来論　村井章介氏の批判に応える」『国立歴史民俗博物館研究報告』一九〇　二〇一五年
岡美穂子『商人と宣教師　南蛮貿易の世界』東京大学出版会　二〇一〇年
岸野久『西欧人の日本発見――ザビエル来日前日本情報の研究――』吉川弘文館　一九八九年
岸野久『ザビエルと日本――キリシタン開教期の研究――』吉川弘文館　一九九八年
岸野久『ザビエルの同伴者アンジロー　戦国時代の国際人』吉川弘文館　二〇〇一年
小平卓保『鹿児島に来たザビエル』春苑堂出版　一九九八年
中島楽章「ポルトガル人の日本初来航と東アジア海域交易」『史淵』一四二　二〇〇五年
中島楽章「ポルトガル人日本初来航再論」『史淵』一四六　二〇〇九年
中島楽章「1540年代の東アジア海域と西欧式火器――朝鮮・双嶼・薩摩――」中島楽章編『南蛮・紅毛・唐人　16・17世紀の東アジア海域』思文閣出版　二〇一三年
根占献一『東西ルネサンスの邂逅――南蛮と禰寝氏の歴史的世界を求めて――』東信堂　一九九八年

橋口亘「中世港湾坊津小考」橋本久和・市村高男編『中世西日本の流通と交通』高志書院　二〇〇四年
橋本雄「天文・弘治年間の遣明船と種子島――大友氏遣明船団と「鉄砲伝来」――」『九州史学』一七一　二〇一五年
橋本雄「「鉄炮伝来」と禰寝侵攻一件」『日本歴史』八一八　二〇一六年
藤田明良「中世後期の坊津と東アジアの海域交流――『一乗院来由記』所載の海外交流記事を中心に――」九州史学研究会編『境界からみた内と外』岩田書院　二〇〇八年
村井章介「鉄砲伝来再考」『東方学会創立五十周年記念東方学論集』一九九七年
村井章介「鉄砲はいつ、だれが、どこに伝えたか」『歴史学研究』七八五　二〇〇四年
村井章介「鉄砲伝来と倭寇勢力　宇田川武久氏との討論」『国立歴史民俗博物館研究報告』二〇一　二〇一六年
森高木『坊津　遣唐使の町から』春苑堂出版　一九九二年

column

大英帝国と薩摩藩——「前の浜の戦」から「サツマ・スチューデント」へ——

細川道久

近代日本の建設に大きな役割を果たした薩摩藩。それを可能にした要因の一つは、当時、世界最大の帝国として繁栄していたイギリスの影響にあった。

薩英関係史のなかで最大の悲劇は、文久三（一八六三）年の薩英戦争（「前の浜の戦《いくさ》」と呼ばれた）である。前年の生麦事件の賠償金と犯人処刑を求めるイギリスに対し、薩摩藩が拒否。イギリスは七隻からなる艦隊を鹿児島湾に送り、交渉を試みた。これを薩摩藩が拒むと、同藩の汽船三隻を拿捕《だほ》。それを挑発とみた薩摩側が天保《てんぽ》山《ざん》砲台から砲撃したのを皮切りに、二日に及ぶ戦闘が始まった。戦闘準備が整っていなかったイギリスだったが、最新式アームストロング砲で応戦。薩摩側の砲台は壊滅し、城下の一部や集成館は焼失した。薩摩側は一九人の死傷者を出すも善戦。イギリス側は艦長を含む六三人が死傷した。

鹿児島湾を囲むように砲台が築かれたが、鹿児島市内には、天保山砲台跡（砲座として使用した石畳が現存）、祇園之洲《ぎおんのす》砲台跡（鹿児島城下最北の砲台で、イギリス艦隊の砲撃を最初に浴びた）や新波止《しんはと》砲台跡（かごしま水族館のイルカ水路の真上）などがある。

戦後、イギリス国内では、鹿児島砲撃に対して非難の声が上がり、ヴィクトリア女王は遺憾の意を表した。下院議会でも、市街地への砲撃は文明国の戦争としてあるまじき行為であり遺憾表明を行うべきだとする決議案が提出された。だが、「砲艦外交」を進める首相パーマストンは、議論を巧みに誘導し、決議案を否決に追いこんだ。

薩英の対立は、和解、そして友好へと転じていった。横浜での和解交渉で、薩摩藩は賠償金の支払いに応じ（実際には、幕府の立て替え）、イギリスも、犯人処刑を執拗に求めなかった。イギリスの威力を目の当たりにし

写真1：祇園之洲公園（鹿児島市）に建つ薩英戦争記念碑（筆者撮影）

写真2：薩摩藩英国留学生が出立した羽島浦（いちき串木野市羽島）（筆者撮影）
中央左にある岩から小舟で沖合まで行き、オースタライエン（オーストレイリアン）号に乗船した。

た薩摩藩は、西洋の進んだ技術を学ぶことの重要性を痛感していた。他方、イギリスは、最恵国待遇特権を生かし、工業製品市場や原料・食糧などの供給地を確保するため、幕府や薩摩藩と共存をはかろうとしていた。

西洋の技術や文化を学ぶための留学生派遣を藩に上申したのが、薩英戦争で捕虜となった五代友厚であった。慶応元（一八六五）年、五代や寺島宗則ら使節団三名、一五人の留学生、通訳の計一九人がイギリスに派遣された。これを支援したのが、トマス・グラバーだった。海外渡航は禁止されているため、甑《こしき》島・大島周辺の調査を表向きの理由とし、おのおのに変名が与えられた。二か月ほど羽島《はしま》（現在のいちき串木野市羽島）に滞在後、帝都ロンドンに向かった。留学生には、町田久成（初代帝国博物館長）、森有礼（初代文部大臣）、畠山義成（東京開成学校〈東京大学の前身〉初代校長）、村橋久成（開拓使麦酒醸造所〈サッポロビールの前身〉を開設）、長沢鼎《かなえ》（カリフォルニアでワイン醸造に携わり「葡萄王」と称される）らがいた。現在、渡英の地には薩摩藩英国留学生記念館が建っている。夕日が美しい東シナ海を眺めながら、薩摩、いや日本の将来を託されて異国へと旅立った彼らに思いを致すのはいかがだろうか。

column

薩摩塔

高津　孝

九州の西部、福岡県、佐賀県、長崎県、鹿児島県に薩摩塔《さつまとう》と呼ばれる独特の様式を持つ不思議な石塔が四〇数基存在する。昭和三〇年代に鹿児島で最初に確認されたため、地域の名称を付して「薩摩塔」と命名された。薩摩塔は、四天王を浮き彫りした高欄付き須弥壇《しゅみだん》に仏龕《ぶつがん》としての壺形塔身、屋根、相輪を載せる形式である。日本の石塔文化では、よく見られるものに層塔、宝塔、五輪塔、宝篋印塔《ほうきょういんとう》があるが、薩摩塔はこれらのいずれの様式とも一致しない。また、薩摩塔にはその来歴、年代、製作者などを示す銘文が一切刻されていないため、長く、時代も来歴も不明な特殊な石塔として知られていた。最初の大きな転機は、長崎の大石一久《かずひさ》氏によるものである。大石氏は、北部九州を隈なく調査され、鹿児島以外に、長崎県の平戸《ひらど》島を中心として長崎、佐賀に広がる地域にも多数の薩摩塔が存在することを報告し、かつ、薩摩塔の中国石材説、中国製作説を提起した（一九九八年）。次の大きな展開は、鹿児島が舞台となる。筆者が二〇〇八年二月に偶然の機会から、鹿児島県南さつま市の坊津《ぼうのつ》歴史資料センター輝津館《きしんかん》を訪問し、学芸員の橋口亘《わたる》氏の説明で輝津館所蔵の薩摩塔を拝見した時、薩摩塔の石材が、中国浙江《せっこう》省寧波《ニンボー》の凝灰質砂岩である通称「梅園石《ばいえんせき》」と酷似していることを発見した。すぐに、寧波で採取した梅園石との比較観察を行ったところ、坊津薩摩塔は中国浙江省寧波産の梅園石を素材とする

図1　薩摩塔分布図

写真2　霊鷲寺石塔（中国浙江省麗水市）
1216-18年

写真1　薩摩塔（鹿児島県南九州市川辺町水元神社）

可能性の極めて高いことが確認された。さらに、鹿児島大学総合博物館館長の大木公彦《きみひこ》教授に科学分析を依頼し、坊津薩摩塔の石材は、中国寧波市近郊に露出する方岩《ほうがん》組《そ》地層に由来する凝灰質砂岩であることが判明した。

東大寺南大門の石獅子《いしじし》（重要文化財）は文献から、建久七（一一九六）年に日本にきた中国宋の石工によって制作されたものであること、中国産石材を取り寄せて作成されたものであることが知られていたが、この石材も寧波方岩組地層の凝灰質砂岩と推定され、薩摩塔の年代がほぼ一三～一四世紀と推定されるようになった。日本では鎌倉時代、中国では南宋、元に当たる時期である。中国で類似の様式を持つ浙江省麗水市「霊鷲《りょうしゅう》寺《じ》石塔」（一二一六～一八）が供養《くよう》塔であることから、薩摩塔も供養塔の可能性がある。薩摩塔は、日中の貿易関係に伴う人の移動を示す遺物であり、鎌倉時代に、北部九州だけでなく、薩摩半島にも貿易の拠点があったことを示唆するものである。

〔参考文献〕

高津孝・橋口亘「薩摩塔小考」『南日本文化財研究』7　二〇―三三頁　二〇〇八年
大木公彦・古澤明・高津孝・橋口亘「薩摩塔石材と中国寧波産の梅園石との岩石学的分析による対比」『鹿児島大学理学部紀要』42　二〇〇九年
高津孝・橋口亘・大木公彦「薩摩塔研究―中国産石材による中国系石造物という視点から」『鹿大史学』57　二〇一〇年
高津孝・橋口亘・大木公彦「薩摩塔研究（続）―その現状と問題点」『鹿大史学』59　二〇一二年

鹿児島近代の戦争遺跡と戦跡考古学

――橋本達也

はじめに――鹿児島の近代と戦争――

一九四五（昭和二〇）年のアジア太平洋戦争の終結から七〇有余年を経過し、すでに大多数の日本国民は戦争体験がなく、現代日本の社会において戦争はすでに歴史上の出来事ともなっている。しかし、いまだその記憶や災禍に苦しめられた方々がいることを忘れてはならないし、この平和は近代において繰り返され、多大な犠牲をもたらした戦争の帰結としてもたらされたものであることも未来にわたって記憶されていかなければならない。

日本近代における戦争の歴史は、これまで主に文書史料、絵画・写真資料などをもとに考察、復元され、また戦争体験者の証言や手紙などから、語りがなされてきた。しかしながら、アジア太平洋戦争の終結後、膨大な軍関係文書の廃棄されたことがよく知られることや、地域社会の中での戦争関係文書も多くは残っていない。近代の戦争という人類史上、稀にみる国家・国民に多大な影響を与えた歴史事象を深く認識し、未来につなぐためには、可能な限りの情報を集積し、学術的検討を行い、広く情報を共有することが必要である。

近年では、アメリカで収蔵されている文書類の公開によって新情報が明らかになるなど、さまざまな記録資料からも研究が進んでいる。そして今後、戦争の歴史研究において、とくに重要性が高まると考えられるのが、戦跡考古学とよぶ分野であろう。

戦跡考古学とは、戦争遺跡、軍事関係遺構・遺物を考古学的分析方法、すなわちモノ資料の比較検討を通じた分析法によって、研究する歴史学の一分野である。対象は直接的に戦争に関わった遺構・遺物のほか、戦時下の暮らしなどその影響を強く受けた時代の特性を表すようなモノも含む。

また、戦跡というと、とくにアジア太平洋戦争に関わるものが多いので、年代的な新しさもあって慰霊や平和学習での利用はなされても、歴史資料としての位置づけや評価の十分なされていないことが多い。しかし、今後、戦争体験者からの新たな情報の掘り起こしが難しくなることが想定される一方で、戦争時の同時代資料として欠かせない存在となることは間違いない。また、戦跡考古学の対象は、地上に残されたものだけではなく、地下に埋蔵されている資料も膨大で、今後も新資料の発見が期待できる点は重要である。

そして、戦跡考古学の視点からみたとき、鹿児島はとくに重要な地域であることは注目されなければならない。鹿児島はアジア太平洋戦争の際の特攻の地としてよく知られるが、それ以外にも最前線として本土から奄美群島に至るまで、各種の軍事施設が数多く構築されていた。広範に数多くの空襲など、多大な戦禍も被った。戦跡資料の多さでは日本屈指の地である。

また、近代の戦争ではアジア太平洋戦争以外で直接戦禍に見舞われた日本列島内の地域は多くないが、鹿児島では、薩英戦争（一八六三）、西南戦争（一八七七）でも戦場となり、また戊辰戦争（一八六八〜一八六九）もこの地の人びとと関わりが深い。

このような背景もあり、鹿児島でも近年、戦跡考古学への関心は高まりつつあるが、今後さらに、深めるべき課題が多い分野でもある。なお、近年、近代化遺産の調査にともなって薩英戦争に関わった砲台や火薬製造所、鹿児島城に残された西南戦争時の砲撃痕など新たな成果が得られているが、紙幅の関係もあるので、以下ではアジア太平洋戦争を軸に話を進めたい。

1　戦跡考古学の資料

戦跡考古学資料の分類　近代の戦争を考える上で、現在まで残されている戦跡考古学の対象となる資料にはどのようなものがあるかをみよう。とくに鹿児島で現在知られているものを中心に分類、整理する。図1を参照いただきたい。

まず、考古学の基本的な用語であるが、遺構とは、建築物などのその場にあることに意味のある構造物をいう。遺物とは移動可能なモノ資料のことを指す。そして、これらが設

遺構

軍事施設	基地施設	基地建物	司令部・通信所
		飛行場	滑走路（硬化面·造成工事痕）
			掩体壕（無蓋・有蓋）
			格納庫
			燃料庫・弾薬庫
		港湾	回天・震洋（斜路・格納庫）
	要塞	砲台・堡塁	砲台・観測所・探照灯
	地下壕	軍用壕・防空壕	
	工場		
	塹壕		
	付属施設	給水塔・水路・貯水槽・防火水槽・鎮碇	
戦災遺構	爆撃	爆弾炸裂穴	
	銃撃痕	機銃掃射	
	墜落戦闘機		
	撃沈船	艦船・民間船	
	廃棄坑		
宗教施設	神社	招魂社・護国神社	
	慰霊碑	招魂碑・忠魂碑	
	記念碑	記念碑・凱旋門・奉納砲弾	
墓地	軍人墓地	兵士墓・忠霊塔	
	民間墓地	被災者墓・無縁墓	

遺物

軍事施設部材	コンクリート	
	レンガ	
	木材遺物	
	金属材遺物	
	陶器製遺物	碍子
軍用物資	砲銃	対空機関砲・小銃
	弾	弾丸・薬莢・照明弾
	爆弾	爆弾・焼夷弾
	手榴弾	手榴弾・陶製手榴弾
	軍人装備	ヘルメット・軍靴
		軍服・記章・バックル
	認識票	
	その他	航法計算盤
軍用機材	戦闘機	零式艦上戦闘機・零式水上偵察機・紫電改片・艦上爆撃機彗星片・木製補助燃料タンク
	戦闘艇	震洋（エンジン）
軍事下物資	軍用食器	
	代用陶器	
	軍人形象品	肉弾三銃士ニッキ水瓶・染付皿
戦争記念品	酒器・杯	
生活用品	陶磁器	防衛食容器
	ガラス	瓶類（薬・酒・香水）

図１　鹿児島を中心とする戦跡考古学資料

置されている、されていた、あるいは埋蔵されている場を遺跡、とくに戦争に関わる遺跡は戦争遺跡＝戦跡と呼ぶ。

戦争資料の特性　軍事関連文書は過去の復元に雄弁で歴史復元の中核を担うが、敗戦時に多くが処分され、歴史を多面的に検討・復元できるほど十分には伝存していない。考古資料は実物によるリアリティを特徴とするものの、その特性として、痕跡として残りにくい事象、いつ誰が、何故といった具体的な出来事の復元は困難なことが多い。考古学では場面の復元、モノの構造・技術の比較から時間的変遷や地理的分布、それを通じた社会・文化の復元などを得意としている。

今後、近代の戦争の歴史研究においても、これら文献史料、考古資料、さらに口承記録や生活文化などさまざまな資料の特性を踏まえた多面的な分析が必要となるであろう。

2　鹿児島の代表的な戦跡

（一）　特攻基地―アジア太平洋戦争と鹿児島―

鹿児島の戦跡としてもっとも特徴的で、よく知られているのはアジア太平洋戦争の末期に採用された特攻作戦にかかわる航空基地跡であろう。とくに知覧は知名度が高い。ただ、知覧でも平和祈念館やそこでの特攻隊員たちの手紙、「特攻の母」の物語などに注目が集まる一方で、ここが陸軍の飛行場という遺跡であることに目を向けられることは多くないのではなかろうか。南九州市では残された基地遺構の調査が進められており、基地にとも

写真１　知覧基地遺構（１給水塔　２掩体壕　３水路跡発掘調査）

なう給水塔・貯水槽、弾薬庫のほか、兵舎（三角兵舎）、掩体壕《えんたいごう》などが整備・公開されている。滑走路の一部や水路、造成土遺構などの発掘調査も行われている（写真1）。

また、鹿児島では知覧に注目が集まる一方で、他にも多数の特攻基地が築かれていたことは一般に広く知られているとは言い難いだろう。例えば、特攻作戦で最大の基地であり、最多の戦死者を出したのは海軍鹿屋基地であるし、鹿屋市内にはさらに海軍串良基地、海軍笠ノ原基地という特攻基地があり、地下壕や掩体壕などの遺構も残る。

特攻基地でもっとも良好な遺存状態であるのは出水市の海軍出水基地である。ここではコンクリー

写真 2　出水基地遺構（1 掩体壕：手前 2 号・奥 1 号　2 地下壕）

ト製の有蓋掩体壕三基のほか（写真2）、司令部地下壕、気象観測所、発電所壕、ボイラー室などの建物が残り、滑走路跡も道路となって残っている。地元での関心も高く、整備も進められつつあり、今後、歴史資料としてもその重要性は増すであろう。

陸軍の航空基地である南さつま市万世基地跡には平和祈念館も設置され、知覧と並んで多くの資料が展示されている。近くに基地の営門や貯水槽、排水溝なども残る。ほかにも、終戦までに未完成であったがトーチカ二基、掩体壕、貯水槽などが残る南九州市の陸軍青戸基地など、各所に基地遺構が残っていて見学も可能である。

（二）　軍事施設

特攻基地以外の軍事施設でも、砲台、高射砲、観測所、探照灯、震洋基地、回天基地など鹿児島県内各所にはさまざまな施設があった。整備されて見学可能なものとしては、肝属郡肝付町内之浦地区の砲台や観測所がある。この地区では米軍のオリンピック作戦による志布志湾からの上陸を想定し、一帯が要塞として多数の施設が設けられた。

その他、鹿児島を特徴づける戦跡遺構には特殊地下壕がある。二〇〇五年の全国調査の際、鹿児島県下には三一四九ヶ所確認され、日本全国の約三割の数に上った。それらは民間の防空壕が多いが、

写真 3　鹿児島市田中宇都地下壕

なかには軍事施設とみられるものもある。陸軍兵営近く、工事中に発見された鹿児島市田中宇都の地下壕は、きわめて大規模で陸軍連隊に関わる壕とみられる。現在入り口は閉じられているが、内部は空洞のまま保存されている（写真3）。

㈢　宗教施設・慰霊碑・墓地

戦争慰霊　鹿児島では戦争にかかわる慰霊碑がとりわけ多いことも特徴である。近代の戦争で亡くなった戦没者を慰霊する招魂碑・忠魂碑などが各所に建てられており、とくにアジア太平洋戦争と日露戦争のものが多い。また、西南戦争、戊辰戦争、日清戦争などを加えた、大型慰霊碑が複数並立する事例がよくみられる。一般的に鹿児島に縁のある大臣・軍人が揮毫しており、台座や背面には各村の戦死者の名前を刻むことが多い。

また、軍関係の公的宗教施設であった護国神社以外に、なかには明治期以降の近代の戦死者を祀った招魂社が現在もムラの神社として存続する例があるのも全国的には珍しいだろう。姶良市山田の招魂社はその代表で、ここには日露戦争を記念した石造の凱旋門がある（写真4）。門だけが登録有形文化財として知られているが、本来は招魂社にともなう施設であり、それらが複合的に残ることが特筆できる。ここには西南・日露（二基）・アジア太平洋戦争の計四基の大型記念碑もあり、また階段の踊り場には砲弾（露式二十五糎演習弾）が二本ゲート状に建てられている。近代の戦争と地域社会を代表する遺跡といえよう。

軍人墓地　陸軍兵営近くの鹿児島市永吉には陸軍墓地がある（写真5）。個人墓と慰霊碑があり、個人墓はほぼ日露戦争の死没者のもので、慰霊碑は「済南事変」、「満州事変」、「支那事変・大東亜戦争」のものがある。個人墓は陸軍埋葬規則に基づき階級ごとに敷地、墓

写真 4　山田招魂社・凱旋門（1 凱旋門　2 招魂社　3 慰霊碑）

写真 5　鹿児島市永吉陸軍墓地

標の大きさを違えて建てられている。また日露戦争以後、死没者の増加にともない個人墓標を建てなくなるのも全国的な軍人墓地と共通し、近代戦争の様相変化を表している。

3　戦跡のこれから、活かすこと

(一)　戦跡を取りまく近年の動向

近年、鹿児島においても戦跡への関心は高まりつつある。地元紙、南日本新聞では特集記事もたびたび組まれているし、郷土誌等にもアジア太平洋戦争を中心とする記録は多くみられる。また、埋蔵文化財発掘調査で遺構・遺物の検出される機会も増えた。国の登録有形文化財や市の指定有形文化財などとして保存・活用の方策も採られつつある。鹿屋市や出水市では地域住民を中心として平和学習グループがあり、戦跡を活かした平和学習ガイドなどの取り組みがみられるようになっている。

(二)　戦跡の課題—整備・保存—

安易な観光資源化の危険性　戦跡に関心が高まり、行政などによる整備の実施は、多くの人が訪れ、知る機会にはなるが、しかし必ずしも肯定的なことばかりではない。一つには予算や管理のしやすさにあわせた安易な整備、観光資源化といった問題がある。

例えば、発掘調査の行われた知覧基地の三角兵舎では、整備の際にその成果が十分活かされておらず、建物規模に誤解を与える表示となっている。また周囲の樹木を切り、舗装して遺構をブロックで表示し、隣接して四阿《あずまや》を建てるなどで、森の中にたたずんだ以前の厳粛な雰囲気は失われた。

掩体壕の整備では、知覧基地でも、笠ノ原基地でも、すぐ横までバスが入れるようになった。笠ノ原ではフェンスで囲われ、また前面に現行の道路高にあわせた盛土が行われ、かつて誘導路を往来した戦闘機の姿を想起することのできないものとなった。掩体というその構造物の見学のみに重点がおかれ、歴史的景観からは切り落とされた感がある。

鹿児島の戦跡はこれまで手つかずであったが故に良好な状態を保ってきたものが多い。整備にあたっては、遺構表示に安価で扱いやすい素材を用いることや、アクセスのしやすさを優先するようなものではなく、歴史遺産の価値はそのものがもつリアリティ、真正性であることが十分に踏まえられなければならない。今後、整備前には必ず考古学的調査を行い、その知見を踏まえて、点の構造物ではなく、周辺の景観やその変遷に注意し、遺構を取りまくバッファゾーン（緩衝地帯）を含んだ慎重な手法の検討が必要であろう。

消滅しつつある遺構　近年注目されつつあるものの戦跡は、その新しさもあって、いまだ国民共有の遺産＝文化財としての評価が定まっておらず、調査や保護の対象とはならないことが多い。そのため、この数年でもいくつもの遺構が姿を消した。

なかでも、もっとも重要であったのは海軍鹿屋基地の中心建物二棟である（写真6）。最大の特攻の舞台となったこの基地の中心建物は、海上自衛隊鹿屋航空基地で二〇一五年まで使用されていた。歴史に刻むべき戦争の舞台として、その滅失は非常に悔やまれる。さらに、鹿屋基地内では二〇一七年に有蓋掩体壕も取り壊された（写真7）。かつて鹿屋基地周辺に二六〇基あったという戦闘機用掩体壕の最後の一基であった。他にも、海軍鹿児島

写真 6　失われた鹿屋基地の建物二棟

写真 7　失われた鹿屋基地の掩体壕（左：外観　右：内部）

基地の遺構であった巨大な飛行機格納庫や木造建物なども取り壊された。

アジア太平洋戦争期の遺構はそのまま公開するには安全性に問題のあるものも多い。その維持管理に経費がかさむなどの課題はある。しかし、鹿児島という地の特殊性や歴史資料としての重要性を考えれば、将来にわたって受け継がなければならない遺産であることが一層広く認識されることを望みたい。

(三) 今後のあり方について

戦跡はすでに平和学習、観光資源として利用されているが、それを歴史資料として知り、活かすためには、今後、考古学的調査・研究の推進が非常に重要である。戦争は教科書の中の暗記科目でも、どこか遠いところで行われたことでもなく、身近な場所、人々が関わったものであり、その歴史の延長上に現在の平和があることを実感する場としても戦跡の役割は大きい。これからの未来、平和のためにも、どのような意義があり、いかに残し、伝えるべきか鹿児島から考え、発信しなければならない課題はとても多い。

〔参考文献〕

上田　耕・大山勇作・坂元恒太「知覧飛行場跡の発掘調査成果—特攻基地における滑走路跡を中心に—」『鹿児島考古』第四六号　鹿児島県考古学会　二〇一六年

抜水茂樹「戦争遺跡に関する考察」『研究紀要・年報　縄文の森から』第四号　鹿児島県立埋蔵文化財センター　二〇〇六年

橋本達也「戦後七〇年と鹿児島の戦跡考古学」『鹿児島考古』第四六号　鹿児島県考古学会　二〇一六年

前迫亮一「発掘された鹿児島の戦争関連資料について—幕末からアジア太平洋戦争終結頃まで—」『鹿児島考古』第三七号　鹿児島県考古学会　二〇〇三年

南日本新聞『記憶の証人　かごしま戦争遺跡』南日本新聞社　二〇〇六年
八巻　聡「鹿児島の本土決戦準備」『鹿児島考古』第四六号　鹿児島県考古学会　二〇一六年

column

鹿児島のプロスポーツ

福山博文

みなさんは鹿児島のプロスポーツと聞いて何を思い浮かべるだろうか。高校野球や高校サッカーのようなアマチュアスポーツであれば、マスコミに注目される全国大会で実績を上げた強豪チームが鹿児島にはいくつもあるが、プロスポーツとなるとピンとこない人も多いかもしれない。文部科学省（二〇一五）によると、二〇一一年度の「都道府県別の住民のスポーツ実施率」において鹿児島県は六六・八％で全国トップの数字となっている。その一方で、「スポーツ観戦の行動者率」は二〇一一年度調査において全国平均（一八・六％）を下回る一六・八％にとどまる。鹿児島県民にとってスポーツはするものであり、プロスポーツを観るという文化はまだ十分に根付いていないのかもしれない。

現在、鹿児島には二つのプロスポーツチームがある。ひとつはプロサッカーチームである鹿児島ユナイテッドFCである。ヴォルカ鹿児島とFCKAGOSHIMAが統合してできたチームで現在、J3リーグに所属している。ホームスタジアムである鹿児島県立鴨池陸上競技場の愛称は、枕崎市に本社を置く薩摩酒造が県から三年間およそ二六〇〇万円で命名権を取得し二〇一八年四月から「白波スタジアム」となった（写真1）。公益社団法人日本プロサッカーリーグ（二〇一八）によると鹿児島ユナイテッドFCの観戦者数の一九・五％は二九歳以下となっている。この数字はFS横浜を除くとJ3リーグの中で最も若年層が観戦に訪れていることになる。また、「サッカーは若い人たちの生活にいい影響を与えることができる」と答えた人も鹿児島ユナイテッドFC観戦者が第一位となっている。実際、白波スタジアムを含む鴨池公園は多くの親子連れや若者でいつも活気に満ち溢れていて、鹿児島がスポーツの盛んな街であることを再認識させてくれる。

写真1　白波スタジアム（筆者撮影）

写真2　鹿児島アリーナの石門（筆者撮影）

もうひとつのプロスポーツチームはバスケットボールリーグ「B3リーグ」に所属する鹿児島レブナイズである。前身のレノヴァ鹿児島（RENOVAKAGOSHIMA）の遺伝子・意志を引き継ぐ「RE」と鹿児島の方言で無骨な薩摩の男を意味する「不二才（ぶにせ）」＝「BUNISE」を融合して命名されている（鹿児島県プロスポーツ振興HP）。ホームアリーナは鹿児島アリーナである（写真2）。鹿児島アリーナの石門は旧鹿児島刑務所の正門として明治四一年に建築されたもので、重要文化財である尚古集成館と並んで鹿児島の石造文化の伝統が脈々と息づいていて歴史を感じる重要な建築物となっている（鹿児島アリーナHP）。

スポーツに興味がある人もない人も鹿児島の活気と歴史を感じることのできるこの二つのプロスポーツチームのホームグラウンドにぜひ足を運んでもらいたい。

〔参考文献〕

公益社団法人日本プロサッカーリーグ「二〇一七J3リーグスタジアム観戦者調査報告書」二〇一八年
文部科学省「地域スポーツに関する基礎データ集 平成二七年四月」二〇一五年
https://www.pref.kagoshima.jp/af08/k-sports.html（鹿児島県スポーツ振興　二〇一八年四月五日最終閲覧）
kagoshima-arena.jp（鹿児島アリーナ　二〇一八年五月二日最終閲覧）

column

鹿児島の宗教事情―廃仏毀釈と明治初期の浄土真宗・キリスト教

小林善仁

鹿児島市街地を代表する観光地に城山展望台がある。西郷隆盛の所縁の地として歴史ファンが訪れるだけでなく、一〇七mの高さから市街地・鹿児島湾（錦江湾）・桜島を一望できることから、連日、大勢の観光客で賑っている。「東洋のナポリ」と賞された市街地を俯瞰すると、一際大きな瓦屋根が見える。西本願寺鹿児島別院の本堂である（写真1）。この風景を見て、「鹿児島にも前近代に築かれた歴史ある仏教建築が残されている」と思うだろう。残念ながら、この感想に対しては「違う」と答えることになる。

写真1　城山から見た鹿児島市街地（右下の瓦屋根が西本願寺鹿児島別院）

まず、鹿児島に近世以前に築かれた仏教建築は残っていない。そのため、現存する寺院建築は近代以降に建設されたものである。これは、明治初年に実施した廃仏毀釈が関係しており、島津氏の領国内では全一〇六六ヶ寺を破却し、仏像や経典、寺院関係の文書などを焼却した。[1]平成三〇（二〇一八）年六月末現在で鹿児島県の指定等文化財件数が二九三件と全国でも下位に属する一因がここにある。

「違う」と答えた理由はこれだけではない。近世に島津氏は領内での浄土真宗（一向宗）への信仰を禁止し、寺院の開山も一切認めず、門徒は厳しく取り締まられた。県内の各地には「隠れ念仏」の洞穴など関係地が数多く残されている（写真2）。このように、他地域ではあまり見られない特殊な宗教事情を抱えたまま明治維新を迎え、鹿児島県が成立する。

写真2　隠れ念仏の関係地・藺落（薩摩川内市下甑島）

写真3　「別院創建碑」（東本願寺鹿児島別院）

もう一つ、鹿児島県と関係の深い宗教ながら、近世に禁止されていたものがある。キリスト教である。鹿児島県はキリスト教伝来の地としても知られ、天文一八（一五四九）年にフランシスコ・ザビエルの一行が鹿児島の人・アンジロウ（ヤジロウ）の案内で鹿児島に上陸した。その後、ザビエルは島津氏一五代当主の島津貴久と一宇治城（現、日置市伊集院町）で謁見し、貴久は布教を許可した。のちに、ポルトガル船が鹿児島以外の他国の港に来航するようになると、領内での布教は禁止され、以後は日本の他地域と同じく、明治初期まで鹿児島でもキリスト教の信仰は禁止であった。

日本国内でのキリスト教の解禁は明治六（一八七三）年であるが、この時点でまだ鹿児島県では浄土真宗が禁止されたままであった。浄土真宗の解禁は明治九年九月五日の鹿児島県布達[2]からであるが、当時の鹿児島県の範囲は現在と異なり、宮崎県域を含んでいた。同年八月二一日に両者が合併した際に問題となったのが、宮崎県では信教の自由が認められていたことである。一つの県内で異なる対応は混乱のもとであるから、内務卿の大久保利通は鹿児島県令の大山綱良に解禁を指令した[3]。また、この件に関して意見を求められた西郷隆盛も賛意を示した[4]。

浄土真宗側は即座に反応し、西本願寺（本願寺派）は九月二三日に僧侶を鹿児島へ入れ、泉町に仮説教所を置いた。東本願寺（大谷派）も松原通町に別院を設けて、同年一一月に開院式を行った（写真3）。両者とも翌年の西南戦争で被災したものの、明治一一年には寺院の建設に着手している。同じ頃、廃仏毀釈で打撃を受けた臨済宗や曹洞宗など他の仏教宗派も鹿児島での活動を再開した。

〔注〕

（1）名越護『鹿児島藩の廃仏毀釈』南方新社　二〇一一年

（2）鹿児島県『鹿児島県史』第三巻　一九四一年

（3）本派本願寺鹿児島別院『本願寺開教五十年史』一九二五年

（4）大西郷全集刊行会『大西郷全集』第三巻　平凡社　一九二七年

〔参考文献〕

名越護『鹿児島藩の廃仏毀釈』南方新社　二〇一一年

鹿児島の文学

多田蔵人

はじめに

鹿児島の文学事蹟を「大学的」にめぐる旅は、かごしま近代文学館・メルヘン館から始めるのが良いと思う。九州では最大、全国的にみてもめずらしいほどの規模の文学館である。同館は一九九八年の創立以来、南九州の近代文学資料を丹念に蒐集・目録化し精力的な展示を行ってきた。常設展示コーナーでは梅崎春生、林芙美子、椋鳩十、向田邦子、島尾敏雄、海音寺潮五郎、といった鹿児島ゆかりの作家について詳細な知識を得られ、鹿児島出身の文人作家についても明治の御歌所歌人から現代詩人に至るまでが一望できるよう、展示に工夫が凝らしてある。主要作家に関する所蔵資料目録と、年に数回行われる企画展のカタログはいずれも必携レベルの出来ばえなので、興味を持った作家についてはあらかじめカタログを取り寄せ、旅の計画を練るのも面白いかもしれない。同館が収蔵する原稿などの貴重資料は明確な目的さえあれば書類を提出し閲覧することも可能である。大学・高校の訪書旅行にもぜひ役立てていただきたい。

1　与論島から沖永良部島へ

プランができたところで、一息に沖縄県との県境、与論島に飛ぼう。ここには森瑤子《ようこ》の別荘があった。この本の読者のうち一番若い世代の、ご両親のおじさんくらいの世代に人気を博した作家である。世界をめぐり歩いた経験をもとに、とりわけ移ろいゆく季節の光、食べものの彩りと風味、そして身近な人々の息づかいを描くエッセイに文才を発揮した。百合ヶ浜ビーチは昨今の写真を撮りながら旅行する若者たちにも人気の撮影箇所だが、父母の世代の南島旅行に思いを馳せながらカメラ画面をタップするのも一興であろう。ちなみに東京都目黒区駒場にある日本近代文学館内のカフェ「ＢＵＮＤＡＮ」では、森瑤子が与論で食べたオイルサーディン丼の再現レシピを楽しむことができる。

次は沖永良部島。歴史に趣味ある読者ならば、西郷隆盛が座敷牢に入った島だったなあ、という知識があるかもしれない。その西郷の入った座敷牢を管理した土持という人物の子どもが歌人の土持綱安《つなやす》で、明治初中期に大きな影響力を持った松浦辰男の結社・紅葉会に

写真１　かごしま近代文学館・メルヘン館

属した。この結社には明治の自然主義文学作家である田山花袋や、日本民俗学の祖であり『遠野物語』の著者（編者）である柳田国男などが属し、土持もこれらの文学者と親しく交わっている。現在でも歌人たちの交流は広範囲にわたって日本の隠れた人脈圏を形成しているが、明治から大正にかけての歌人同士の繋がりは現在に比しても相当に密であった。たとえば土持は沖永良部に戻り村長となったが、農商務省の官僚でもあった柳田国男の兄弟には海軍で大佐になり言語学の権威でもあった松岡静雄、やはり歌人であり長州系政治家と親しい井上通泰《みちやす》などがいるから、行政と文事、そして軍事は密接に絡みあいながら沖永良部までのネットワークを形成していたわけである。沖永良部には、後に柳田が九州一帯を旅した際に沖永良部の土持を思って詠んだ一首「山川の五百重八十隅越えくれどなを遥かなり君が住む島」が、今もなお島に立っている。

2　奄美大島から種子島へ

そして奄美、加計呂麻島。ここには海軍の震洋隊（特攻隊）隊長として勤務した作家・島尾敏雄の基地があった。島尾は『出孤島記』『出発は遂に訪れず』『魚雷艇学生』など、多くの作品で繰りかえし特攻（不出撃）体験を描いている。島尾は人生の多くを奄美で過ごしたため、奄美・加計呂麻に散在する多くの戦跡のなかでも、島尾隊のあった呑《のみ》ノ浦《うら》基地周辺は早くから整備が進んだ。現在、震洋艇が格納されていた洞穴の並ぶ基地跡は歩いてめぐることができ（実際に震洋艇のレプリカを納めた洞穴もある）、かつて隊長室があった

写真2　加計呂麻島・呑ノ浦

あたりには、島尾敏雄の墓と文学碑が建てられている。実際に戦跡を歩き、そして島の日常を目にすることで、島尾文学描くところの「孤島」の日々が意識的に作り出された、語の正しい意味でフィクショナルな空間であることを実体験してもらいたいと思う。また加計呂麻島には大正期におけるロシア文学翻訳の第一人者、昇曙夢《のぼりしょむ》の文学碑がある。ながらく稀覯書であった曙夢の翻訳『毒の園』は現在岩波文庫に入り、簡単に読むことができるようになった。また大島側の古仁屋港近くにある瀬戸内町立図書館には、曙夢の著書と島尾の旧蔵書が大量に収められるほか、初期作品の原稿二部や署名本、遺品などが大切に保管・展示されている。

興味を持った方は、八月の島尾忌のころに訪れるのが良い。満島ひかり主演の映画『海辺の生と死』が上映され、また島尾の妻・ミホに焦点を当てた梯《かけはし》久美子氏の評伝『狂うひと』が上梓されて、島尾文学には近年新たに光が当たりはじめている。島尾敏雄は特攻隊の隊長であり、作家であり、一家の父であっただけでなく、図書館の館長でもあった。奄美市名瀬には県立図書館奄美分館の旧館が公民館となって残っており、島尾館長時代の様子を窺うことができるほか、ほど近くにある島尾の旧宅（官舎）も外から見学することができる。名瀬での日々は『日の移ろい』ほか多くの小説随筆に描かれているが、現在の県立奄美図書館には島尾敏雄記念室があり、初期作品の草稿・蔵書が展示されている。島尾敏雄の孫であり漫画家・エッセイストであるしまおまほ氏作成の地図も配布されている。また二階の郷土資料コーナーには、近代における奄美の状況をつぶさに知ることのできる史料のほか、名瀬市長であり金子光晴や山之口漠《ばく》といった昭和の代表的詩人に影響を与えた詩人でもある泉芳郎の詩集が配架されている。

ともに薩摩の支配下にあった奄美と沖縄との歴史的関係は深く、近代ではとりわけ戦後に交流が頻繁に行われている。「ヤポネシア」「琉球弧」といった文化構想を行った人々の仕事については、島尾敏雄とともに大城立裕《たつひろ》氏の著作を読むことで知ることができる。なお、鹿児島発波照間《はてるま》行の船の上での出来事を描いた井上友一郎『波の上』は忘れ難い佳品。さらに深く奄美の文事について知りたい読者は藤井令一氏の『奄美文芸批評』を読むとよい。

奄美から種子島に向かうと、そこは朝日新聞の「天声人語」欄を創設したことで知られる学者にして文人、西村天囚《てんしゅう》の生まれたところである。この文章の筆者が幼いころなどは「天声人語」といえば簡潔明快な短文の代名詞であり、文章の一つの模範だったのだが、その起源は天囚の文章力に求められる。種子島には江戸時代から漢学の伝統があり、天囚も幼時より漢学を深く修めた。現在天囚の資料は大阪の懐徳義塾資料の一として大阪大学に入り、調査分析が進んでいるところである。なお屋久島は九〇年代後半にスタジオジブリのアニメーション映画『もののけ姫』に取材されたことでも有名だが、この島は林芙美子『浮雲』の舞台でもある。

3　桜島から半島へ

文学にかぎらないことだが、島めぐりという体験はどちらが「行き」でどちらが「帰り」なのか次第にわからなくなる、中心喪失の体験を与えてくれる。たとえば鹿児島市内の「島」である桜島は鹿児島市を訪れた文学者たちの筆には必ずといって良いほど残る島だが、島の方から都市を眺めると違った風景が見えてくるかもしれない。ここでは、島内に文学碑の建っている梅崎春生の『桜島』を挙げておくことにしよう。戦争中に通信兵として働く「私」の目にしたものが語られる作品である。帝国大学出身である主人公のエリート意識が作中に覗く『桜島』の文章は梅崎の作品のなかではむしろ珍しいもので、坊津を描いた『幻化』などとの違いにもぜひ目を向けてもらいたいが、『桜島』を今読むと印象的なのは「私」が望遠鏡で鹿児島の日常を眺める一場面である。この一節と、島尾敏雄『出孤島記』の「私」が双眼鏡から島の日常を眺める一節が非常に良く似ている点などにも、注意を向けてもらえたらと思う。

写真3　梅崎春生『桜島』初版

島から半島へ。まずは東側をめぐろ

う。大隅半島の南側、佐多岬は文学者が多く訪れた地。南大隅町立根占《ねじめ》図書館には徳富蘆花の歌「南風」が残る。先述の柳田国男『海南小記』はこの地に生い茂る枇榔《びろう》をめぐって興味深い考察を展開している。『海南小記』は一つの地点で目にした風景やモノが他の地域とつながり、そこから見えざる古来の交通路や文化の流通経路が立ち上がってゆく、得難い体験を与えてくれるテクストである。

北上して肝付《きもつき》町には夏目漱石の弟子であった野村伝四《でんし》の墓所がある。鹿児島といえば野村伝四、それから鹿児島第七高校造士館教授の野間真綱《まづな》が漱石の弟子だったな、とすぐに思いうかぶ筋金入りの漱石ファンは、もし旅行の道程に余裕があったら、伝四の墓に花を手向けていただきたい。いつも花のたえない鹿児島の墓所は、それ自体独特の景観を形成していると私は思う。

霧島と霧島温泉も歌人探訪の地、文学者の来訪履歴を数えあげれば切りがないけれども、ここでは与謝野寛（鉄幹）の『霧島の歌』と斎藤茂吉の歌文集『高千穂峯』の二書のみを挙げる。与謝野寛は幼時を鹿児島の加治木で過ごし、『霧島の歌』は往時の追憶をたどる羇旅《きりょ》の歌。もちろん妻の晶子も霧島、そして鹿児島を多く詠み、鹿児島市内の南州神社には晶子の歌碑が建つ。茂吉の霧島詠「すでにして黄なる余光は大隅のくにを越えたる空に求めつ」などを彼の故郷である山形県蔵王山を詠んだ歌群と読み比べてみると、茂吉にとって、あるいは近代にとって、「くに」とは何だったのかという思いに襲われる。始良《あいら》市には童話作家であり鹿児島県立図書館長でもあった椋鳩十の記念館（椋鳩十文学記念館）がある。

文学者たちの鹿児島旅行記や滞在録を見てみると、霧島から薩摩半島の南西に向かう

写真4　歌人曽遊の地、霧島神宮

写真5　南州神社・与謝野晶子歌碑

ルートを取るものが比較的多い。したがって薩摩半島の南側、いわゆる南薩にも文学の事蹟は多いが、近代文学の領野でいえば坊津にある谷崎潤一郎の『台所太平記』の碑を訪れておきたい。生前の全集などには収録されなかった問題作で、鹿児島の坊津から出てきた女中が見えないところで重要な役割を果たす物語である。『台所太平記』の描写は近年三島由紀夫賞を受賞した蓮實重彦氏の『伯爵夫人』にもさりげなくとりこまれているが、当時夥しく出た批評類にはこのことに触れたものがなかったようだ。

4　熊本との県境へ

熊本との県境に足を伸ばすと、ツルの飛来地として知られる出水《いずみ》は『西郷隆盛』などの歴史小説で知られる海音寺潮五郎の生家がある。海音寺は司馬遼太郎を見出した作家でもあり、司馬の『街道をゆく』シリーズの「肥薩のみち」を読むと、海音寺への気遣いがよくわかる。また出水の高尾野はかつて特攻隊の基地があった場所で、武田泰淳『鶴のドン・キホーテ』や阿川弘之『雲の墓標』の題材となっている。ちなみに鹿児島県内には文学に描かれた特攻基地が多い。川端康成が報道班員として知覧特攻基地を訪れ、『生命の樹』などの文章を残したことが比較的よく知られるが、他にも鹿屋基地を描いた丹羽文雄の『篠竹』ほかの作品がある。書き手の立場も当時の世評もさまざまであったこれらの作品を並べて読んでみると、当時九州にたしかに存在した「前線」をめぐる表現は、違ったかたちで見えてくるのではないかと思う。ほかに出水を描いた文学作品としては水上勉『鶴の来る町』、近いところで阿久根市を舞台とした円地文子『鹿島綺譚』があり、いずれも国鉄ストライキや民俗学における近親相姦などの問題を描いた意欲作。石牟礼道子『苦界浄土』描くところの水俣病の問題は県境の出水にも及んでいる。石牟礼文学に描かれなかった場所を探しに出水に行くのも、ありうべき文学散歩の形であろう。

川内《せんだい》市の川内まごころ文学館も、ぜひ鹿児島旅行で訪れておきたい場所である。薩摩川内は有島武郎・有島生馬・里見弴のいわゆる有島三兄弟のルーツとなる場所で、「まごころ」という言葉は里見弴が唱えた「まごころ哲学」に由来する。有島生馬『海村』（鎌倉の海浜風景を描いた佳品集）には鹿児島出身の無口だが信頼できる下男が登場するほか、『極楽とんぼ』以下の里見弴の放蕩息子ものには、主人公が鹿児島でやりたい放題の青春を愉しむ一コマがある。まごころ文学館はこの有島家の資料を収蔵するだけでなく、川内出身で出版社・改造社を創立した山本實彦の遺蔵資料が大量に保管されている。改造社は大正後期から戦後にかけて、中央公論社と並んで日本の雑誌文化・書籍文化を牽引した出版社。山本家資料は谷崎潤一郎や宇野浩二などの代表的作家の原稿や出版事情を語る帳簿などを数多く含む、この時期の文学を語る際には欠かせない資料群である。

5　再び鹿児島市内へ

こうして鹿児島一円を歩きまわり、なお鹿児島市内の銭湯に入ってみる余裕のある方には、鹿児島中央駅近くの西田温泉がおすすめ。明治期の女性歌人として知られた税所篤子《さいしょ》の生誕地は現在温泉になっている。明治初期の歌壇――「和歌」が「短歌」になってゆく、その変わり目――は薩摩の歌人たちが統領であった。黒田清綱（洋画家・黒田清輝の父）、高崎正風の両歌人は正岡子規による短歌革新以前の世界を知るには必須の存在である。清綱の子、黒田清輝も永井荷風に写真を薦めるなどして文学と関わりの深い画家だけれども、画家と文学者との交流という点では橋口五葉《ごよう》の名を挙げるべきだろう。夏目漱石『吾輩ハ猫デアル』や永井荷風『すみだ川』をはじめとする多くの文学書・文学雑誌の装幀に

写真6　橋口五葉生誕地碑

携わった五葉の生誕地は、現在甲南中学があるあたり。同校の正門には五葉の事蹟を刻んだ碑が建つ。文学書の装幀画稿などを含めた五葉の旧蔵資料はその多くが鹿児島市立美術館に収蔵され、ウェブサイト「かごしまデジタルミュージアム」上でコレクションの数々を確認することができる。なおかごしま近代文学館に遺品のほとんどが収蔵される向田邦子も少女時代を鹿児島で過ごしており、市内には居住跡地の碑が建っている。薩摩を描いた歴史小説は汗牛充棟ただならぬものがあって選びがたいが、近代文学の側からは直木三十五『南国太平記』を挙げておこう。戦前のベストセラーで、幕末の動乱を舞台に、謀略や妖しい幻術をふくむ激しい戦闘場面が繰り出されてゆく小説である。この作品と大佛《おさらぎ》次郎《じろう》『薩摩飛脚』を続けて読んでみると、歴史小説というものがどのようにして書かれるのかがよく分かることだろう。

おわりに

幕末維新の動乱に話が及んだところで、「大学的」文学の旅もそろそろ締めくくることにしたい。九州新幹線は山中のトンネルを潜り進んでゆく電車だから、鹿児島を眺めながら離れる経路は宮崎行きの特急、鹿児島港発のフェリー、そして飛行機がある。私は空路をおすすめしたい。上昇のルートによっては、窓から錦江湾の向こうに開聞岳を見はるかすことができるからである。

かつて上海廻りの航路で西洋に赴く幕末明治の留学生たちは、九州南端をよぎって開聞岳を遠望する際、申し合わせたように漢詩を一首詠んでいる。成島柳北の『航西日乗』などの印象ぶかい箇所に配された「薩摩富士」の山容は、日本への告別にふさわしい点景だったのだと言えよう。海から見れば円錐形である開聞岳は、わずか半世紀とすこし後には上空から二重火山の姿を眺められるようになった。言葉と土地の関係は、近代では信じられないほどはげしく変わる。はじめて見る西洋に心を急がせていた留学生たちの眼に、あるいは出水や知覧から出撃した特攻兵たちの眼に、開聞岳はどのように映ったのだろう――そんな風に考えをめぐらせながら、文学の移りかわりを捉える新たな旅に向かってもらえたら、と思う。

奄美市・島尾敏雄旧宅跡の碑

column

モウソウチク

高津　孝

鹿児島県は、竹林面積が約一万六〇〇〇ヘクタールで、全国の一〇%を占め日本一を誇る（平成二四年）。また、タケノコの出荷量も福岡県に次いで全国二位である（平成二八年）。日本で食用とされるタケノコはモウソウチク、ハチク、マダケなどがあるが、太く、大きく、味の良い点で、生産目的ではモウソウチクが他を圧倒する。実は、モウソウチクは中国からの導入種であり、しかも、薩摩に導入されたものが全国に広がったものである。

南聘紀考

幕末薩摩の歴史家伊地知季安《いじちすえよし》（一七八二―一八六七）の著作『南聘紀考《なんぺいきこう》』は、推古一五年から天保三年までの薩摩と琉球の交流を漢文で記述した編年体史書である。その下巻に孟宗竹導入についての記事がある。

「元文元年三月、令於琉球徴孟曹竹二十株（割注：株別四五本）。五月、蔡温等貢二株、曰、近移自唐、未得蕃殖、故且輸之。浄国公乃栽之磯館。本邦栽此竹自斯始云。……（元文三年）是年戊午五月五日出港。六月野村勘兵衛良昌皈自琉球在番。以所齎回孟宗竹及楊柳・夾竹桃・唐筆竹等献之磯館。故世以野村氏為孟宗竹始云」。

これによれば、元文元（一七三六）年三月、薩摩藩第四代藩主島津吉貴《よしたか》によって、琉球に孟宗竹二〇株（一株四、五本）を献上せよとの命が下ったが、中国より移植されたばかりで未だ繁殖が進んでいなかったため、五月に三司官《さんしかん》（琉球王国の宰相）蔡温《さいおん》らによってとりあえず二株が献上され、磯《いそ》の別邸に植えられ、これが本邦孟宗竹の始まりとされた。また、元文三（一七三八）年六月には、琉球在番奉行《ざいばんぶぎょう》の任を終えた野村勘兵衛良昌が鹿児島に戻り、孟宗竹（残りの一八株か）を磯の別邸に献上した。世間では野村氏のことを孟宗竹の始まりとする。

西遊記

江戸後期の京都の儒医である橘南谿《たちばななんけい》が西国を旅行した紀行文『西遊記《さいゆうき》』によれば、橘南谿は、天明二（一七八二）年から翌年三月まで薩摩に滞在し、薩摩、大隅、日向の各地を訪ねている。「薩隅の辺に唐孟宗竹といふ竹あり。人家に多し。……此竹冬筍を生ず。味甚だ美なり。寒中にも平皿一はひの筍を生ずること、他國にはいまだ見ず。京都にも甚だ細く指ばかりなるは、早春に出して料理に用ゆれども、名計り珍らしくて、味は宜しからず」。鹿児島の磯の別邸への導入から四〇年以上経って、薩摩、大隅の一般の人家まで孟宗竹が広まっていたこと、当時、京都で孟宗竹と名付けられたものは全く別種のもので、味がよくないものであったこと、が分かる。

タケノコ

様々なタケノコ

鹿児島には美味しいタケノコの順番があって、実は孟宗竹が最後となっている。いかに鹿児島は味の良いタケノコの産地であることかが分かる。一番は、ダイミョウチク（大名竹、カンザンチク）、二番はコサンチク（ホテイチク）で、ともに鹿児島県の特産である。

〔参考文献〕

濱田甫『暮らしに生きる竹』かごしま文庫36　春苑堂出版　一九九六年

column

豚肉食

高津　孝

動物の肉を食用とする獣食は、貴重なタンパク源として古代より行われてきたが、日本においては、仏教の影響から、平安時代、上流階層には食肉の禁忌が行われていた。鎌倉時代になると武士の台頭によって、食肉の禁忌は緩んだ。江戸時代になると、食肉の禁忌は守られたが、最近の調査においては、江戸時代においても江戸後期になるにつれ食用とされていたことが分かって来ている。原田信男著『江戸の食生活』（岩波書店、二〇〇三年）によれば、江戸では、「元禄―享保期（一六八八―一七三六年）には、肉食についての記事がほとんど見受けられず、宝暦―天明期（一七五一―一八九年）から化政期（一八〇四―三〇年）に目立ちはじめ、さらに天保期（一八三〇―四四年）頃から、獣肉店に関する記述が多くなる」という。

薩摩藩と豚肉食

薩摩の特殊性は、近世期に琉球王国を間接支配下に起き、琉球王国の一部であった奄美《あまみ》を直接支配したため、琉球・奄美における食文化の影響を受け豚肉が食用とされたのであろう。琉球における豚肉食は中国福建の食文化の影響下に成立したものである。江戸時代における薩摩藩の獣食の実態は、東京都港区における薩摩藩邸発掘により明確になった。発掘によって大量の獣骨が出土した。イノシシあるいは豚の骨の大量出土は、江戸時代薩摩藩邸において豚が飼育され、イノシシ肉ないしは豚肉が食用とされていたことを物語るものである。幕末期、薩摩藩は、一橋慶喜《よしのぶ》（後の徳川慶喜）との関係が深かったが、慶喜は薩摩藩から贈答として献上されていた豚肉を好み、薩摩藩に対してしばしば要望している。

なまぐさし

江戸後期の文人頼山陽《らいさんよう》（一七八〇―一八三二）が、文政元（一八一八）年に九州を旅行し薩摩を訪れている。頼山陽は父の春水が安芸（現在の広島県）の人で、自身は大坂の生まれである。当時、京都で私塾を開いていた。彼は、文政元年九月七日に肥後（現在の熊本県）から薩摩に入り、一ヶ月薩摩、大隅の各地を周り、一〇月初旬ごろ肥後に出る。九月に薩摩で食べた豚肉を次のように漢詩にしている。「豚肉　竹筍《たけのこ》　旅飯　腥《なまぐさ》し」（『西遊稿・下』麑洲逆旅歌）。おそらく、頼山陽にとって獣肉は普段食べることはなく、豚肉の生臭さは特に印象に残ったのであろう。この記述が、薩摩で豚肉を食用としていたことを示す最初の例となっている。また、天保六（一八三五）年、島津斉彬《なりあきら》が最初にお国入りした時、祝いの膳が下々にも振舞われたが、その献立に「豚汁」と記載されている。しかし、大正末期から昭和初期の鹿児島の食生活を再現した『聞き書　鹿児島の食事』（日本の食生活全集46、農山漁村文化協会、一九八九年）によれば、鹿児島県本土部では鹿児島市内の商家を除き、豚肉食は見られない。豚肉食は特別なもので、養豚が生活の中に根付いていた奄美の食文化が鹿児島の城下士に影響を与えたと見るべきであろう。

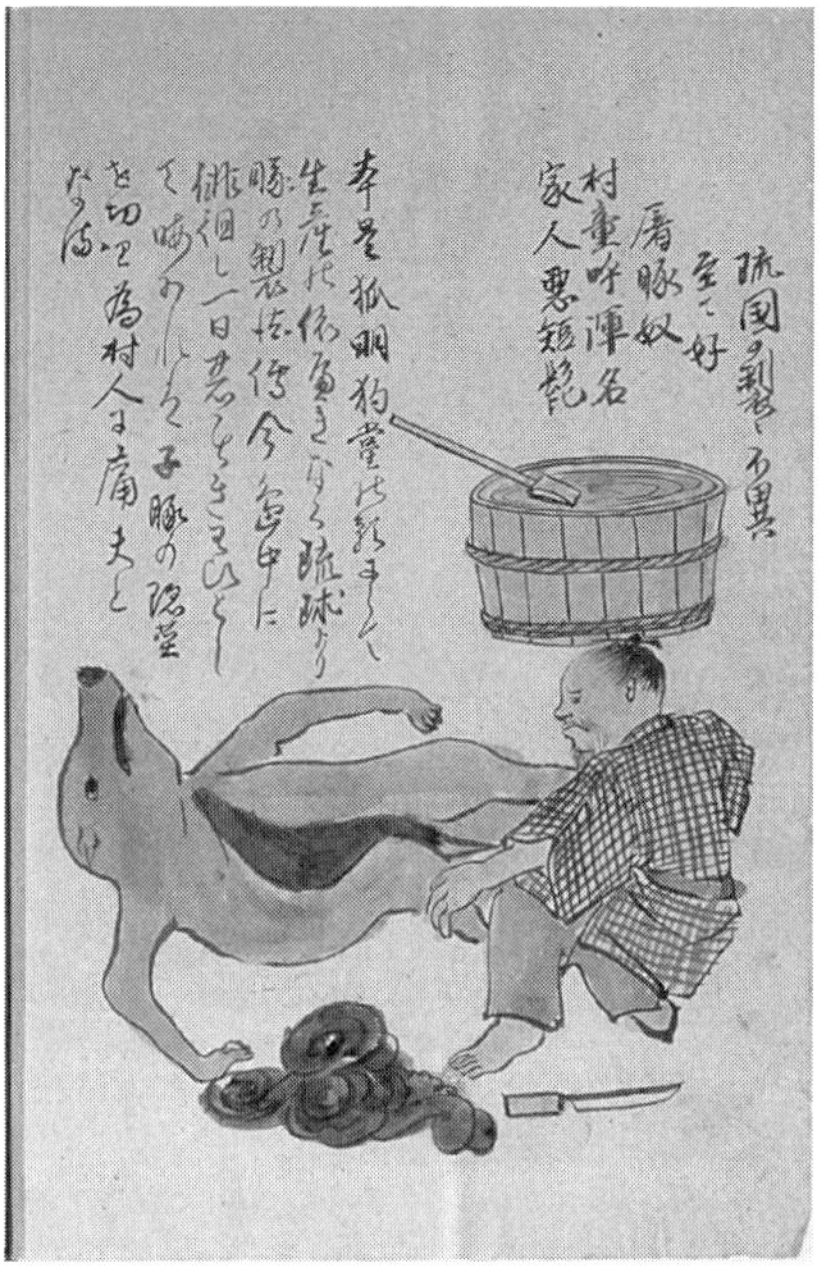

奄美での豚の解体（鹿児島大学本『南島雑話』より）

〔参考文献〕
港区立港郷土資料館『江戸動物図鑑―出会う・暮らす・愛でる―』港区立港郷土資料館　二〇〇二年
木崎愛吉・頼成一　共編『頼山陽全書』詩集　頼山陽先生遺蹟顕彰会　一九三二年

とんこつ料理（写真提供：鹿児島県観光連盟）

鹿児島の金山と鉱業

新田栄治

はじめに

金は大昔から人々を魅了してきた。鹿児島県は有数の火山地帯である。そのため鉱物資源に恵まれた地域であった。江戸時代には金、銀、銅、鉄、錫など多くの金属資源が開発され、藩財政に貢献した。現在日本で金山が稼業しているのは鹿児島県のみであり、伊佐市・菱刈《ひしかり》金山は世界最高品位の金鉱石を産出し続けている（浦島　一九九三）。

1　日本での金鉱山の開発と薩摩藩における金山開発

世界最古の金は前五千年紀にブルガリアで現れた。日本では陸奥国において八世紀に始まる。それは砂金採取であった。金鉱脈を見つけて鉱脈の露頭を掘り、さらには坑道を掘って金鉱石を採掘するようになるのは一五世紀末ころからである。各地の戦国大名たちは金銀鉱山の開発に熱をあげた。尼子・大内・毛利氏が領有を争った石見銀山、上杉氏の佐渡金銀山、武田氏の黒川金山など多くの例がある。戦国時代が終わると徳川幕府は有力鉱山を直轄支配し、財政破綻した大名家は財政再建のために金銀山開発に力を入れた。

一七世紀前半は日本各地で金銀山開発が活発に開始された時期である。九州では細川氏ほか有力大名らによって呼野《よぶの》金山、草本《くさもと》金山などが開発された。薩摩藩は戦国期の戦費の増大と領地が薩摩・大隅・日向の一部に限定されたことにより、一七世紀初頭においてすでに藩財政は破綻し、膨大な借銀があった。その返済と藩財政立て直しのための新たな財源の確保が喫緊の課題であった。金山開発はそのひとつである。金山開発には高度な知識、技術、経験が必要だが、当時の薩摩にはなかった。そのため他所から経験豊富な山師を連れてくる必要があった。薩摩藩が開発した金山は、山ヶ野金山（霧島市ほか）、芹ヶ野《せりがの》金山（いちき串木野市）、鹿籠《かご》金山（枕崎市）、神殿《こうどん》金山（南九州市）の四つである。

薩摩藩初の山ヶ野金山の開山については幕末に筆記された三つの史料、『金山《きんざん》にて御答《おこたえ》可申上太概《もうしあげるべきたいがい》』（天保九年）、『山ヶ野金山御取建之由緒《やまがのきんざんおとりたてのゆいしょ》』（弘化年間）、『金山開基《きんざんかいき》』（弘化二年）、

写真1　山ヶ野金山の坑口

に共通した内容が記されており、事実とされてきた。しかも上記の順番に内容が詳細になっており、「創造された伝説」であるのは明らかである。伝承は次のように述べる。

「島津久通《しまづひさみち》の私領・宮之城《みやのじょう》佐志村《さしむら》の川の中で砂金が発見された。内山与右衛門《うちやまよえもん》は肥後国宇土郡の笠伊《りゅうい》兵衛尉《ひょうえのじょう》を宮之城に派遣し、探索させた。寛永一七（一六四〇）年三月、長野の完焼谷《かんしょうたに》の川から与右衛門が砂金を発見したので、土中を探索させた。久通は得られた砂金を藩主・光久に献上した。光久は試掘の継続を命じた。試掘で得られた砂金三百匁を幕府に献上し、採掘許可を願った。寛永一九年正月、幕府より一年間に限り開山の許可が下りた。金山奉行・北郷久加《ほんごうひさます》は他国者二万人余を集めて稼業。掘り出した金は大変な量であった。山ヶ野金山の周囲を柵で囲んで、その範囲内を掘った。」

ところが薩摩藩の記録類を集めた『薩藩旧記雑録』には異なる記録が残る。それは笠伊兵衛尉が寛永二一年に薩摩藩に対しておこした契約不履行についての訴訟記事である（『旧記雑録』巻九七、№一二三と№四三五）。訴状は五条から成るが、第一条（開山に関する部分）は以下のとおりである。「久通の家臣ふたりが肥後国へやってきて、「内山予右衛門が金気のあるところを発見したので、経験豊富で上手な者を招聘して、金山仕立て人を連れて来てほしい。もし金山になれば伊兵衛尉に山先役を任せる。」と書面にして私に渡した。そこで私は掘子たちを多数つれて薩摩国にやってきた。しかし予右衛門が金気はないというので帰国した。ところが、久通の代官の使いが「もう一度薩摩に来て、金山の見立て人を連れてきてくれ」という書状を持って来た。そこで私は再び薩摩国にやってきた。金気がずいぶんあるところを長野、横川の二ヶ所を見つけて立派な金山に仕立て、御忠節申しあげた。」山先役とは、金山の最高責任者のことである。これが事実であることは、寛永一七年四月二六日付の江戸家老連名による鹿児島在住重役に宛てた書状（『旧記雑録』巻九七、№一二二）に同内容が見えることから明らかである。さらに第二条では笠伊兵衛尉を山先役に任じる約束が履行されなかったこと、第三条では当時の九州で慣例であった一割の成功報奨金が支払われなかったこと、および自分が立替えた開発経費を支払ってくれないこと、第五条では幕府評定所へ訴えようとしたが、主家である細川家より訴えるのは待てと命じられたことなどを記している。幕府に訴えられたら大事になるため、薩摩藩では相当慌てたらしく、金山奉行の北郷久加は金・米による口封じ対策を行なったが拒否されたため、藩重役に対応策を相談するとともに、島津久通の不手際に愚痴をこぼしている（『旧記雑録』巻九七、№四三七）。残念ながら、その後の顛末は不明である（新田 二〇〇九）。内山与右衛門は幕府の許可がおりる直前の寛永一八年一二月二二日に死去した。彼の墓碑には「當金山《とうきんざん》元山先《もとやまさき》玉山《ぎょくざん》剰金《じょうきん》居士《こじ》」と刻されており、内山与右衛門が初代山先役となったことがわかる。笠伊兵衛尉の訴えはかなわなかった（新田 二〇一三）。

写真2　内山与右衛門の墓石

山ヶ野金山には多くの墓塔が残る（霧島市教育委員会 二〇一三）。江戸時代の墓は五五基ある。最古の墓は明暦四（一六五八）年のものであり、墓に記された被葬者の出身地は大坂、佐賀、筑前、江戸、豊後、石見、安芸などであり、様々な地域からやってきた人々がいた。そのなかには金掘りだけではなく、鉱山町のいろいろな商売に従事する人たちもいた。

幕府は一年後に閉山を命令し、再開したのは明暦二（一六五六）年である。当時、間歩《まぶ》（坑口）一五八、人数四六〇七人であった（鹿児島県 一九四〇）。再開後は産出量が増え、万治二（一六五九）年には山ヶ野金山史上最多の約一八六八キロを記録した。最盛期の宝暦～文政年間には佐渡金山を上回る産金量だった。一六五七～八五年までの産金による利潤は銀九三八二貫、うち六四四六貫は借銀返済にあてられた。薩摩藩にとり山ヶ野金山の価値は計り知れない。しかし幕末には出金量も減少して年間九貫ほどになっており、薩摩藩の金山は衰退していた。島津斉彬は軍事力増強の財源として金山開発をもくろんだが、うまくいかなかった。以後、薩摩藩は財源捻出のため、天保通宝他の贋金作りに手を出していく。

2　金山での技術

金山での作業の概略は①金鉱石の採掘、②金鉱石の粉砕、③比重選鉱による金の採取、④金の製錬である。当初は露頭を探して掘っていたが、枯渇すると坑道掘りにかわった。人一人がやっと入れるような狭くて真っ暗な坑道に入り、金槌とたがねで鉱石を掘り出した。粉塵による珪肺や落盤事故など、危険な労働だった。掘り出した金鉱石は選鉱の後、細かく砕かれ、さらに石臼と水を使って泥状の微粉末にされ、比重選鉱によって金を取り

写真3　山ヶ野金山の上臼と巨大な下臼

出した。最後に灰吹法《はいふきほう》により金と銀を分離し、金を得た。金鉱石を粉砕した石臼は全国の金山にたくさん残っている。

臼は中央に鉄製心棒をもつ下臼と、心棒を通す軸穴を持ち、回転させる上臼とがセットである。一七世紀初めころまでは上臼の心棒を通す穴が同時に鉱石を挿入する穴（供給孔）を兼ねた「黒川型臼」が使われ、一七世紀に入ると回転軸を固定するためのリンズという板を上臼の穴にはめた上臼が使われるようになった（今村 一九九七）。九州や薩摩の金山では黒川型臼がそれ以後も使われており、他地域とは臼の使用状況が違っている（新田 二〇〇九）。『三国名勝図会』には山ヶ野金山の作業風景の画がある。二〇一〇年の寄勝場《よせば》跡推定地の発掘調査では、黒川型臼、煙管《きせる》、寛永通宝[1]、金の計量に使った銅製天びん秤等が出

（1）寛永通宝は寛永三（一六二六）年～寛文八（一六六八）年に鋳造された「古寛永」と、それ以降に鋳造された「新寛永」に分類される。出土したのは「古寛永」五点である。

図1　『三国名勝図会』に描かれた山ヶ野金山での作業風景

写真4　山ヶ野金山作業場跡の発掘で出土した臼など

写真5　山ケ野集落の民家の垣根に埋め込まれた石臼

土している（新田編　二〇一一）。

製錬は灰吹によった。『金山萬留《きんざんよろずどめ》』に一六八五年八月に藩主・綱貴が山ヶ野金山に視察に来たときのようすが記してあり、綱貴は砂金の吹金と金位鑑定の様子を視察した。『芹ケ野金山森山太助試掘日記』の一七八七年の記事の中に、「芹ケ野金山でとれた砂金一包を山ケ野金山に送って、灰吹きして玉金八分五厘にした」という記載があり、灰吹き法によって金銀の分離を行っていた。また金見役より御手形所宛て書状には「玉金八分五厘、但七三」の記載があり、灰吹きの結果金位は七〇％にまで製錬された（徳永編　一九九四）。薩摩藩の金山では製錬から金位測定に至るまでの一連の工程において、山ケ野金山に中枢的機能を集約していた。できた玉金は京都に送られて小判と交換し、さらに小判を銀に両替して藩に持ち帰った。

3　金山の社会

明暦以降の山ヶ野金山では、金山奉行、山奉行、町奉行、横目、金銀保管蔵の上前蔵役人、米蔵管理の役人、山内の出入りを監視する入口屋と出口屋の役人、鉱山管理役兼課税役の鎖屋の役人など各種の役人が配置されていた。金山運営の実質的責任者である山先役は一人であり、その待遇は良かった。年総収入は玄米六八石六斗、銀一〇〇匁となり、薩摩藩の上士である寄合《よりあい》(2)の家でもこの程度の俸給の家があることを思えば、かなりの好待遇であった。金吹職人の賃金は出来高によって規定され、出来高一匁〜五匁の場合には二分、

（2）薩摩藩の家格は、上から一門、一所持《いっしょもち》、一所持格《いっしょもちかく》、寄合、寄合並《よりあいなみ》までが上士、それ以下が無格、小番、新番、御小姓與《おこしょうぐみ》に分けられていた。

以降一〇〇匁の場合の二匁五分までの六段階に規定された。金掘の賃金については不明である。

山内は柵で囲まれ、その出入りは厳重に管理された。そのため、特有の閉鎖経済空間ができあがる。山内の消費物資と種々の座に対しては規定の税が課された。例えば味噌座運《うん》上《じょう》は一〇〇〇斤につき銀五〇匁／月、塩座には銀一五六匁七分／月、麺類蕎麦切座には夏四ヶ月分として銀一六〇匁と、あらゆる商売が課税対象とされた。遊女にも料金の一割が課税された。山内での消費物資の量は相当なもので、味噌の年間消費量は二〇万余斤、酒四二万四〇〇〇盃、油二万二三八二盃、塩四八九石八斗（一一ヶ月分）、茶四三二〇斤（半年分）、醤油一七三二盃（半年分）にものぼっている。味噌だけでも、年間の運上金は銀一二万二一二七匁（二〇三五両）である。

このように産金とともに、閉鎖空間を作って経済上の独占体制を維持することによる収入も重要であった（新田編 二〇一一）。ここで気になるのが一両の価値だ。江戸時代の貨幣価値については現代に換算するのは難しいが、米価をもとにして換算すると表1のようになる。一両は江戸時代前期で約一〇万円、中～後期で四～六万円、幕末で四〇〇〇～一万円程度だった。

金山には遊郭もあった。藤本《ふじもと》箕山《きざん》が全国の有名な遊郭についてまとめた『色道大観』（一六八九年刊）は山ヶ野金山の田町遊郭について記している。田町遊郭には妓楼主の出身地をつけた妓楼（大坂屋、土佐屋）もあり（新田編 二〇一一）、金山開発によるバブル景気が遊郭存立の背景にあった。それを目指してさまざまな業種の人々が各地から集まっていた。幕末の経済学者・佐藤信淵《さとうのぶひろ》の祖父、佐藤信景《さとうのぶかげ》が記した鉱山経営の極意書『抗場法律《こうばほうりつ》』では、

表1　1両の価値はいくらだった

1両でなにが、どれだけ買えるか
（幕末の公定レート　1両＝6500文として）

品目	量
消耗品だと	
米	150kg
かけそば	406杯
だんご（4つさし）	1625本
まんじゅう	2170個
豆腐	270丁
卵	930個
あぶらあげ	1625枚
酒　1升瓶	32本
醤油　1升瓶	78本
酢　1升瓶	52本
長いも	60本
シイタケ	1450個
こんにゃく	813個
ウリ	813個
れんこん	83本
柿	933個
鰹節	52本
鮭	26尾
日傘	34本
ぞうり	541足
熊手	185本
人件費だと	
武家下女奉公人　1年	2～3両
町方奉公人　1年	男2両、女1両
料理人　1日	300文
大工　1日	280文
髪結い（現代の美容院でのブロー）	16文
それぞれの品目に基づいて1両が現在ならいくらぐらいになるかを換算すると	
米　（10kg＝3000円として）	45000円
かけそば　（1杯＝500円として）	203000円
豆腐　（1個＝90円として）	24300円
卵　（10個パック＝200円として）	18600円
まんじゅう　（1個＝120円として）	260400円
大工賃金　（日当25000円として）	580357円
町方奉公人（男子大卒地方公務員初任給　年俸300万円として）	1500000円
髪結い料金　（ブロー、4000円として）	1652500円

（日本銀行金融研究所貨幣博物館の Web「江戸時代の1両は今のいくら？」をもとに、筆者作成）

表2　有名遊郭での遊女の料金（数字は銀匁）

遊女階級	江戸・吉原	京・島原	伏見・撞木町	大津・馬場町	奈良・木辻鳴川	大阪・瓢箪町	敦賀・六軒町	播磨・室	備後・鞆	長門・下関	博多・柳町	長崎・丸山町、寄合町	薩摩・山ヶ野
太夫	37	58				43					均一10	30	
天職		30	28	26		28		28	21	26			
天神													25
小天神				21	21					21		次、20	20
格子女郎	25												
囲職		18	18	16	15	16		16	16	16		次　15	15
傾国							16						
青大豆				10									
次							10						
半夜			9	8	9			10	8	8			
端女							6						遊料不定
端女郎					8	16							

（『色道大観』より筆者作成）

金山内に遊郭、料理屋、賭場を設置して、金山の外から好色者、放蕩者らを呼び寄せて散財させ、金をむしりとるのが金山経営にとってよい方法だと記している。まことに、「飲む」、「打つ」、「買う」ことこそが金山経営に重要であった。だからこそ全国各地から妓楼主や遊女が集まってきた。表2のように各地の遊郭の料金の共通性、妓楼の名称、遊女の移動などから、全国的情報ネットワークの存在、人の移動が頻繁にあったようだ。

　山内では金山特有の犯罪と刑罰があった。「鉱山を隠れて掘る」、「金を隠して売買する」に対しては、闕所《けっしょ》（土地、住宅、農地等の没収）のうえ、禁獄の処罰がなされた。「山廻や山主と内談して鉱山を隠したこと」には山廻・山主と本人双方ともに闕所のうえ追放、「金鉱石を盗んで隠しておいたこと」には罰金銀一枚、「封鎖された坑道の入り口を破って山稼ぎをした」罪には禁獄一〇日、「金を隠して出入り口から外に出た」罪には闕所のうえ禁獄、あるいはその軽重によって、口屋《くちや》で曝すか追放に処した。山ヶ野金山には江戸で無宿者狩によって捕縛され、薩摩に流罪となった浮世草子作家の「都の錦」が入牢していた牢屋跡がある。

4　明治以降の金山経営

一八六七年、薩摩藩はフランスから技術者を招聘して鉱山技術の近代化を図った。このころ旧来の製錬法である灰吹法にかわり混汞法《こんこうほう》が導入され、製錬の効率化が進み、産金量が増大した。混汞法とは水銀に金銀を溶かして金銀アマルガムを作り、鉱石中の金銀を抽出する方法である。鹿児島では一八七六年に山ヶ野金山に搗鉱所《とうこうしょ》を建設し、蒸気動力による混汞搗鉱法を導入したのが最初である。

明治六年に日本坑法が発布され、鉱物は政府の所有として、人々は借区して鉱業を行うことができるようになった。その結果、鹿児島県全域で多くの金銀山開発が行われるようになった。鉱業権をもち、鉱山開発を行った人々は民間の名望家であり、稼業成績が悪いと鉱業権はつぎつぎと売買され、最終的には島津興業や三井金属などの鉱山会社に移転した。なかには五代友厚のような実業家による鹿籠《かご》金山の経営もあった。

明治~昭和、紆余曲折を経ながら事業は継続したが、アジア太平洋戦争勃発後、戦争継続のために必要な金属を得るため、昭和一八年に商工省による「金鉱業整備ニ関スル方針要旨」によって、全国の金鉱山は休山、閉山となった。鹿児島県内の金山も同様であった。

〔参考文献〕
今村啓爾『戦国期金山伝説を掘る―甲斐黒川金山の足跡―』平凡社　一九九七年
浦島幸世『金山』春苑堂出版　一九九三年
鹿児島県編『鹿児島県史』鹿児島県　一九四〇年
霧島市教育委員会編『山ヶ野金山現地調査報告書』霧島市教育委員会　二〇一三年
徳永 律編『芹ケ野金山古文集』(上)、串木野古文書研究会　一九九四年
新田栄治「山ヶ野金山の開山事情と鉱山技術」、『南の縄文・地域文化論考』下巻　二一一―四〇頁　南九州縄文研究会　二〇〇九年
新田栄治「山ヶ野金山初代山先役・内山予右衛門とその墓碑」「鹿大史学」六〇号　一―九頁　二〇一三年
新田栄治編『鹿児島県霧島市上ノ・山ヶ野金山作業場跡推定地発掘調査報告書』鹿児島大学文学部　二〇一一年

山ケ野金山遠景

column

温州みかんと薩摩

――高津　孝

「コタツでみかん」は冬の定番風物詩である。現在、冬のミカンとして最も普及しているのは温州《うんしゅう》みかんであるが、その英語名がサツマSatsuma、あるいはサツマ・マンダリンSatsuma mandarin、サツマ・オレンジSatsuma orangeであることは、意外に知られていない。そもそもなぜサツマと名づけられたのか。

江戸時代、日本で主として食べられていたのは紀州みかんという品種であった。明治になって、タネが多く小さい紀州ミカンは、タネがなく皮が薄く剥きやすい温州みかんに置き換わってゆく。日本で温州みかんが普及するのは明治七、八(一八七四―七五)年ごろと言われる。そもそも、温州みかんは薩摩の長島《ながしま》が原産地と推定され、最初に海外に紹介されたのは、江戸時代に日本を訪れたシーボルトで、彼の著書にナガシマ・ミカンNagashima-mikanとして紹介された。昭和一一(一九三六)年に温州みかんの原木が長島で発見されたが、戦争中に枯れてしまい、現在では記念碑だけが残されている。温州みかんが最初に米国に紹介されたのは、一八七六年、ジョージ・ホールDr.George R. Hallによるものであるが、日本にきていた米国駐日弁理公使ヴァン・ヴァルケンバーグVan Valkenburgによって、一八七八年に薩摩産の苗木が米国フロリダにもたらされ、その夫人の命名によって、英語名がSatsumaとなった。これにちなんで、サツマ・オレンジの生産地アラバマ州Fig Tree Islandは、一九一五年にサツマという地名になった。ちなみに、サツマという地名は、ルイジアナ州、テキサス州、フロリダ州にも存在する。おそらく全てサツマ・オレンジの生産地であったためと考えられる。その後、温州みかん苗木の出荷地は愛知県中島郡となり、そのため、オワリOwariとも呼ばれるが同一品種である。

温州みかんは、中国浙江省の地名「温州《おんしゅう》」を冠するため、中国原産と誤解されるが、日本原産の品種である。

桜島小みかん

江戸時代には、各地で様々な呼び名が存在したが、明治になって、結局、温州みかんに統一された。温州みかんは、従来、薩摩長島で中国産の橘《たちばな》から偶然生じた偶発実生とみなされてきたが、近年のDNA分析によって、紀州みかんとクネンボ（東南アジア原産の柑橘。日本には沖縄を経由して室町時代後期に入った）の組み合わせで発生したことが解明された。

鹿児島では、年末の一二月に入るとほんの短い期間、市場に「桜島小みかん」という青々とした葉のついた、小ぶりで香りの爽やかなみかんが出回る。これが紀州みかんである。現在では栽培地も限られ、出荷量は少ないが、鹿児島では年末の風物詩として貴重である。

〔参考文献〕
A monograph of the Satsuma orange : with special reference to the occurrence of new varieties through bud variation. Tyôzaburô Tanaka. Taihoku Imperial University. 1932. 5
田中諭一郎著『日本柑橘圖譜：日本に於ける柑橘の種類に關する譜學的研究』東京：養賢堂　一九四八年
鹿児島大学生物多様性研究会編『奄美群島の野生植物と栽培植物』南方新社　二〇一八年

column

三〇〇人弱の集落で成し遂げた行政に頼らない『やねだん』のむらおこし

――北﨑浩嗣

畜産と農業の盛んな大隅半島の鹿屋《かのや》市串良町に柳谷《やなぎだに》集落（鹿児島弁で通称『やねだん』）という地域再生で全国の模範となっている集落がある。この集落は、高齢化率約四割、二〇一一年時点で世帯数一二〇戸、人口二八五人のどこの地域にもある典型的な過疎の集落である。今でこそ、安倍政権下での地方創生の掛け声で、どの地域でも地域活性化策を模索しているが、そうした補助金に頼らず、集落自らの力で二〇年も前に全国に先駆けてむらおこしを実践し、二〇〇二年の第八回日本計画行政学会賞受賞、翌年の政府農村モデル選定を皮切りに、二〇〇六年のムラと自然の再生賞、二〇〇七年の内閣総理大臣賞など、数々の賞を受賞している。また、年間五〇〇〇人の視察者を受け入れるほどの活気のある集落として有名になっている。以下、その実践の経緯を簡単に振り返ってみる。

写真1　道端にあるやねだんを示す標識と一升瓶のオブジェ

一九九六年に豊重哲郎《とよしげてつろう》氏が五五歳の若さで柳谷自治公民館長に就任すると、行政に頼らないむらおこしと銘打ち、様々なアイデアを提起し集落民協働による手作りの地域再生を軌道に乗せた。やねだんのむらおこし成功の最大のポイントは、自主財源の獲得であろう。集落単位でのむらおこしは、例えばやねだん集落に入る年間四五万円の事務委託料では十分な活動は見込めないが、かといって行政の補助金に頼るやり方では制限が多く、持続可能性に欠ける。「行政に頼らないで自ら汗して集落でできることは集落でやる」は、やねだん集落に一貫して流れている哲学である。自主財源の獲得のためには、

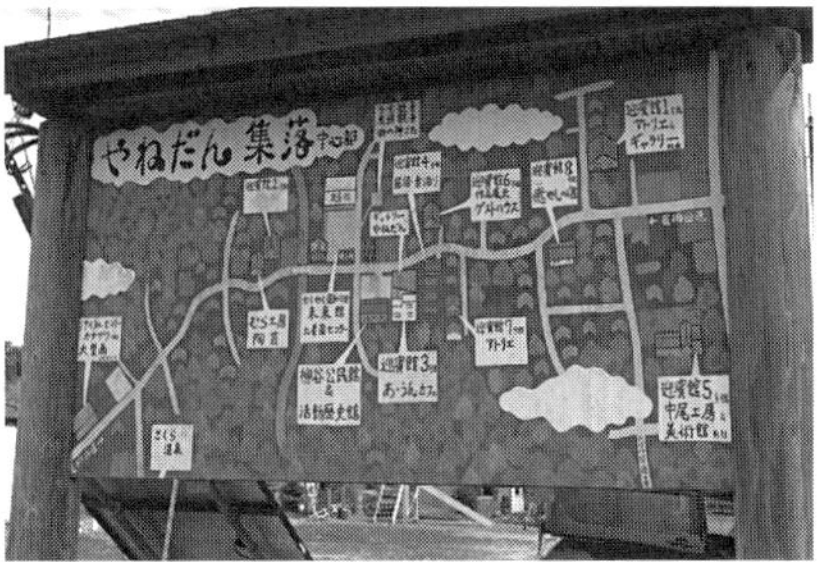

写真2　わくわく運動遊園内の集落図

写真3　未来館と土着菌センター

集落民全員の協働体制を構築する必要がある。豊重氏のリーダーとしての自論「命令しないこと、自ら率先して行動すること」が集落民に受け入れられ、人の輪づくりを成功させ、集落民による協働のモノづくり、施設づくり、自主財源づくりにつながっている。

まず、一九九七年に荒れ放題であったでんぷん工場跡地を資材・労力を可能な限り自前で調達し、八万円の費用で「わくわく運動遊園」として再生させる。翌年には、「高校生クラブ」の活動にさつまいも栽培を導入し、それを受けて集落民による遊休地でのさつまいも栽培・販売に発展させ、収益を得ている。さらに、注目を浴び始めていた土着菌（腐葉土に含まれる微生物に米ぬかと黒砂糖を入れて発酵させつくる、家畜糞尿の無臭化に役立つ）にいち早く目をつけ、その生産に成功し、販売にまでこぎつける。二〇〇四年には視察者・来訪者利用を目的とした食堂（「未来館」）を設置、土着菌を肥料にして栽培したさつまいもを原料に、プライベートブランド焼酎「やねだん」を製造し、販売している。こうした活動により、二〇〇五年頃には自主財源の余剰金が五〇〇万円に達したという。

「農業」「環境」といったこれまでのテーマでの自主財源づくりの一方で、「福祉」「教育」といった生活面での目配りも忘れていなかった。リタイアした教員たちの助けを借り、集落に「寺子屋」を設け、中・小学生の基礎学力習得を図った。また、独居高齢者のために緊急警報装置を無償で設置し、高齢者にシルバーカートを貸与するなど、子供、高齢者などの弱者対策に重点的に自主財源を充てている。また、集落内有線放送を使用して、集落を離れた子供たちや孫たちのメッセージ等を高校生が代読して集落内の高齢者に伝えるといった世代間交流の試みも行っている。

二〇〇五年には、余剰金の集落民への還元ということで、集落民に一万円のボーナスが支払われ、ボーナスをもらったお年寄りの笑顔が地元マスコミで大きく報道された。この頃からやねだんの活動も成熟期を迎え、文化面の充実、Iターン者の受け入れ事業、社会貢献事業の方向へ軸心が移り始める。空き家対策として、空き家を改修し「迎賓館」と銘打ち、Iターン者を全国公募し、優先的にアーティストを住まわせ、その人たちにも集落の文化事業の一翼を担わせた。一見すると突飛な発想のようだが、集落の団結心ができ、人の輪が広がると、集落民とIターン者が融合し、いい化学反応をみせることができる。こうした事業の成果が、これまで一一回開催された「やねだん芸術祭」に結実する。二〇〇七年には、地域リーダーの養成のために、「やねだん故郷創生塾」を開講し、全国からの参加者を受け入れている。この塾は、まさに館長の豊重哲郎氏の私塾という性格のものだが、地域の課題解決を目指す首長クラスの人から若者まで幅広い参加者を得、二〇〇八年の五月で二三回目の開催を数えている。

二〇一一年の東日本大震災時には、「こどもを守ろう」を合言葉に、義援金や子供向けの物資等を積み込んだ「やねだん号」(アーティストの絵が描かれたワゴン車)を故郷創生塾の卒業生の力で宮城まで走らせ、被災地の子供たちと交流も図り、車を仙台市のNPO法人に提供したという。

このように、大隅半島の一面に広がる畑作地帯の中の何の変哲もない集落で、豊重氏の才気あふれるアイデアと圧倒的なリーダーシップの下、集落民との協働で、地域おこしの縮図ともいえる実践例が展開された。やねだんの行政に頼らないむらおこしから、地域再生の数々のヒントが得られるが、私には鹿児島の高校の校訓でよく使われる『率先垂範』の言葉が思い浮かぶ。豊重氏が集落民総出の施設づくりや自主財源の確立に成功できたのは、子供や女性・高齢者を活動に取り込むのが上手かったこともあるが、リーダーこそがまず先に行動し、模範を示すこと、むらおこしの活動の中に常に「感動」の一言を注ぎ込むことを忘れなかったことが重要だったのではなかろうか。

最後に、地域再生のもう一つの鍵は、持続性である。豊重氏も近々八〇歳を迎えられる。やねだんがこれからどういった展開を見せるのか注目されるところである。東九州自動車道の延伸で、車であれば鹿児島市から当地へも二時間弱で行くことができる。日本の食糧基地として広がる畑作地帯を眺めながら、柳谷（やねだん）を訪ねてみてはいかがか。

〔参考文献〕

豊重哲郎『地域再生～行政に頼らない「むら」おこし～』出版企画あさんてさーな　二〇〇四年

やねだん案内地図

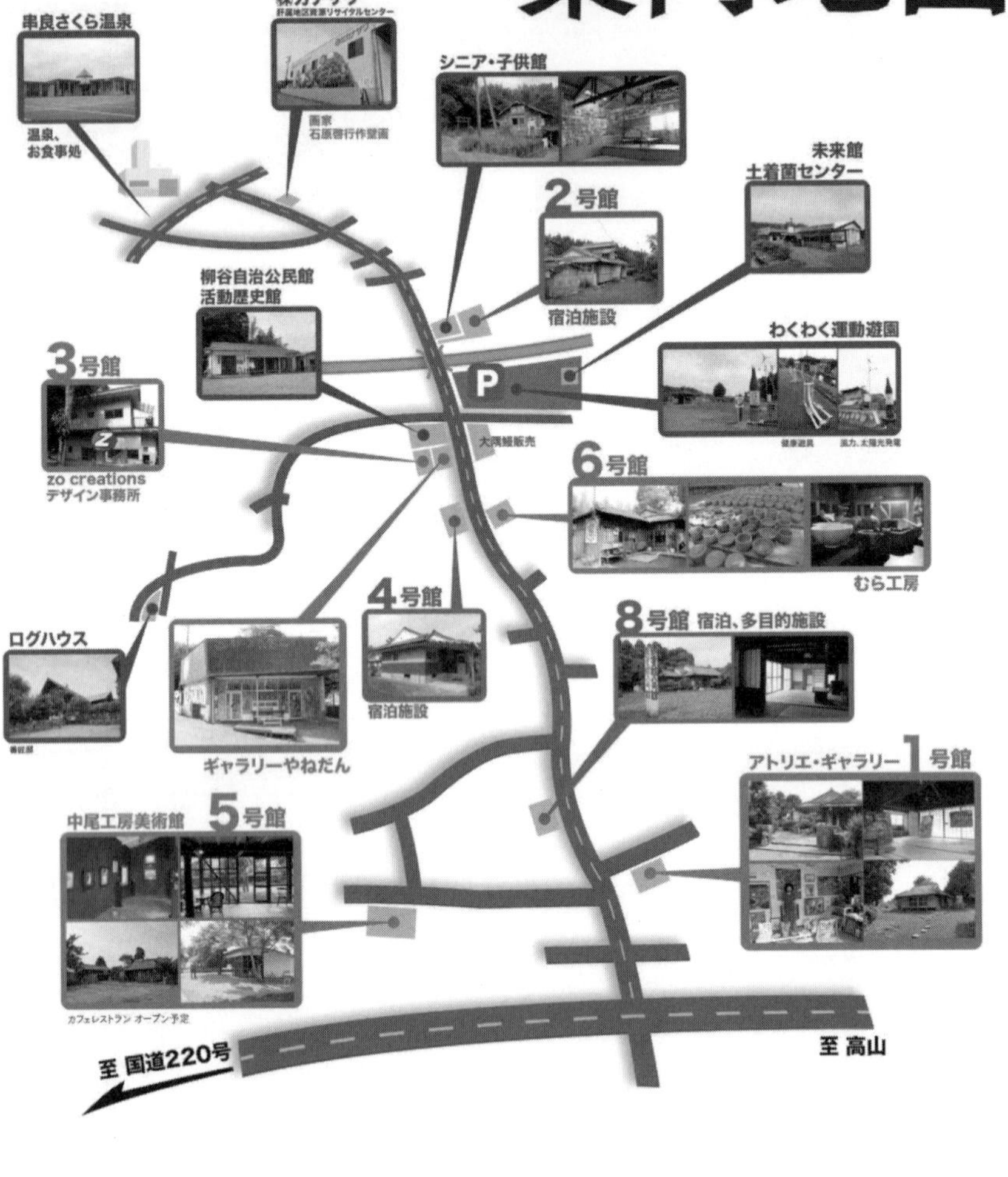

● アート迎賓館

1号館（アトリエ・ギャラリー）画家 石原啓行・大窪聡子アトリエ・ギャラリー／（営業日お問合せ）tel:090-2048-2793
3号館（ゾウ クリエイション）写真家 河野セイイチ デザイン・写真事務所／（営業）10:00~17:00（休み）火曜日／tel:0994-63-0137
5号館（中尾工房美術館）彫刻家 中尾穣　画家 三保庄／（開館）10:00~17:00（休館日）火曜日／tel:0994-63-2470
6号館（むら工房）陶芸家 村久木孝志 工房／（営業）10:00~17:00（お問合せ）tel:0994-63-0137

● 集落施設

未来館・土着菌センター／（焼酎"やねだん"・土着菌等販売お問合せ）tel:0994-63-1731
㈱カナザワ／物資物買取（営業時間）8:30~17:00（休日）日曜日（祝祭日も営業）第3日曜日も営業／tel:0994-63-7373

● 宿泊迎賓館

2号館・4号館・8号館／（予約、お問合せ）tel:0994-63-1731

考古学が明らかにする薩摩焼の歴史――渡辺芳郎

はじめに

薩摩焼は、豊臣秀吉の朝鮮出兵（一五九二～九八年）の際に、島津義弘らによって連れてこられた朝鮮陶工たちによって始まる。彼らは、竪野《たての》系・苗代川《なえしろがわ》系・龍門司《りゅうもんじ》系と呼ばれる三つの窯場において、近世を通じて陶磁器生産に従事した。これらの窯場はいずれも朝鮮系製陶技術を基盤としながら、それぞれに独自の展開を遂げていく。そのほか元立院《げんりゅういん》窯（姶良市、陶器の日用食器主体）、平佐《ひらさ》窯（薩摩川内市、磁器）、能野《よきの》窯（種子島南種子町、焼締陶器）などもあり、それぞれ特徴を有する陶磁器を焼いていた。このような多種多様な「薩摩焼」を、製品の特徴から定義することはできず、近世については薩摩藩領（現在の鹿児島県全域

と宮崎県南部）で焼かれた陶磁器の総称として用いる。(1)

薩摩焼の研究は戦前において盛んであり、前田幾千代『薩摩焼総鑑』（一九三四年）、田澤金吾・小山冨士夫『薩摩焼の研究』（一九四一年）などが刊行されている。とくに『薩摩焼の研究』は考古学資料に基づく研究成果として、その後の研究に大きな影響を与えた。しかしそれから約五〇年間の研究は、同書の見解を踏襲することが多く、停滞していたと言わざるを得ない。一九九〇年代に入って、県内各地で薩摩焼窯跡の発掘調査が増加し、新しい知見・成果が得られ、薩摩焼研究は大きく進展することになる。本章では、朝鮮系製陶技術に基盤を置く苗代川・竪野・龍門司系諸窯について、近年の調査研究成果によって明らかにされたいくつかのトピックを紹介する。

なお薩摩に連れて来られた陶工たちは、朝鮮において「甕匠《おんじょう》」と呼ばれる、甕や壺などをタタキ技法で作る陶工集団であったと考えられている。朝鮮にはこのほか「沙器匠《さきしょう》」という碗や皿をロクロ技法で作る陶工集団がおり、甕匠とは社会的に明確に区別されていた。(2)沙器匠が鹿児島に来た形跡は、今のところ明確なものはない。

（1） 渡辺芳郎『日本のやきもの 薩摩』淡交社 二〇〇三年など

（2） 片山まび「朝鮮時代の「甕器」について」『那覇市立壺屋焼物博物館紀要』一九号 一三～三二頁 二〇一八年

1 苗代川系窯場

朝鮮系製陶技術の在地化＝薩摩焼化

苗代川（現日置市美山）で製陶に従事した朝鮮陶工たちは、朴平意《ぼくへいい》を中心としたグループとされる。慶長三（一五九八）年に串木野に上陸、串木野窯（現いちき串木野市）を開く

写真1　串木野窯跡に建てられた「さつま焼発祥の地」石碑（いちき串木野市）

写真2　移築され保存された堂平窯跡（日置市美山）

が（写真1）、五年後、苗代川に移住した。その最初期の窯の一つが、平成一〇・一二（一九九八・二〇〇〇）年に鹿児島県立埋蔵文化財センターによって発掘調査された堂平《どびら》窯跡である。[3] 同窯跡は全長約三〇ｍの単室登窯で、その周辺の物原《ものはら》（失敗品や窯道具を捨てた場所）から大量の甕や壺、擂鉢などの破片が出土している（写真2）。出土資料の形態や技法から堂平窯は一七世紀に操業した窯であることがわかり、さらにⅠa期（一六二〇〜三〇年代）、Ⅰb期（一六三〇〜五〇年代）、Ⅱ期（一七世紀後半）に時期細分されている。Ⅰa期の製品は、韓国の一六世紀の窯跡から出土した製品（甕器《おんぎ》）と共通性が高く、朝鮮系の製陶技術を色濃く残していることがわかる。[4]

しかし一方で甕器には見られない特徴もあり、その一つが擂鉢である。鉢の内面に放射状の溝（カキメ、クシメ）を彫り、木製のスリコギでイモや味噌などを擂る擂鉢は、日本では中世から登場し、つい最近まで一般的な日用調理具として普及・定着していた陶器である。しかし一六世紀の朝鮮にはなく、日本に来た朝鮮陶工たちにとっては初めて作る器種であった。堂平

（3）関明恵・繁昌正幸編『堂平窯跡』鹿児島県立埋蔵文化財センター　二〇〇六年

（4）注（2）片山論文

窯跡の摺鉢は口縁部を外側に折り曲げて肥厚させており、その形態は、当時九州一円で流通していた備前（岡山県）産の摺鉢の口縁形態と類似している。おそらく初めて作る器形にはモデルを必要としたのだろう。

また朝鮮では主として沙器匠が生産した碗も、少数ながら堂平窯で焼いていた。しかしそれらにはロクロ技法が用いられていない。また口唇部が釉剥ぎされていて、碗の口縁を合わせ口にした窯詰め方法が用いられていたことがわかる。このような合わせ口の技法は、甕や壺の窯詰めに見られるものであり、碗を作り慣れていない甕匠が、甕・壺の技法を応用することで碗を製作したことがうかがいしれる。(5) さらにⅡ期になると、堂平陶工が本来持っていなかったロクロ成形の技法が見られるようになり、このことは外部からの技術導入が想定できる。

以上のように、甕匠であった堂平陶工は、朝鮮系の製陶技術を基盤としながらも、日本という新しい市場から需要（摺鉢など）に応えるため、また外部からの技術導入により、しだいに朝鮮陶工から薩摩焼陶工へと変化していったと言える。

苗代川土瓶の全国流通

近世苗代川の陶器は主として甕や壺、摺鉢など日用品で、そのほとんどは薩摩藩内において流通し、他藩産のそれらはきわめて少なく、藩内市場をほぼ独占していた。その中で、一八世紀後半から生産が始まった土瓶（鹿児島では「茶家《ちょか》」）だけは、藩内にとどまらず全国的に広く流通する「全国商品」であった（写真3）。これまで苗代川土瓶の全国的流通については、いくつかの文献史料から想定されていた。たとえば橘南谿《たちばななんけい》の『西遊記』（寛政

（5）渡辺芳郎「重ね焼き技法から見た初期薩摩焼の技術変容」『鹿大史学』五八 一一～一一三頁 二〇一一年

写真3 苗代川産の土瓶

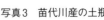

七（一七九五）年）には、苗代川産の陶器は、烈火にかけても割れることがないため重宝され、土瓶などは大坂まで売りに来ていると記している。また土瓶のことを薩摩では「ちょか」と呼ぶことも書いている。さらに佐藤成裕の『中陵漫録』（文政九（一八二六）年）では、苗代川土瓶が東北地方まで流通していたと記している。

このように文献史料から土瓶の流通は予想されていたが、近年まで実物の考古学資料は確認されていなかった。薩摩焼の土瓶がどのようなものか認識されておらず、遺跡から出土しても「産地不明」で処理されていたのであろう。しかし近年、鹿児島での薩摩焼研究の成果が発信されるようになると、各地で苗代川土瓶が見つかるようになってきている。今のところ、全国物資の集散地である江戸（東京）の遺跡からの出土がもっとも多いが、北は北海道松前城下町跡、南は沖縄での出土が確認されている。この土瓶の経済的効果は薩摩藩も認識しており、『薩藩政要録』（文政一一（一八二八）年）という行政文書集に、他藩に出荷して利益を産むものの一つに「茶家」が挙げられている。[6] 一九世紀の薩摩藩の殖産興業策に苗代川の陶器生産が組み入れられたのも、土瓶の全国流通という「実績」があったからではなかろうか。

2　竪野系窯場

茶道具生産を求められた朝鮮陶工

竪野系窯場の始まりとなった宇都《うと》窯跡（写真4）と御里《おさと》窯跡（ともに現始良市）では、朝

（6）渡辺芳郎「近世薩摩焼の藩外流通に関するノート」『金大考古』五三　一〜六頁　二〇〇六年
渡辺芳郎「考古学資料から見た近世苗代川の窯業」『薩摩・朝鮮陶工村の四百年』九七〜一二四頁　岩波書店　二〇一四年

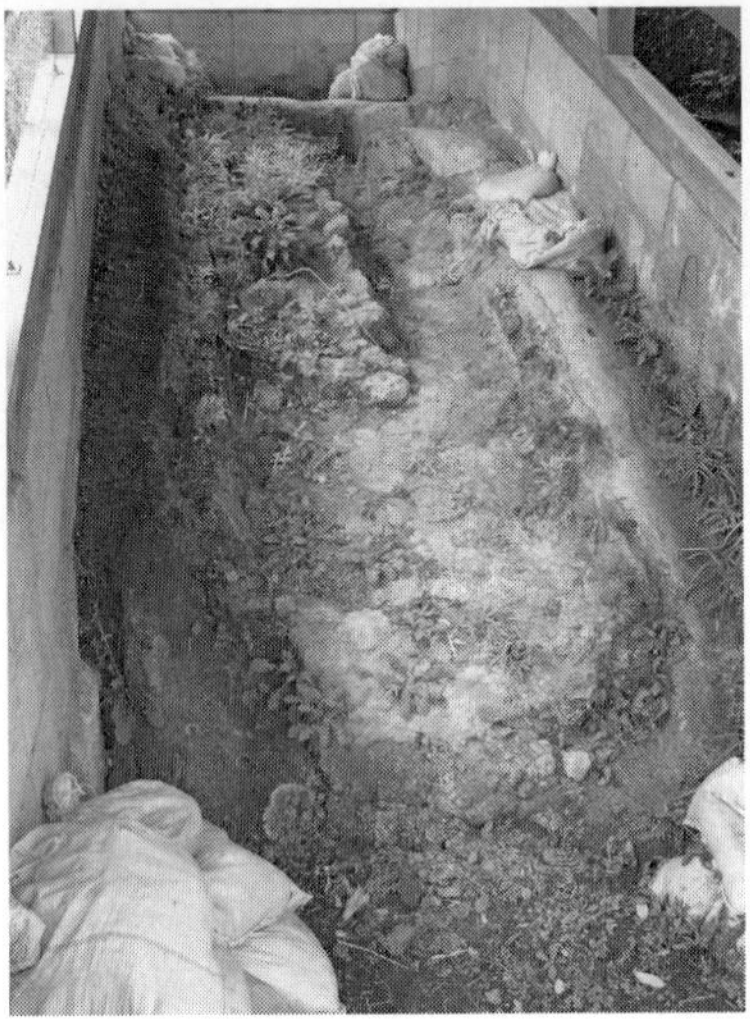

写真4　宇都窯跡（姶良市）

鮮陶工・金海（和名：星山仲次）が製陶に従事した。両窯跡からは大量の茶道具（茶入・茶碗・水指など）が出土しており、甕や壺を主体とした堂平窯跡とでは明らかに窯の性格が異なる。宇都・御里両窯は島津義弘の居館のすぐそばに構築されていることから、茶人としても有名であった義弘の意図を強く反映した窯であったと考えられる。しかしそれら茶道具にも甕匠の製陶技術が見られる。(7)

御里窯跡からは大量の茶入が出土しているが、その製作技法からⅠ類とⅡ類とに分類されている。Ⅱ類は、他の一般的な茶入と同様にロクロ成形で作られているが、Ⅰ類は「付け底」と呼ばれる技法が用いられている。つまり円板形の底の上に胴部の粘土を積み上げていく作り方である。この技法は甕や壺を作る際に用いられる粘土紐積み上げ法と同じであり、御里窯の陶工が甕匠としての技術を基盤としながら、茶の湯という日本独特の文化的な需要に応えるため（島津義弘の命令に応えるため）Ⅰ類茶入を産み出したと推測される。また御里窯跡から出土した甕の破片には内面にタタキ成形の当て具痕が残っており、このことも彼らが甕匠であったことを示している。しかし一方で、Ⅰ類茶入にはロクロ技法も使われていることは、その底部にロクロ技法特有の糸切り痕が見られることからわかる。伝承によれば、金海は五年間「上方」に焼物修行に出て、茶入の製作技法を学んだとある。

（7）関一之編『御里窯跡』加治木町教育委員会（現姶良市）二〇〇三年　深野信之「古帖佐焼宇都窯跡」『姶良町内遺跡詳細分布調査報告書』三四～五三頁　姶良町教育委員会（現姶良市）二〇〇四年

写真5　現在の茶碗屋馬場と石碑（鹿児島市）

この伝承の真偽についてはまだ明確ではないが、御里窯のⅠ類茶入には、朝鮮系製陶技術と日本のロクロ技術とが混在しているとみなすことができよう。

政治的アイテムとしての白薩摩

島津義弘の死後、鹿児島城下の竪野（鹿児島市長田町・冷水町）に窯場が開かれ、以後、幕末まで薩摩藩の藩窯として操業する。窯場は、その周囲が門塀に囲まれ、人の出入りが厳しく管理されていたという。同地には「茶碗屋馬場」などの地名が残る（写真5）。その窯のうちの一つ竪野冷水窯跡が昭和五一（一九七六）年に発掘調査されている。[8]窯は燃焼室＋七室の焼成室よりなる連房式登窯（全長約

（8）　戸崎勝洋他編『竪野（冷水）窯址』社団法人鹿児島共済南風病院一九七八年

一四・五m）で、物原からは大量の製品と窯道具が出土している。製品としては、白色の素地に透明釉をかけた白薩摩や、茶入などの茶道具類、また東南アジア・タイの陶器を模倣した宋胡録写《すんころくうつし》や「三島手」と呼ばれる象嵌陶器などが見られる。また窯道具としては、窯詰めの際に製品を入れる粘土製の容器・匣鉢《さや》が大量に出土していることも特徴である。匣鉢は焼成の際に煤や灰が製品に付着するのを防ぐための窯道具で、高級品を生産する際に用いられる。

近年、竪野冷水窯跡出土資料の再整理が実施され、興味深い資料が確認されている。それは型打ち成形された白薩摩の小型の皿類で、その白土は、他の白薩摩に比べると細かく、白度も高く、かなり精製された粘土が使用されている。また型打ちによる文様も精緻である。さらに一部に意図的に底部を穿孔したものもあり、それは品質が不十分であった製品を廃棄するためのものと考えられる。つまりきわめて厳選された高品質の製品であったと推測される。

さらにこれら高品質の白薩摩は、鹿児島城跡からの出土は確認されておらず、薩摩藩の江戸藩邸跡において出土している。江戸時代、藩主が一年交代で江戸と国元を往復する参勤交代が幕府から命じられ、各藩は江戸に藩邸を置いていた。江戸藩邸は、対幕府、対他大名との交渉・交流の場として使われた。また幕府の命で藩主の正妻と嫡子は江戸に居住していたので、藩邸はいわば「もう一つの城」でもあった。藩財政の半分近くが江戸藩邸で費やされていたという研究もある。[9] 上記の竪野冷水窯で焼かれた高品質の白薩摩は、そのような江戸藩邸の什器として、特化して製作されたと考えられる。また一七世紀後半、薩摩藩は幕府に対して「国焼之皿廿」（一六五九年）「薩州新製之皿五箱」（一六七六年）など、

（9） 江戸東京博物館編『図表でみる江戸・東京の世界』一九頁　同館二〇一一年

セットになった皿類を献上した記録があり、その一部も上記の白薩摩であった可能性が指摘されている。[10]

江戸時代の陶磁器の多くは商品として流通したが、それとともに献上品や贈答品など政治的なアイテムとしても生産されていたのである。

(10) 関明恵「竪野(冷水)窯跡出土の白薩摩型打ち製品」『中近世陶磁器の考古学』第六巻 一五三〜一七三頁 雄山閣 二〇一七年
深港恭子「窯業産地としての苗代川の形成と展開」『薩摩・朝鮮陶工村の四百年』一五九〜一八九頁 岩波書店 二〇一四年

3 龍門司系窯場

磁器生産を目指した山元窯

龍門司系窯場は、一七世紀前半、朝鮮陶工・卞芳仲《べんほうちゅう》らが、龍口坂窯、八日市窯などを開いたと伝えられているが、その実態は不明である。現在のところ、もっとも古い窯跡として一七世紀後半に操業した山元窯跡(姶良市)が発掘調査されている。[11] 同窯跡は燃焼室+七焼成室よりなる連房式登窯(全長約一四m)で、出土遺物の中に陶器とともに染付磁器が含まれている。連房式登窯は、一七世紀初頭、日本で磁器生産が始まった肥前地方で成立した窯構造で、その後、全国の窯場に普及する。山元窯跡から出土した陶器も灰白色の素地で、ロクロで薄く成形された碗や皿が多く、磁器を指向していたことがうかがえる。また肥前地方で見られる砂目積みという窯詰め技法が採用されている。

つまり山元窯では、磁器生産を試みるため、肥前地方から磁器製作技術(成形・窯詰め技法や窯構造など)を積極的に導入したと考えられる。その一方、摺鉢には、朝鮮由来の貝目積み技法が見られ、朝鮮系製陶技術も存続していたことがわかる。しかし全体的に朝鮮

(11) 関一之編『山元古窯跡』加治木町教育委員会(現姶良市) 一九九五年

系技術の色合いは薄く、磁器を目指し、碗・皿の生産が中心であった山元窯において、朝鮮系技術よりも肥前系技術が選択されていったのであろう。

写真6　龍門司古窯跡（姶良市）

食器市場における龍門司製品

山元窯は一〇年ほどで閉窯し、磁器生産も終了する。その後、龍門司（姶良市）に移り陶器生産を続けていく。同地には一八世紀初頭から二〇世紀中頃まで使用された龍門司古窯跡が残っている（写真6）。現在は燃焼室＋八焼成室（全長約二〇ｍ）であるが、もともと焼成室は一一室あったという。平成二四（二〇一二）年に物原が発掘調査され、これまで印象論で語られることの多かった龍門司製品の年代的変化が明確になってきている[12]。

一七世紀後半の山元窯では、磁器を意識した灰白色の素地に薄い褐色釉を全体にかけ、砂目積みで焼成する技法が用いられていたが、一八世紀前半になると蛇《じゃ》の目《め》釉《ゆう》剥《は》ぎ技法による窯詰めへと移行する。一八世紀後半では、灰白色の素地は赤褐色の素地に変わり、白い化粧土をかけ、また高台《こうだい》に釉薬《ゆうやく》を掛けない技法へと変化する。蛇の目釉剥ぎ技法はそのまま用いられる。灰白色素地に比べると赤褐色素地の方が入手しやすいが、それだけでは発色がよくないので白化粧土を掛ける。また釉薬を全体に掛けるより、高台部分を露胎する方が、釉薬も節約でき、同時に釉掛けの作業も簡便である。つまり龍門司系窯場では、

（12）関一之「一八世紀から一九世紀の龍門司焼の特徴」『鹿児島考古』四三　三～一〇頁　二〇一三年
深野信之「龍門司古窯の調査」『姶良市内遺跡発掘調査報告書』八九～一三六頁　姶良市教育委員会　二〇一八年

入手しやすい原料の選択、技法の簡便化をはかることで、より安価な製品の大量生産へと生産体制を変化させていったと考えられる。

その一方、龍門司窯では、このような量産化指向とともに、釉薬の技法を多様化させる方向も持っていた。それは釉薬表面が微小な「粒」状となる鮫肌釉や、白化粧土の上に緑釉や褐色釉を流し掛けする龍門司三彩、白土を象嵌する「三島手」などであり、現在の龍門司窯の特徴となっている（写真7）。これらは一八世紀末頃から登場したと考えられる。この時期、肥前産の安価な粗製磁器（くらわんか手）が全国的に流通するようになり、また薩摩藩内においても平佐焼などの薩摩磁器が生産を増大していく。龍門司が主力製品とした碗や皿などの食器の市場に磁器が大量に流入し、陶器である龍門司製品のシェアが脅かされたと推測される。つまり磁器に対抗するために、さまざまな釉薬技法を開発・導入することで磁器との差別化をはかったのではないかと考えられる[13]。

写真7　現在の龍門司窯場（姶良市）

（13）注（12）関論文

おわりに

以上のように、朝鮮系製陶技術を基盤としながらも、日本という新たな市場・環境において、薩摩焼は形成されてきた。ただし苗代川、竪野、龍門司では、それぞれに求められた市場からのニーズは異なり、それに対応して、技術を変え、製品を変え、多様に変化、変遷している。薩摩焼は朝鮮の製陶技術を継承しつつも、けっしてそれに固執することなく、時代時代の変化にたくましく、またしたたかに対応して、その姿を変えていたといえよう。

〔参考文献〕
片山まび「「朝鮮人陶工」とは誰なのか？—全羅道・慶尚道の十六世紀窯址と岸嶽系唐津の比較から—」『陶説』五四一　三四～四〇頁　一九九八年
薩摩伝承館編『大名茶の時代—薩摩と九州山口の茶陶—』美術出版社　二〇一四年
田沢金吾・小山冨士夫『薩摩焼の研究』東洋陶磁研究所　一九四一年（国書刊行会復刻　一九八七年）
前田幾千代『薩摩焼総鑑』陶器全集刊行会　一九三四年（思文閣復刻『陶器全集』第三巻　一九七六年）

日置市美山の玉山神社（近世より苗代川の人々の信仰の対象となっている）

column

鹿児島と台湾の縁――もう一人の西郷どん菊次郎

米田智美

近年、鹿児島を訪れる外国人観光客が増加しており、台湾、韓国、香港、中国の順で多い。台湾から鹿児島へは週五便の直行便があり、二時間程度のフライトで到着できる。ゆったり優雅な旅では豪華客船の寄港もある。NHK大河ドラマ『篤姫』、そして『西郷どん』が台湾でも放映され、鹿児島への関心が高まり、観光ツアーには奄美大島も組み込まれるようになった。

台湾は日本が統治する前には、海賊、伝染病、阿片などが蔓延し、作物も育たない荒地であった。清朝は「化外の地」として見捨てた島であった。しかし、日本が統治してからは、教育、衛生、鉄道、農業、治安などが整えられた。一九人の総督のうち約半分は九州出身であり、中でも鹿児島出身の西郷菊次郎、後藤新平、八田與一《よいち》などが残した功績は大きい。日本がインフラ整備したからこそ今の台湾があると言っても過言ではない。台湾人は今でも感謝の念を忘れず、それは新潟、東日本、熊本の震災に多額の義援金と人的支援を送ったことからも伺える。日本と台湾は深い絆で結ばれているのだ。

西郷菊次郎と言えば、台湾人が偲ぶ偉人であるが、その父西郷隆盛はあまり知られていない。菊次郎は隆盛が奄美に蟄居《ちっきょ》する間に愛加那《あいかな》との間に授かった長男である。九歳の時、教育を受けるために奄美大島から鹿児島の西郷本家（写真1）に引き取られ、隆盛の三番目の妻である糸

写真1　西郷屋敷跡（鹿児島市武二丁目、筆者撮影）

写真2　宜蘭西郷堤防の「西郷庁憲徳政碑」（台湾宜蘭市、写真提供：鹿児島西ロータリークラブ古木圭介氏）

写真3　宜蘭設治紀念館（台湾宜蘭市、写真提供：鹿児島西ロータリークラブ古木圭介氏）

子を母上として五年間を過ごした。一三歳の時に二年半アメリカに留学し、帰国後は吉野開墾社に勤める傍ら、青少年を鍛錬する場を作った。一七歳で父隆盛とともに西南戦争に従軍し、右足に銃弾を受けて切断術を受け、義足となった。三五歳の時、清朝から日本へ割譲された台湾の台北県支庁長を一年、そして初代宜蘭《ぎらん》庁長を五年間歴任した。

当時、日本人の台湾人に対する差別意識は強かったが、菊次郎は違い、父の教え「敬天愛人」の精神で分け隔てなく台湾人に接した。彼は村民を理解するためによく下町に足を運んだが、村民は彼の右足が義足であることは知らなかった。宜蘭は当時頻繁に川が氾濫し水害が深刻であった。それを改善すべく、菊次郎は堤防、水道を開発した。彼の無私無欲の言動は台湾人の心を開かせた。一・七kmに及ぶ宜蘭川堤防は、現在も「西郷堤防」と呼ばれ、彼の治世を顕彰した石碑「西郷庁憲徳政碑」が立てられ、賞賛の文が書かれている（写真2）。宜蘭市の西郷菊次郎の元官邸「宜蘭設治紀念館」（写真3）には彼の写真やゆかりの品が展示され、静かに歴史の絆を語っている。

五一歳の時に再び鹿児島に戻り、島津家鉱業館長に就き、薩摩町永野金山の操業は薩摩藩の財政を支え、最盛期はトップクラスの産出量を誇った。菊次郎は自費で夜学校を開き、青少年の育成に力を注いだ。六〇歳で辞職した時、住民から涙を流され惜しまれたエピソードが残っている。菊次郎は鹿児島市薬師町の自宅で六八年の生涯を閉じたが、彼の残した功績と人柄は今も台湾人の心の中に生き続けている。

〔参考文献〕

竹佐野幸夫『西郷菊次郎と台湾』南日本新聞開発センター　二〇〇二年
西郷隆文『西郷隆盛十の訓え』三笠書房　二〇一七年
戎義俊『日本精神　日台を結び目に見えない絆』海鳥社　二〇一八年

第3部

島嶼編

世界自然遺産 ―――― 星野一昭
【コラム】陶磁器が語るトカラの歴史 ―――― 渡辺芳郎
奄美群島の概要 ―――― 桑原季雄
【コラム】奄美諸島の水中文化遺産 ―――― 渡辺芳郎
奄美島唄 ―――― 梁川英俊
【コラム】大島紬―旗印と地球印 ―――― 小林善仁
島で暮らす人々と神々 ―――― 兼城糸絵
【コラム】差別に抗したマリアの島・奄美大島 ―――― 宮下正昭
島々のコンテンツ・ツーリズム ―――― 中路武士

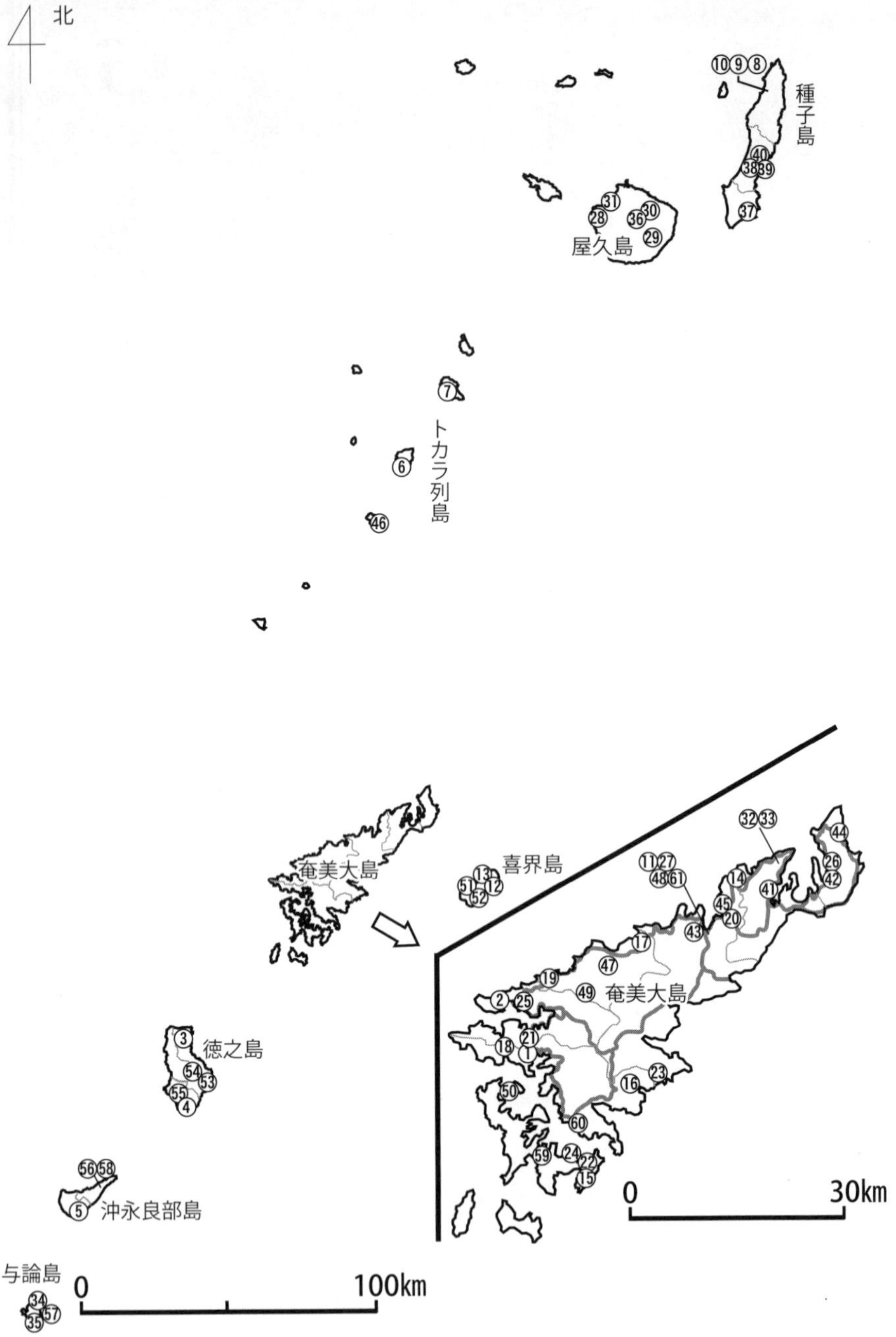
北
種子島
屋久島
トカラ列島
喜界島
奄美大島
徳之島
沖永良部島
与論島
0
100km
30km

No.	島嶼編
1	久慈製糖工場跡（奄美大島・瀬戸内町）
2	倉木崎海底遺跡（奄美大島・宇検村）
3	山湾（徳之島・徳之島町）
4	面縄港（徳之島・伊仙町）
5	ウシジ浜（沖永良部島・知名町）
6	切石遺跡（諏訪瀬島・十島村）
7	「汽船も亦道路なり」石碑（中之島・十島村）
8	種子島（西之表／赤尾木）（種子島・西之表市）
9	種子島開発総合センター鉄砲館（種子島・西之表市）
10	西之表麓（種子島・西之表市）
11	本場奄美大島紬協同組合（奄美大島・奄美市）
12	塩道長浜（喜界島・喜界町）
13	小野津（喜界島・喜界町）
14	芦花部（奄美大島・奄美市）
15	諸鈍長浜（加計呂麻島・瀬戸内町）
16	嘉徳（奄美大島・瀬戸内町）
17	国直（奄美大島・大和村）
18	管鈍（奄美大島・瀬戸内町）
19	今里（奄美大島・大和村）
20	大熊（奄美大島・奄美市）
21	名柄（奄美大島・宇検村）
22	生間（加計呂麻島・瀬戸内町）
23	青久（奄美大島・奄美市）
24	諸数（加計呂麻島・瀬戸内町）
25	生勝（奄美大島・宇検村）
26	川上（奄美大島・奄美市）
27	名瀬（奄美大島・奄美市）
28	西部林道（屋久島・屋久島町）
29	ヤクスギランド（屋久島・屋久島町）
30	白谷雲水峡（屋久島・屋久島町）
31	永田浜（屋久島・多久島町）
32	龍家本家跡（奄美大島・龍郷町）
33	西郷南洲流謫跡　（奄美大島・龍郷町）
34	トゥマイビーチ（与論島・与論町）
35	サザンクロスセンター（与論島・与論町）
36	縄文杉（屋久島・屋久島町）
37	種子島宇宙センター［ロケット発射場］（種子島・南種子町）
38	種子島中央高等学校（種子島・中種子町）
39	中山海岸（種子島・中種子町）
40	旧種子島空港（種子島・中種子町）
41	瀬留協会（奄美大島・龍郷町）
42	赤木名教会（奄美大島・奄美市）
43	名瀬聖心（みこころ）教会（奄美大島・奄美市）
44	大笠利教会（奄美大島・奄美市）
45	大熊教会（奄美大島・奄美市）
46	悪石島（十島村）
47	大和村（奄美大島・大和村）
48	名瀬港（奄美大島・奄美市）
49	湯湾岳（奄美大島・宇検村）
50	芝（加計呂摩島・瀬戸内町）
51	湾港（喜界島・喜界町）
52	グスク遺跡（喜界島・喜界町）
53	亀徳港（徳之島・徳之島町）
54	井之川岳（徳之島・天城町、徳之島町）
55	カムィヤキ窯跡群（徳之島・伊仙町）
56	西郷隆盛流罪地（沖永良部島・和泊町）
57	百合ヶ浜（与論島・与論町）
58	柳田国男歌碑（沖永良部島・和泊町）
59	呑ノ浦・震洋艇特攻基地（加計呂麻島・瀬戸内町）
60	瀬戸内町立図書館（奄美大島・瀬戸内町）
61	鹿児島県立奄美図書館（奄美大島・奄美市）

世界自然遺産

星野一昭

はじめに――世界自然遺産が二つある県？

「鹿児島県には世界自然遺産が二つある」と書き始める予定だった。原稿の執筆依頼を受けた二〇一八年三月の時点では。その二か月後、ユネスコの諮問機関である国際自然保護連合（ＩＵＣＮ）は、日本が登録申請をした奄美沖縄世界自然遺産推薦地(1)について、「登録延期(2)」が適当との勧告をユネスコに提出した。このため、期待されていた鹿児島県の奄美大島と徳之島の世界自然遺産登録が原稿提出時期の六月までに実現しないことが確実になってしまった。

登録延期勧告が出されたことは残念ではある。しかし、これは世界自然遺産への登録の

（1）略称。正式名称は「奄美大島、徳之島、沖縄島北部及び西表島世界自然遺産推薦地」。長いので略称を使用する。

（2）推薦地を調査した諮問機関が遺産登録の決定機関である世界遺産委員会に提出する勧告は、「登録適当」、「情報照会」、「登録延期」、「登録不適」の四つに分けられる。世界遺産登録と分かりやすく言っているが、正式には「世界遺産一覧表に記載」することを指す。今回の勧告も正式には「記載延期」という。

道が断たれたことを意味するものではない。むしろ、確実な登録に向けた道筋をＩＵＣＮが示してくれたと解釈することが適当だ。奄美沖縄世界自然遺産推薦地に人類の遺産としての価値を認めたＩＵＣＮがこのように対応すれば遺産登録の可能性があると具体的に示したからだ。

奄美大島と徳之島が世界自然遺産に登録されるまでにはしばらく時間を要する。その間に地元で行われている自然を守る取り組みが進展し、世界遺産の価値を有する素晴らしい自然が損なわれることなく豊かな島づくりに活用されることを期待している。

一方、屋久島は文句なしの世界自然遺産である。そもそも世界遺産について語る際に鹿児島は外すことができない。なぜなら、鹿児島県が日本の世界遺産登録に重要な役割を果たしてきたからだ。以下に鹿児島と世界自然遺産に関する話を書き進めたい。

2　世界遺産ブームの火付け役

世界遺産は、世界遺産条約[3]という国と国との国際約束により認定されるもので、人類の遺産としての価値がある自然環境と文化財のことである。したがって、生態系や生物多様性も含めて自然環境として極めて高い評価が与えられた自然地域が世界自然遺産であるといえる。

日本で世界遺産が誕生したのは一九七二年に条約ができてから二〇年以上も経った一九九三年。なぜそんなに時間がかかったのか。条約締結の優先順位が低かったため、日本は

(3)　世界遺産は条約によって認定される遺産であるため、そもそも条約に入っていない国には世界遺産登録申請の権利がない。アメリカのイエローストーン国立公園やドイツのアーヘン大聖堂などが最初の世界遺産として一九七八年に登録された。一方、日本最初の世界遺産は、一九九三年に登録された二つの自然遺産（「屋久島」、「白神山地」）と二つの文化遺産（「法隆寺地域の仏教建造物」、「姫路城」）である。

条約締結の準備をしてこなかった。重要な自然環境や貴重な文化財は国内法によってしっかりと保護されているので、世界遺産条約に入る必要がないと考えていたからだ。しかし、一九九二年にブラジルのリオデジャネイロで開催された国連環境開発会議に向けて、地球環境保全のための国際社会の取組みが加速され、気候変動（地球温暖化）と生物多様性減少に対処する二つの条約交渉が進められることになった。こうした国際環境の中で、屋久島活性化の具体策を検討していた鹿児島県が政府の背中を押して[4]世界遺産条約を日本が締結することになった。一九九一年のことである。

現在の世界遺産ブームの火付け役は鹿児島県であり、世界遺産の始まりは屋久島だと言って過言ではない。

3　屋久島の自然の価値

前述の経緯から、屋久島は世界自然遺産第一号として登録された。現在ほど事前審査が厳しく行われたわけではなかった。しかし、屋久島の自然の魅力は審査機関であるIUCNの専門家から高い評価を受けることになった。

世界自然遺産の価値は、傑出した普遍的価値（OUV：Outstanding Universal Value）と言われる。屋久島のOUVは、①小規模な島ながら標高二〇〇〇mに迫る山岳がそびえ、中心部の山岳地帯から海岸線に至るまで特異な原生的な森林が連続して分布していること、②樹齢三〇〇〇年に及ぶヤクスギを含む原生的な天然林を有していることであるとされ、

（4）　鹿児島県が一九九〇年に策定した総合開発計画の戦略プロジェクトの一つに「屋久島環境文化村構想」があげられた。自然を生かした地域づくりを進めようとしていた地元二町（現在は合併して屋久島町）とともに県としても屋久島の地域活性化に力を入れる構想だ。この構想を具体化するために開催した懇談会で「世界遺産条約に日本が入って屋久島を世界遺産に登録すべき」との意見が出された。懇談会委員や県知事などが政府に働きかけた結果、異例の速さで翌年には条約締結が実現した。屋久島は当然、登録候補地とされ、一九九三年に白神山地とともに世界自然遺産第一号となった。

写真1　屋久島の全景（口永良部島山頂部からの遠景、筆者撮影）

「自然美」と「生態系」に関する評価基準[5]に適合すると評価された。また、自然科学の各分野の研究を行う上で非常に重要な地域であるとも評価された。

海岸線から山頂部まで森林（山頂部ではヤクシマザサの草原）が分断されずに連続して残されていることとヤクスギの原生的な森林が存在することが世界自然遺産に登録された理由である。

屋久島は車で海岸沿いを一周するのに二時間かかる面積五万ヘクタールの島で、リンゴの形をしている。リンゴの左側中央部に海岸まで世界自然遺産区域が連続している場所がある。ここには通称「西部林道」と呼ばれる屋久島一周道路（県道）が世界自然遺産区域を通過している。しかし、幅員が狭いため大型バスがすれ違うことはできず、道路上は周囲の樹木に覆われている雰囲気のいい車道だ。この区間は電気自動車のレンタカーでゆっくり走るか、一部は歩きたい道だ。鹿児島県は住民の利便性向上のため一周道路の拡幅工事を進めていたが、世界自然遺産登録を契機に地元二町が遺産区域内の拡幅に反対を表明したため拡幅工事は行われずに、現在まで遺産地域の価値を損なうことなく観光客に遺産地域のすばらしさを実感させてくれる場所になっている[6]。山の上部から海岸近くまでを一望できる場所もあり、世界自然遺産の価値の一端を垣間見ることができる。

屋久島といえば、だれもが思いつくのは「縄文杉」だろう。かつて樹齢七二〇〇年と書

（5）　世界遺産委員会が定めた世界自然遺産の評価基準は、「自然美」、「地形・地質」、「生態系」、「生物多様性」の四つ。

（6）　日本全国でシカによる農林業被害が深刻化し、貴重な自然生態系に対しても被害が顕在化している。これは屋久島も例外ではない。世界自然遺産区域の希少植物だけでなく、森林内の植物（下層植生）が大きな被害を受ける事態となっている。このため、ヤクシカの計画的な捕獲が行われている。二〇一二年から四年間で一万九〇〇〇頭のヤクシカが駆除されているのだ。一般の観光客にはあまり知られていないが、屋久島国立公園、そして、世界自然遺産の価値を保全するためにヤクシカの駆除が行われていることを知ってもらいたい。もちろん、ヤクシカの肉をジビエとして提供し、活用できる資源は有効活用していくことも重要だと指摘しておきたい。

写真2　世界自然遺産地域の植生垂直分布（筆者撮影）

写真3　世界自然遺産地域内のヤクシカによる食害（筆者撮影）

いたポスターが話題になった。実際の樹齢は何年だろうか。実は中心部が空洞になっているため、正確なことはわからない。屋久島近くの海底カルデラの噴火による火砕流が屋久島を襲ったのは約七三〇〇年前といわれるので、それより古い樹齢はあり得ないとする意見や樹齢五〇〇〇年、三〇〇〇年とする意見などがある。いずれにしろ、神秘的な巨木であることは間違いない。

　このため、多くの人が縄文杉を見るために屋久島にやってくる。縄文杉登山には一〇時間ほどかかる。前半はかつてヤクスギの搬出に使われた平坦なトロッコ道を行き、後半に斜面を登るいわゆる登山道となる。一〇時間かかるため、登山者は暗いうちに宿を出て、シャトルバスで登山口に向かう。最も混雑した時期には一日一〇〇〇人が縄文杉を目指したこともある[7]。どのような状況になるか。多くの人がほぼ同じ時間帯に登山を開始し、休憩もほぼ同じ場所。トイレの場所と数は限られているので、女性用は三〇分以上も待たなければならない状況もあったという。混雑時の登山はかなりの覚悟が必要だ。縄文杉の混雑状況を記した縄

（7）　縄文杉登山者は二〇〇〇年以降急速に増加し、二〇〇八年には九万人を超えた。このため、登山者のし尿処理、登山道脇植生の踏み荒らし、縄文杉周辺の踏みつけなどの問題解決が課題とされ、不足していた登山道沿いのトイレの整備、登山道脇の休憩施設の設置、縄文杉展望デッキの整備などが行われたほか、マイカーの通年規制や携帯トイレ利用の普及、利用マナーの普及啓発、利用分散のための混雑日予報の提供などの取組が進められてきた。二〇一七年三月からは入山者から屋久町条例に基づき保全協力金を一人一〇〇〇円徴収し、し尿処理など保全活動に使用する取組がはじめられた。なお、二〇一六年の縄文杉登山者数は六万人程度に減少し、混雑日も多少減少傾向がみられるようになってきている。

文杉快適登山カレンダーが作成されているので、環境省屋久島世界遺産センターのホームページで確認されることをお勧めする。

屋久島では樹齢一〇〇〇年を超えるスギをヤクスギという。十分に見ごたえがある、いずれも神秘的なスギの巨木だ。ヤクスギを見るなら、遺産区域には含まれていないが、バスで行くことができるヤクスギランドがお勧めだ。江戸時代に伐採されたヤクスギの巨大な切株が苔むして林立している。その上には次の世代のスギや様々な種類の針葉樹や広葉樹が育っている。命の再生や循環を目の当たりにできる場所である。水と苔の世界を味わうのであれば、同じくバスで行くことができる白谷雲水峡《しらたにうんすいきょう》をお勧めする。

世界自然遺産とは別の話であるが、日本最大のウミガメの産卵地が屋久島であることをご存じだろうか。世界自然遺産区域の西部林道に近い永田浜で産卵する回数が全国最大とされている。六月から八月の産卵期には産卵に悪影響を与えないように配慮された観察会も地元で企画されている。永年ウミガメの保護活動に尽力してきたNPO法人が解散したことは残念であるが、関係者が協力して保護の取組みが続けられていることを記しておきたい。

4　最後の世界自然遺産：奄美沖縄世界自然遺産推薦地のこれから

琉球列島は二〇〇三年に世界自然遺産候補地(8)に選定された。しかし、その後、世界自然遺産の価値を有する森林地帯を国立公園として保護するための作業が難航し、ようやく二

(8)　屋久島が世界自然遺産に登録されたのは一九九三年。それから一〇年後の二〇〇三年に環境省と林野庁は屋久島と白神山地に次ぐ世界自然遺産候補地の選定を行った。日本全国の優れた自然とされている地域について世界自然遺産の価値があるかを評価した。その結果、知床、小笠原諸島、琉球列島の三地域が候補地となり、知床は二〇〇五年に、小笠原諸島は二〇一一年に世界自然遺産に登録された。

〇一七年二月に奄美沖縄世界自然遺産推薦地としてユネスコに登録申請がなされた。申請までに実に一四年を要したのだ。

奄美大島、徳之島、沖縄島北部及び西表島の四島が有する世界自然遺産の価値は、①大陸から分断された後に、島ごとに独自の生物進化がみられ、生態系の顕著な見本であること（生態系の価値）、②形態的生態的に原始的特徴を持つ世界唯一のアマミノクロウサギをはじめとする数多くの固有種、絶滅危惧種の重要な生息地であること（生物多様性の価値）、の二つであると日本政府の推薦書（登録申請書）では強調された。

二〇一八年五月に公表されたユネスコ諮問機関IUCNの勧告では、生物多様性の価値については、返還された米軍北部訓練場[9]を追加するなど区域の変更が必要とされ、生態系の価値については、区域設定の連続性の観点から問題があると指摘された。いずれも遺産推薦地の区域設定にかかわる指摘だった。自然遺産としての価値が四島にあることについてIUCNは評価しており、保護管理についても日本が約束していること[10]が実現されることを前提に一定のレベルに達しているとの評価がなされた。

日本政府は六月に鹿児島、沖縄両県と関係する一二市町村の了解を得て推薦書を取り下げ、IUCNの勧告に沿った内容に推薦書を修正して再提出し、早期の登録実現を目指すことを決定した。IUCNの勧告内容には不明確な点もみられるため、その真意を確認したうえで、遺産区域の変更や遺産区域周辺の緩衝地域の保護管理の充実などについて関係者との調整を迅速に進め、科学委員会の助言を踏まえて早期に推薦書を修正することが必要である。早ければ二〇二〇年にも世界自然遺産登録が実現することを期待したい。

(9)　沖縄本島北部のやんばる地域に米軍海兵隊が使用するゲリラ戦用訓練場が存在する。二〇一六年一二月に約四〇〇〇ヘクタールが日本に返還され、このうち国立公園として重要な地域が二〇一八年六月にやんばる国立公園に編入された。

(10)　奄美大島と徳之島では、森林内で野生化したネコ（ノネコ）がアマミノクロウサギなど希少種の脅威となっている「ノネコ問題」に対する取り組みが進められているが、早ければ二〇二〇年夏と想定される世界自然遺産登録実現までに確実な成果を出せるように着実な進展が必要である。

また、観光客の増加が世界自然遺産の価値を損なうことにならないように、核心地域の利用制限や利用のルールの徹底など取り組むことも多い。すでに観光客の増加がみられているので、手遅れとならないように関係者が協力して対策を急がなければならない。

5　奄美大島と徳之島

奄美大島[11]と徳之島は奄美群島[12]中の「高い島」である。

奄美群島国立公園の特徴は、「生態系管理型＋環境文化型」の国立公園であることだ。奄美大島で言えば、常緑広葉樹林に覆われた山の中に様々な環境に適応して固有で希少な野生動植物が生息生育しているので、そうした生き物たちが命をつないでいけるように森林生態系をしっかり保護管理していくことが重要になる。また、奄美大島では一〇を超える集落が国立公園の区域に含まれている。そうした集落の伝統文化や人々の暮らしが固有で希少な野生動植物を絶滅させることなく育んできた。このことを「環境文化」ととらえて国立公園の重要な要素とされている。

奄美大島の魅力は、希少で固有な野生動物が棲む亜熱帯の広葉樹林、サンゴ礁、マングローブ林、そして島の人たちの伝統文化と暮らしにある。ぜひゆっくりと奄美大島の魅力を味わってほしい。ここでは野生動物観察について触れる。

希少で固有な野生動物が密度高く生息している場所は日本には多くない。昼間でも森林内の車道を注意深く走ると、路上にアマミノクロウサギの糞がたくさん落ちているのがわかる。車を降りて道路わきの斜面を見るとそこには夜間クロウサギが下りて来たであろう踏み分け道を見つけることができる。奄美大島の森林は一見何の変哲もない森林に見えるが、実は森の中に奇跡の生き物たちが暮らしているのだ。それを実感するには、優秀な自

(11)　奄美大島は全国の離島のうち佐渡島に次ぐ大きな島で、面積は七一二㎢、人口は六万人を超える。最高峰の湯湾岳は標高六九四mで、奄美大島の八割が森林に覆われている。常緑広葉樹の自然林は少ない（六%）が、温暖で降水量が多い気候条件から伐採後の回復が早く、島の六割以上が常緑広葉樹林（常緑照葉樹林とも呼ばれる）となっている。サトウキビを主要作物とする耕作地は二〇〇〇ヘクタール程度で島の北西部の笠利半島に集中している。

(12)　九州最南端の佐多岬から南西に約三〇〇kmの位置にある奄美大島から、沖縄本島の北東約二〇kmに位置する与論島まで、約二〇〇kmの海域に奄美群島と称される八つの島々（奄美大島の属島三島を含む）が点在する。これらの島々には、素晴らしいサンゴ礁景観や希少で固有な動植物を育む亜熱帯の森林（照葉樹林）が広がり、二〇一七年三月に最も新しい国立公園に指定された。八つの島はサンゴ礁が隆起してできた「低い島」とそれ以外の「高い島」に分けられる。特に標高が高く面積が大きい奄美大島と徳之島には世界自然遺産の価値を有するアマミノクロウサギ

写真4　アマミノクロウサギをくわえるノネコ（2008年、奄美大島、写真提供：環境省奄美自然保護官事務所）

写真5　道路上のアマミノクロウサギの糞（奄美大島、筆者撮影）

然ガイドとともに山に入ってほしい。夜間林道をゆっくりと走行すれば、アマミノクロウサギが道路わきの草を食べている姿を見ることができるだろう。しかし、観光客が動物観察のためにレンタカーで夜間に森林内を走行することには慎重でなければならない。アマミノクロウサギなどへの悪影響が心配されるからだ。貴重なカエルが路上でつぶされていることも多い。世界自然遺産の価値が認められている貴重な生物の観察は厳しいルールの下で行わなければならないことを理解して、かけがえのない体験をしてもらいたい。

次は徳之島。[13] 希少野生動物の生息環境としては大面積の森林が広がる奄美大島に比べて危険性が高いため、その保護には慎重な対応が求められている。

徳之島にも素晴らしい景観のサンゴ礁が広がり、伝統的な島の暮らしを垣間見ることができる場所も存在する。鹿児島県が奄美群島で構築を進めている歩道ネットワーク「世界自然遺産奄美トレイル」[14] のルートを歩くと趣のある集落の景観も楽しむことができる。

徳之島でも質の高い自然ガイドの養成が進められている。世界自然遺産推薦地を歩く際にはぜひ自然ガイ

やトゲネズミ類が生息しており、両島は沖縄県の沖縄本島北部（やんばる地域）、西表島とともに世界自然遺産推薦地とされた。

(13)　奄美大島に比べて耕作地の比率が高いのが特徴だ。主要作物はサトウキビ。島の面積二四八km²の約三割が耕地で、森林は四割強。森林地域は北部の天城岳（標高五三三m）周辺と南部の井ノ川岳（標高六四五m）周辺に二分され、両方の山域にアマミノクロウサギやトクノシマトゲネズミなどの希少で固有な野生動物が生息している。

(14)　奄美群島の島々のつながりを深める道として鹿児島県が設定を進めている長距離自然歩道。喜界島から与論島まで加計呂麻島を含む六島でコースが選定される。亜熱帯の森や白い砂浜、サンゴの石垣のある集落など、奄美ならではの自然や文化にふれ合うことのできるコースが地域の方々と一緒に選定されている。

写真6　「エビフライ」とリュウキュウマツの松ぼっくり（徳之島、筆者撮影）

写真7　「イナバウアーの森」（徳之島、筆者撮影）

ドと歩いてほしい。二〇一七年一〇月にユネスコ諮問機関ＩＵＣＮの専門家が徳之島を現地調査した際に、地元で環境教育や自然保護活動を進めているＮＰＯ法人「徳之島虹の会」事務局長の美延《みのべ》睦美《むつみ》さんが推薦地の案内をした。ＩＵＣＮの専門家は地元団体が熱心に自然保護に取り組んでいることに感銘を受け、さらに美延さんの的を射た説明に世界自然遺産の価値を実感していた。美延さんが案内したのは車道の通行が禁止されている林道だった。

　樹上で生活する日本最大のネズミ、ケナガネズミ。数が少なく夜行性のためほとんど見ることはできない。しかし、その生息地内の林道を歩くと路上に「エビフライ」そっくりの形をしたものがたくさん落ちている。ケナガネズミがリュウキュウマツの種子を食べた後の松ぼっくりだ。よく探すと食べられていない松ぼっくりを見つけることができる。両者を比べてケナガネズミが松ぼっくりを食べている姿を思い浮かべる。自然ガイドと歩くからこその感動だ。

　林道は見上げるような高木からなる常緑広葉樹林内を通過する。日本最大のドングリをつけるオキナワウラジロガシが多い森で、美延さんは「イナバウアーの森」と呼んでいた。二〇〇六年トリノオリンピックの女子フィギュアスケートで金メダルを取った荒川静香選手の背中を大きくそらして滑るあの格好からとった絶妙なネーミングだ。美延さんをはじめとする地元出身の自然ガイドとともに山を歩き、また、島の暮らしについて話を聞くことが徳之島の魅力を丸ごと味わうことだと、徳之島を訪れる皆さんに気付いてほしい。

6　世界自然遺産と豊かな島の暮らし

一九九三年に屋久島が世界自然遺産に登録されて日本中の人が「屋久島」を知るようになった。それ以前は、屋久島を離れ都会で大学に進学したり就職したりする屋久島出身者は出身地を「鹿児島」や「種子島の隣の島」と言っていたそうだが、世界自然遺産登録後には「屋久島」というと話が弾むようになったそうだ。一部の人にだけ知られていた屋久島の価値について多くの島民が認識し、島を誇りに思う気持ちが広まったということだ。

世界自然遺産推薦地の奄美大島と徳之島についても同様に、島の自然のすばらしさについて両島の島民の多くが誇りに思うようになってもらいたい。自然だけではない。世界自然遺産の価値を有する自然を損なうことなく暮らしてきた島の人々の暮らしや伝統文化（環境文化）を誇りに思ってほしい。島を愛する人々の思いが奄美大島と徳之島の魅力を一層高め、観光客に大きな感動を与えることだろう。

世界自然遺産に登録されると世界中の世界自然遺産がそうであるように、確実に観光客が増加する。国内だけでなく、海外からも多くの観光客が来る。世界自然遺産に登録される価値があり、かつ、その価値を有する自然がしっかり守られている地域だと国際的に認識されているからだ。観光客の増加は人口減少過程にある日本にとって経済振興につながる重要な政策である。過疎化が進む地方にとっては地域活性化の観点からも重要だ。奄美大島と徳之島もその例外ではない。

世界自然遺産の価値を有する自然を持続的に観光資源として活用していく際には、自然の保護が大前提であることは言うまでもない。世界自然遺産推薦地の保護管理については二〇一七年二月にユネスコに提出した推薦書と管理計画に詳細が記載されている。しかし、すべての事項が実施されているわけではなく、早ければ二〇二〇年と期待されている世界自然遺産登録までに未実施のものについては具体的な検討の促進が求められている。

奄美大島と徳之島の自治体、地元関係団体そして島民の皆さんが、世界自然遺産の価値を有する自然の保護にそれぞれの立場で役割を果たし、奄美大島と徳之島の素晴らしい自然を最大限活用した豊かな島づくりが進むことを願わずにはいられない。

奄美大島と徳之島を観光で訪れようとしている人たちには、自然の魅力だけでなく、両島の人たちの取組みにも思いを馳せてもらいたい。観光客が自然の保護と豊かな島づくりにかかわることができるような仕組み作りも必要だろう。

IUCN調査団に説明する徳之島虹の会事務局長の美延睦美さん（徳之島、筆者撮影）

column

陶磁器が語るトカラの歴史

渡辺芳郎

トカラ列島は、大隅諸島（種子島・屋久島など）と奄美大島の間、約一六〇㎞の海域に所在する。行政区画としては鹿児島郡十島《としま》村である。北から、有人島の口之《くちの》島・中之《なかの》島・平《たいら》島・諏訪之瀬《すわのせ》島・悪石《あくせき》島・小宝《こだから》島・宝島の七島と、無人島の臥蛇《がじゃ》島・小臥蛇島・小宝小《こだからこ》島・上ノ根《かんのね》島・横当《よこあて》島の五島、計十二島よりなっている。トカラ列島は九州から奄美、沖縄、先島、台湾、南中国、東南アジアへとつながる「海の道」の重要な経由地として機能した。周辺海域は黒潮が流れるため、「七島灘」と呼ばれる難所であり、かつて「七島衆」と呼ばれたトカラの人々はその七島灘を熟知した船乗りとして活躍していた。今も飛行機はなく、船が鹿児島と奄美の間、各島に寄港しながら週二便往復している（写真1）。

その交易を伝えるモノとして陶磁器がある。諏訪之瀬島切石《きりいし》遺跡からは、一四～一八世紀の中国、東南アジア、日本の陶磁器が大量に出土している。また臥蛇島に伝来していた陶磁器が中之島の十島村歴史民俗資料館に展示されている。それらには中国の青磁や青花《せいか》（白い素地に青い顔料で絵付けした磁器）、日本産の陶磁器が見られる。また島の集落部を歩くと、さまざまな陶磁器の破片が採集できる。これらは中世から近世にかけてトカラに運び込まれたものである。その流通は、大きく「北からの流通」「南からの流通」「島嶼域内での流通」という三層構造からなっている。北からは中世では日本産陶器と福岡博多などを経由した中国陶磁器が、近世では肥前地方（佐賀・長崎県）の陶磁器や鹿児島の薩摩焼が流通した。南からは沖縄を経由して中国や東南アジアの陶磁器が運ばれてきた（写真2）。また南西諸島内で生産された陶器には、中世では徳之島で焼かれたカムィヤキが、近世では沖縄の壺屋焼がある。トカラはそれらを運ぶグローバルな物流ネットワークに接続していたのである。

写真1　「汽船も亦道路なり」石碑（中之島）
（昭和８（1933）年の十島航路開設の顕彰碑）

写真２　口之島採集の中国清朝色絵磁器片
（18世紀、福建省徳化窯産）

　また切石遺跡や臥蛇島の近世陶磁器には、いくつかの共通する特徴がある。碗と皿などが大部分で甕や壺がないこと、同じ器種・器形・文様のものが複数個体（二個〜四〇個）あること、破損したものが少なく、使用した痕跡が見られないことである。切石遺跡の陶磁器は木箱に入れて埋められたと推測されており、また臥蛇島のものは八幡神社に納められていたと言われている。明治二八（一八九五）年の笹森儀助『拾島状況録』には、宝島では航海を終えて無事に帰島した島民が、鎮守神社に陶磁器を奉納したとある。切石遺跡や臥蛇島伝来の陶磁器も同種のものと考えられ、荒海の七島灘を越えたトカラの人々の感謝の気持ちが込められているのだろう。

〔参考文献〕

大橋康二・山田康弘「鹿児島県鹿児島郡十島村諏訪之瀬島遺跡出土の陶磁器」『貿易陶磁研究』一五　一四一〜一六四頁　一九九五年

亀井明徳「南西諸島における貿易陶磁器の流通経路」『上智アジア学』一一　一一〜四五頁　一九九三年

渡辺芳郎『近世トカラの物資流通』北斗書房　二〇一八年

トカラ口之島の湧水池「コー」
上水道が普及する前、島の人々の飲料水、生活用水として利用された。

奄美群島の概要

桑原季雄

はじめに

奄美群島は、奄美大島、加計呂麻島《かけろまじま》、請島《うけじま》、与路島《よろじま》、喜界島《きかいじま》、徳之島、沖永良部島及び与論島の八つの有人島からなる。鹿児島市から航路距離にして群島東北端の喜界島まで三七七km、最南端の与論島まで五九四kmの所に位置する。気候は、亜熱帯・海洋性に属し、年間平均気温は二一度前後で、四季を通じて温暖多雨である。また、台風の常襲地帯[1]としても知られる。

奄美群島の総面積は約一二三一km²、総人口は一時約二二万六〇〇〇人(一九四九年一二月)を数えたが、二〇一五年の国勢調査によれば、一一万一四七人と、ほぼ半減した。[2]それで

(1) 一九八一年から二〇一〇年までの三〇年間に発生した台風は七六七個(年平均二五・六個)で、このうち、奄美市から五〇〇km以内に接近したものは一五六個(発生数の約二〇%)、年平均では五・二個である。また、奄美市から三〇〇km以内に接近したものは九三個(発生数の約一二%)で、年平均では三・一個となり毎年奄美群島に大なり小なりの被害を与えてきた(鹿児島県大島支庁)。

(2) 鹿児島県大島支庁「平成二九年度奄美群島の概況」

も、本土から遠く隔たった離島でこれだけの規模の面積と人口を有する地域は奄美群島をおいて他にはない。

群島の全耕地の九九・五％は畑地で、砂糖きびを基幹作目に野菜、花き、畜産、果樹の農業が営まれている。二〇一五年度の農業産出額は、肉用牛（二八・五％）、砂糖きび（二七・三％）、野菜（二五・六％）、花き（一三・〇％）の順となっている。奄美の農作物の作付面積（延面積）は、約一万五〇〇〇ヘクタールであるが、その約六割を砂糖きびが占めている。(3)

（3）同上

1　奄美群島の島々

奄美大島は、面積七一二㎢と群島最大の島で、全群島面積の約五八％を占め、我が国の離島のうち佐渡島に次ぐ第二位の面積を有し、奄美市、大和村、宇検《うけん》村、瀬戸内町、龍郷《たつごう》町の一市二町二村からなっている。(4) 奄美大島の五市町村全体の人口は六万一二四二人（群島総人口の五四・三％）で、奄美市が四万三一五六人（群島全体の三九・二％）である。奄美大島全島の八四％は森林及び原野に覆われ、耕地面積は全面積の約三％にすぎない。(5) 九州本土と沖縄のほぼ中間にあり、群島の政治・経済の中心地である。国や県の各出先機関が集中しており、本土各地からの空と海の交通のハブとして機能している。奄美大島に二〇年近く暮らした作家の島尾敏雄はヤポネシア論(6)を構想し、同じく画家の田中一村《いっそん》も奄美の自然を描いた作品を数多く残している。(7)

（4）加計呂麻島と与路島、請島は瀬戸内町に属するため、奄美大島本島に含まれることが多い。
（5）鹿児島県大島支庁「平成二九年度奄美群島の概況」
（6）琉球弧からみた「もう一つの日本」。島尾敏雄『琉球弧の視点から』講談社　一九六九年
（7）南日本新聞社編『日本のゴーギャン 田中一村』南日本新聞社　一九九五年

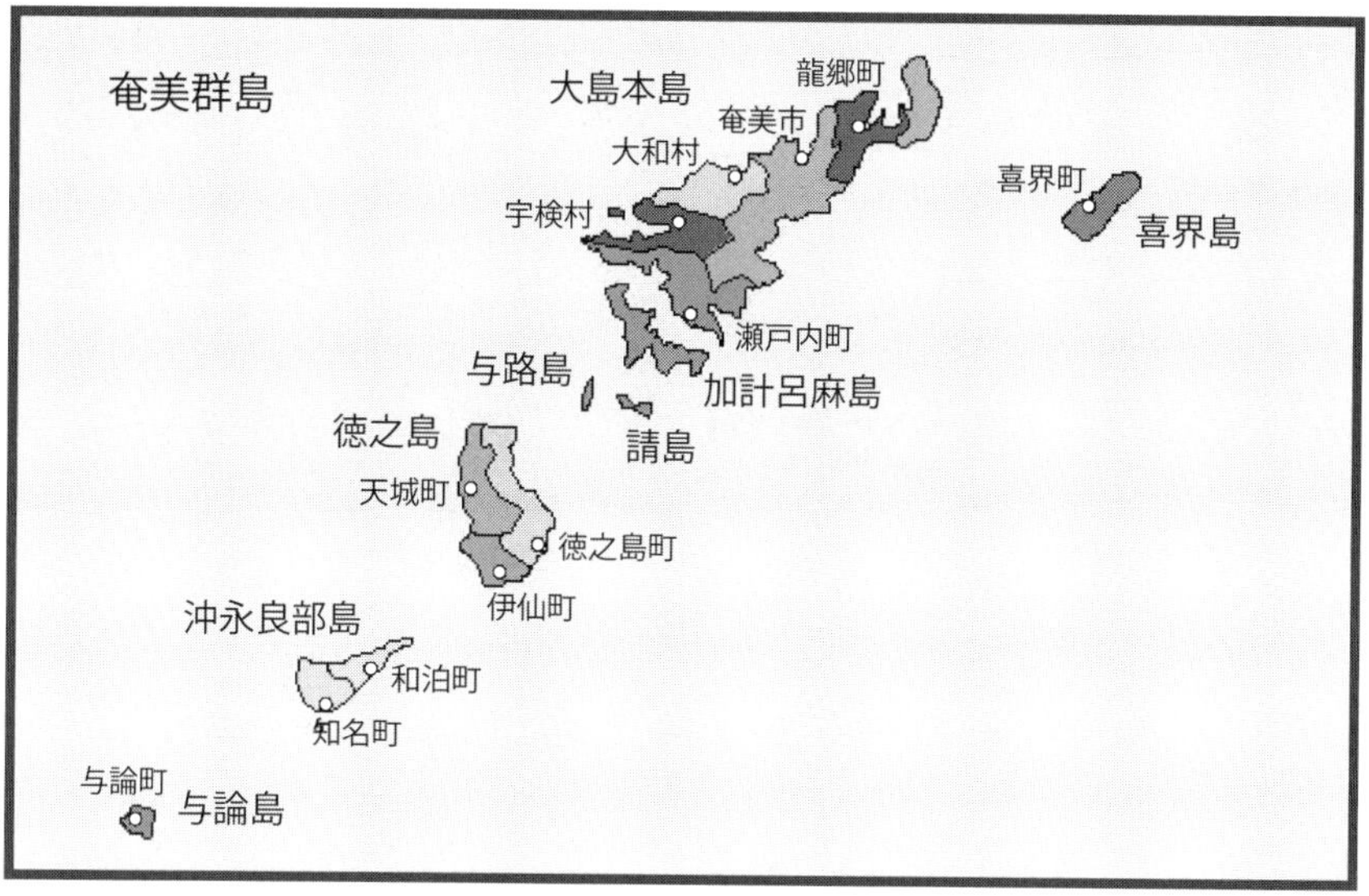

図1　奄美群島

写真1　奄美航路のフェリー

写真2　奄美大島の金作原原生林

写真3　喜界島の砂糖きび畑

喜界島は、奄美大島の東側に位置する周囲約四九km、面積約五七km²の隆起珊瑚礁からなる平坦な島である。一九二〇年に約二万二〇〇〇人あった人口は、一九五五年に約一万六〇〇〇人、二〇一〇年に七二一三人と、約三分の一に減少した。(8) 耕地面積は島の面積の約四〇%を占め、砂糖きびを中心に、肉用牛や白ごまなど収益性の高い農業が営まれている。近年、考古学的に重要な遺跡の発掘が相次ぎ、南西諸島の古代史において、太宰府の出先機関として政治の中心的役割を果たしていたのではないかと言われている。(9) 民俗学者岩倉市郎の出身地でもある。(10)

徳之島は、奄美大島の南西に位置し、周囲八九km、面積二四八km²の島で、徳之島町、天城町及び伊仙町の三町から成り、人口は約二万四〇〇〇人である。耕地面積は全面積の二七・八%と、群島最大であり、砂糖きびを主体にばれいしょやマンゴー、肉用牛との複合経営の農業が営まれている。(11) 闘牛の島としても知られ、全島一を決める年三回の大きな大会を三町持ち回りで行っている。(12) また、カムィヤキと呼ばれる陶器の窯跡群が発見され、琉球王朝以前の南西諸島における

(8) 喜界町平成二九年町勢要覧

(9) 鈴木靖民「古代喜界島の社会と歴史的展開」古代学研究所編『東アジアの古代文化　一三〇号　特集　古代・中世の日本と奄美・沖縄諸島』二〇―四五頁　大和書房　二〇〇七年

(10) 喜界島の方言や昔話の優れた研究がある。

(11) 鹿児島県大島支庁「平成二九年度奄美群島の概況」

(12) 小林照幸『闘牛の島』新潮社　一九九七年

須恵器の生産と輸出の経済的拠点ではなかったかと目されている。(13)

沖永良部島は、徳之島の南西に位置し、周囲約五六km、面積約九四km²、人口は一万三〇〇〇人で、和泊町と知名町から成る。全島がほとんど隆起珊瑚礁からなり、平坦地が多く、耕地面積は島面積の四七・八%と、ほぼ半分を占めている。(14) 群島一の農業の島として知られ、花き、ばれいしょ等の野菜、砂糖きび、畜産との複合経営が行われている。西郷隆盛が流人として和泊側に住んだ関係から、両町の住民の間に、鹿児島に対する意識の差があるという。(15)

与論島は、沖永良部島の南西に位置し、奄美群島最南端の島で、面積二一km²の円形の小島で、島全体が隆起珊瑚礁からなり平坦地が多く、耕地率は五四%である。一九三〇年に八〇〇〇人を越えた人口は一九七五年に七〇〇〇人を割り、二〇一〇年には五一八六人となっている。(16) 一九七二年に沖縄が日本に復帰するまで南西諸島における日本最南端の島であり、一九七〇年代から八〇年代にかけて離島ブームを巻き起こ

写真4　沖永良部島の西郷南洲記念館

写真5　徳之島の闘牛

(13) 新里亮人「カムィヤキとカムィヤキ古窯跡群」古代学研究所編『東アジアの古代文化 一三〇号 特集 古代・中世の日本と奄美・沖縄諸島』一三二―一四三頁　大和書房　二〇〇七年

(14) 鹿児島県大島支庁「平成二九年度奄美群島の概況」

(15) 高橋孝代『境界性の人類学―重層する沖永良部島民のアイデンティティ―』弘文堂　二〇〇六年

(16) 与論町平成二九年町勢要覧

し、多い年で一五万人を越える入込客があったが、現在はその三分の一に落ち込んだ。しかし、冬場にスポーツイベントを数多く企画したり、修学旅行の誘致を展開するなど、通年を通して観光客の誘致に努めてきた。

2　奄美群島の歴史

奄美群島の本格的な通史は加計呂麻島芝出身のロシア文学者昇曙夢《のぼりしょむ》の『大奄美史』（一九四九年）によって初めて示された。これ以後、群島の歴史は、一般的に、「奄美世」「按司世」「那覇世」「大和世」「近代」の五つの時代区分で理解されている。群島史の大きな特徴は、琉球や薩摩に服属するまで、奄美は封建制というものを経験しなかったことである。按司《あじ》と呼ばれる首長たちが割拠した時代はあったが、琉球のように按司たちを束ねて統一国家が生まれることはなかった。続く「那覇世」は琉球服属時代であり、奄美大島は一四四〇年前後、喜界島は一四六四年、徳之島以南はそれ以前に琉球王朝の支配下に入った。行政区画としては、間切《まぎり》制度が導入され、大島七間切、喜界島五間切、徳之島三間切に編成された。

奄美の人々が真の意味で封建制を経験したのは、「大和世」と呼ばれる薩摩直轄時代で、一六〇九年、島津氏の琉球侵攻の結果、奄美群島は琉球から分割されて薩摩藩に直属することになり、一八七一年の廃藩置県に至るまで約二六〇年間、厳しい統治下に置かれた。この時代は、奄美大島、喜界島、徳之島、沖永良部島に代官所が置かれ、一七世紀初頭に砂糖きびが琉球からもたらされたことで奄美の植民地化が烈しくなった。ことに一七四五年の「換糖上納」（米で納める税を黒糖に換算して納めること）決定以後は砂糖きびが主作の地位につき、奄美の社会に重大な影響を与えた。[17] 幕末から維新にかけての時期、大島では年に五四〇〇トンの黒糖が生産された。出来上がった黒糖は砂糖樽に入れて運搬され、黒糖を詰めた一樽の重さは八五キロにもなった。五四〇〇トンの黒糖は、砂糖樽に詰めると約七万樽になる。一八三〇年には、薩摩は五〇〇万両を超える借財を返済したばかりか、明治維新の動力源となる倒幕資金も手にしたと言われている。[18] 薩摩は奄美で買い入れた黒糖の三・三倍から五倍で売ることができた。こうして、

薩摩の黒糖政策は、「ヤンチュ（家人）」と呼ばれる債務奴隷を生み出した。ヤンチュは、黒糖の貢納の不足分を補うための借金が嵩み、身売りして返済するしかなかった島人のことで、奄美の全人口の二〜三割にも上ったと言われている。[19]

このように、奄美群島の歴史は、一四世紀までの比較的平等主義的な首長制の時代の後、服属の時代が到来し、一五世紀には琉球に、一七世紀には薩摩に支配され、第二次大戦後、再び、今度は米軍に支配され、そして日本復帰後のこの五〇年間は補助金で「霞が関」に支配されてきた。[20] 米軍統治の八年間の「異民族支配」を除けば、同じ支配でも国内における「中心」と「周縁」の関係によって常に従属を強いられ続けてきた特異な歴史と言える。また、奄美群島は、わが国の歴史上、砂糖きびの強制栽培という過酷な「植民地支配」と「農奴制」を経験した唯一の地域だと言っても過言ではないだろう。

（17）昇曙夢（一九四九）『復刻版大奄美史』三〇〇—三二〇頁 南方新社 二〇〇九年、名瀬市誌編纂委員会（編）『名瀬市誌（上巻）』三五九—三六五頁 名瀬市誌編纂委員会 一九六八年

（18）喜山荘八『奄美自立論 四百年の失語を越えて』六五—六八頁 南方新社 二〇〇九年

（19）名越護『奄美の債務奴隷ヤンチュ』南方新社 二〇〇六年

（20）鹿児島大学プロジェクト「島嶼圏開発のグランドデザイン」編『奄美と開発』一九頁 南方新社 二〇〇四年

3　奄美アイデンティティ

「『奄美は琉球ではない、大和でもない』。しかし、『奄美である』と、答えることができなかった。それは『奄美』という概念がなかったからだ[21]」。「奄美」という概念が群島全体に浸透したのは、米軍政下の全郡的な本土復帰運動を通してであった。それまでは、奄美大島の人は大島、喜界島の人は喜界というように、島ごとに認識されていた。奄美群島は、一九四六年二月二日、北緯三〇度より分離され、七月には沖縄に本部を置く米国軍政府の統治下に置かれた。一九五〇年一一月、臨時北部南西諸島の名称が初めて「奄美群島」と改称され、同時に奄美群島政府が設立された。「奄美群島」という統一名称は、米国軍政下の八年間に本土復帰運動を通して全島に浸透し定着していった。一九五三年八月八日の米国のダレス国務長官の声明により、同年一二月二五日にようやく本土復帰が実現した[22]。

米国軍政府統治下の八年間は、奄美群島の人々が烈しい本土復帰運動を通して初めて同じ奄美の同朋としてのアイデンティティを醸成し共有した時代だった。政治経済的には本土の戦後復興から取り残され、貧困生活を強いられたが、その一方で、文化的には島唄や演劇、青年団活動などが最も活発化し、「奄美ルネッサンス」と呼ばれる一時代を画した。

(21)　喜山荘八『奄美自立論　四百年の失語を越えて』一〇五頁　南方新社　二〇〇九年

(22)　村山家國(一九七一)『奄美復帰史』南方新社　二〇〇六年
エルドリッジ、R.D.『奄美返還の日米関係』南方新社　二〇〇三年

4　開発と自然保護の間で揺れる

本土復帰後の奄美の六〇年史は、まさに「開発」の歴史でもあった。奄美群島民は、敗戦とそれに引き続く八年間の行政分離により交通基盤や産業基盤、生活環境などの社会資本の整備がないがしろにされたことから、本土との間に大きな格差が生じた。この経済格差を是正するために特別措置法（奄振法）が制定され、それに基づいて復興計画あるいは振興開発計画が策定されてきた。奄振法は一〇年ごとに「復興」（一九五四年）、「振興」（一九六四年）「振興開発」（一九七四年）と名称を変えながら、「格差の是正」を訴えて、今日まで六回延長され、二兆円近い開発資金が投入されてきた。[23] その大半は、農業基盤整備、道路や港湾、土地改良、河川、海岸、公共施設等のインフラ整備に投入され、奄美のどの島でも大型の土木工事が急速に進められた。[24] しかし、道路建設に伴って排出される赤土の土砂が河川と海を真っ赤に染めサンゴ礁に沈殿した。[25]

奄振事業の弊害がとりわけ目立つようになったのは振興開発事業前期（一九七四〜七八年）からである。予算が三・五倍に増え、基盤整備事業は大型化していっ

写真6　与論島の百合ヶ浜ビーチ

（23）　皆村武一『戦後奄美経済社会論—開発と自立のジレンマ』日本経済評論社　二〇〇三年

（24）　島内には大小三〇以上のトンネルがあり、鹿児島県のトンネルランキングベスト一〇の中に奄美のトンネルが五つ入っている。その中で二〇〇〇m以上のトンネルが三つある。二〇一六年に開通した網野子トンネルは四二四三mと県下で二番目に長く、奄美市名瀬からは島内各地は最も遠いところでもかつては何時間もかかっていたのが、現在は概ね一時間以内で行けるようになった。

（25）　薗博明「復帰後の奄美の変容」鹿児島地方自治研究所編『奄美の戦後史　揺れる奄美、変容の諸相』二〇〇五年　南方新社　七六頁

た。奄振事業は当初から自然環境への配慮など皆無に近かったので、年々自然破壊は加速した。[26]奄振事業の見直しを求める機運が徐々に高まり、一九八七年一月の与論島の「百合ヶ浜の自然を守る会」の結成を皮切りに、地域の自然環境保護運動が起こるようになった。[27]

中でも特に象徴的なケースが、自然保護団体「環境ネットワーク奄美」による奄美「自然の権利」訴訟、別名「アマミノクロウサギ訴訟」である。同団体は、奄美大島のゴルフ場開発計画を県が許可したことに対して、一九九五年二月、鹿児島県知事を相手に認可取り消しを求める行政訴訟を鹿児島地裁に起こした。原告をアマミノクロウサギなど奄美固有の絶滅危惧種にしたことで、メディアが「日本初の動物原告」と大きく報道し全国で話題になった。野生生物を原告にしたきっかけは、「こんなにまで言う事を聞かないなら鳥にでも訴えさせようか」という長老のため息まじりのつぶやきだった。二〇〇二年三月に下った判決は「原告らに原告適格を認めることはできない」というものであったが、「原告らの指摘した『自然の権利』という観念は、ひと（自然人）及び法人の個人的利益の救済を念頭に置いた従来の現行法の枠組みのままで今後もよいのかどうかという極めて困難で、かつ、避けては通れない問題を我々に提起した」と結んだ。[28]奄美のクロウサギ訴訟は環境問題に大きな一石を投じた大事件だった。

政府は、二〇一三年、奄美大島と徳之島を、固有種や絶滅危惧種を多く含む貴重な生物多様性の宝庫[29]として、ユネスコの世界自然遺産登録候補地に選定した。残念ながら、二〇一八年五月に、推薦を取り下げ、二年後に再申請することになったが、世界自然遺産登録の推薦に値する奄美の自然は、幾多の開発計画から奄美の動植物たちを必死に守り抜いた地元の環境保護団体や自然愛好家たちの熱い思いと信念のたまものだと言えるだろう。

(26) 同上、二七七―二七八頁
(27) 同上、二七九―二八〇頁
(28) 同上、二八六―二八八頁
(29) 鹿児島大学生物多様性研究会編『奄美群島生物多様性』南方新社二〇一六年

〔参考文献〕
エルドリッジ、R.D.『奄美返還の日米関係』南方新社　二〇〇三年
鹿児島大学生物多様性研究会編『奄美群島生物多様性』南方新社　二〇一六年
鹿児島大学プロジェクト「島嶼圏開発のグランドデザイン」編『奄美と開発』南方新社　一九頁　二〇〇四年
喜山荘八『奄美自立論　四百年の失語を越えて』南方新社　二〇〇九年
小林照幸『闘牛の島』新潮社　一九九七年
島尾敏雄『琉球弧の視点から』講談社　一九六九年
新里亮人「カムィヤキとカムィヤキ古窯跡群」古代学研究所編『東アジアの古代文化一三〇号　特集 古代・中世の日本と奄美・沖縄諸島』一三二―一四三頁　大和書房　二〇〇七年
鈴木靖民「古代喜界島の社会と歴史的展開」古代学研究所編『東アジアの古代文化一三〇号　特集 古代・中世の日本と奄美・沖縄諸島』二〇―四五頁　大和書房　二〇〇七年
薗博明「復帰後の奄美の変容」鹿児島地方自治研究所編『奄美の戦後史』南方新社　二四七―三〇七頁　二〇〇五年
高橋孝代『境界性の人類学―重層する沖永良部島民のアイデンティティ―』弘文堂　二〇〇六年
名越護『奄美の債務奴隷ヤンチュ』南方新社　二〇〇六年
名瀬市誌編纂委員会（編）『名瀬市誌（上巻）』名瀬市誌編纂委員会　一九六八年
南日本新聞社編『日本のゴーギャン 田中一村』南日本新聞社　一九九五年
昇曙夢（一九四九）『復刻版　大奄美史』南方新社　二〇〇九年
村山家國（一九七一）『奄美復帰史』南方新社　二〇〇六年
皆村武一『戦後奄美経済社会論―開発と自立のジレンマ』日本経済評論社　二〇〇三年

〔参考資料〕
鹿児島県大島支庁「平成29年度奄美群島の概況」
http://www.pref.kagoshima.jp/aq01/h29.html　（二〇一八年六月一三日最終閲覧）
喜界町平成29年町勢要覧
与論町平成29年町勢要覧

column

奄美諸島の水中文化遺産

渡辺芳郎

船、とくに大型の外洋船は、人と物資を大量かつ遠方に運ぶ手段として、貿易活動、文化交流に多大な役割を果たした。一方、海上交通はさまざまな危険にも満ちており、多くの漂流の記録がそれを物語っている。しかし記録されることもなく海底に沈んだ船もきわめて多かったであろう。その船や積み荷の一部は今も海の底で眠っている。それらは水中文化遺産と呼ばれ、その調査研究を水中考古学という。

ユネスコの水中文化遺産保護条約では、水中にあって一〇〇年以上経ったものを水中文化遺産と呼んでいる。またしばしば誤解されるが、引き揚げた遺物を競売にかけるなど商取引を行うトレージャーハンターの活動は水中考古学ではなく、むやみに遺物を引き揚げることは遺跡の破壊行為であることを断っておきたい。

南西諸島は、南北を結ぶ「海の道」として、古くより多くの船が行き交っていた。そのため奄美諸島の周辺海域にも水中文化遺産が残っている。奄美大島宇検《うけん》村の焼内《やけうち》湾にある倉木崎海底遺跡は、平成七〜一〇（一九九五〜九八）年に調査が実施され、水深一〜四mの海底に一二世紀後半から一三世紀前半の中国陶磁器約二三〇〇点が沈んでいることが確認された。付近を航行していた船が、積荷を投棄したか、あるいは座礁した可能性がある。同遺跡は平成二六（二〇一四）年にも調査されたが、今のところ船が沈没した痕跡は見つかっていない。

徳之島徳之島町の山港《さんこう》の海底では碇石三本が確認されている（写真1）。碇石は鉄錨が使われる以前に外洋船の碇として用いられていた直方体の石製品である。碇石はさまざまな機会に陸揚げされることもあり、奄美市立奄美博物館や宇検村生涯学習センターなどに保管、展示されている（写真2）。碇石は、その大きさ、重量、加工形態により複数種類あることがわかっており、山港海底で確認された碇石は、比較的小型の平板状の碇石であ

写真1　徳之島徳之島町山港での海底調査（写真撮影・提供：山本遊児氏）

写真2　奄美市立奄美博物館所蔵の碇石

る。また奄美博物館所蔵の大型の碇石は、中国の外洋船に使用されたと考えられている。

徳之島伊仙町では面縄《おもなわ》港においても海底調査が実施されている。同港は近世において砂糖の積出港として使われていた。調査の結果、鉄錨五本、鹿児島産山川石（指宿市山川周辺で採掘される石材）の墓石、肥前産と推測される磁器片が確認されている。

沖永良部島知名町のウシジ浜沖では、明治二三（一八九〇）年、長崎を出てアメリカに向かうカナダの帆船リジー・C・トゥループ号が座礁、沈没している。平成一六（二〇〇四）年の海底調査により、船体の一部と思われる鉄製棒が採集されている。

海は人類に豊かな恵みをもたらす一方で、ときにさまざまな災厄ももたらした。水中文化遺産は、そんな人類と海との関係史を考える貴重な資料を提供してくれるのである。

〔参考文献〕

新里亮人「奄美諸島徳之島における海底調査の意義と課題」『日本考古学協会第八二回総会研究発表要旨』六八〜六九頁　二〇一六年
手塚直樹「倉木崎海底遺跡」『宇検村誌　自然・通史編』二三四〜二七一頁　宇検村　二〇一七年
宮城弘樹他編『水中文化遺産データベース作成と水中考古学の推進―水中文化遺産総合調査報告書・南西諸島編―』アジア水中考古学研究所他　二〇一三年

沖永良部島ウシジ浜、復元されたリジー・C・トゥループ号

奄美島唄

梁川英俊

はじめに

明治維新一五〇周年を記念して放送されているNHK大河ドラマ「西郷どん」のテーマ曲では、里《さと》アンナが歌う島唄特有の裏声が聞こえてくる。ドラマの中でも島唄は要所要所で使われ、ときにせりふ以上の効果をあげている。

元《はじめ》ちとせや中孝介らメジャーデビューした歌手たちの活躍もあって、島唄は昔に比べると格段に認知度が上がった。かつて本土に出たシマッチュが、変な唄だと思われないように布団をかぶってレコードを聴いたというエピソードは、今では完全に過去の話である。島唄はすっかり奄美の〈顔〉になった。

それでも、島外で生の島唄を聴ける機会は多くはない。大都市の奄美料理店などでは、たまにライブが開かれているが、一般のファンが気軽に行けるコンサートは稀である。奄美大島を訪れたところで、いつでも生の島唄が聞けるわけではない。そう、島唄はなによりもまず「生活の唄」であり、それゆえひそやかなものなのである。いくら有名になっても、それはやはり奄美の民謡、民の唄なのだ。

1 「集落の唄」としてのシマウタ

THE BOOMの「島唄」の影響もあろうが、島唄という名前がもともと沖縄のものだと思っている人は多い。しかしこのことばの発祥は奄美である。それが沖縄に広まったのは、一九七〇年代に琉球放送のディレクターであった上原直彦が気に入って、それを自分のラジオ番組のタイトルに使ってからである[1]。

奄美の唄で「島唄」と呼ばれるのは、ふつう三味線が伴奏をする遊び唄である。島唄の「シマ」は、もともと「島」ではなく「集落」を意味する。つまりシマウタの原義は「集落の唄」なのである。同様にシマグチは「集落のことば」である。かつての奄美では集落が一個の小世界だったのである。

たとえば、徳之島に「全島口説《ぜんとうくどき》」という唄がある。この唄は島の集落の特徴を延々と唄う。というよりも、貶《けな》す。つまり、一般的な言い方をすれば悪口の唄であるが、こうした唄は集落の個性が強くなければそもそも成立しない。地図上では一個のまとまりに見える

(1) 『島唄の風景』四八頁 南日本新聞社 二〇〇三年

島は、実は大変な多様性を孕《はら》んでいるのである。

交通網の発達した今日では、さすがにシマごとの違いは弱まり、唄も全島の唄という側面が強くなっている。「島唄」と書くゆえんだが、それでも奄美大島の島唄は画一的であるにはほど遠い。たとえば、大島ではよく北部の唄を「カサン唄」、南部の唄を「ヒギャ唄」と呼んで区別する。地形がなだらかな北部の唄は明るくおだやかで、山がちで入り江が多い南部の唄はダイナミックで陰影に富む、とシマッチュは説明する。たしかに、島唄はそれが歌われる場所や風土に応じて微妙に表情を変える。そのため、同じ唄が地域によって、また唄者によって驚くほど違ったりもする。最初はとまどうが、奄美島唄の魅力のひとつは間違いなくこの多様性にある。

写真1　奄美大島北部の風景

写真2　奄美大島南部の風景

2　奄美島唄の特徴

「奄美島唄」と通称されるのは、主として奄美諸島北部、つまり大島、喜界島、徳之島の三味線唄である。[2]その中でよく歌われる曲は、五、六〇曲程度であるが、そもそも島唄における「一曲」はふつうの唄のそれとは意味が違う。

島唄にはひとつの唄に幾つもの歌詞がある。いや、奄美の唄の本来の姿は歌掛けだから、自分で歌詞をつくることも可能である。歌掛けとはいわば唄による会話である。つまり、その場にいる人たちが歌いながら気の利いたことばを交わし合って遊ぶ。ステージ上の島唄は日本民謡のように歌い手と囃子がいるが、それは舞台用のスタイルで、本来の島唄は皆で歌詞を出し合って楽しむものなのだ。

こうした「歌遊び」は、テレビもラジオもない時代の島の人々にとって、長いあいだ貴重な娯楽だったのである。そこでは曲の終わりは決まっておらず、興が乗れば一曲を延々と歌い続ける。

ハーレイ　稀《ま》れ稀《ま》れ　汝《な》きゃ拝《うが》で（久しぶりにこうしてお会いできましたが、

今汝《なまな》きゃ拝めば　にゃ何時頃《いちごろ》拝《うが》むかい　今度お会いできるのはいつでしょうか）

歌遊びの最初に歌われる「朝花節《あさばなぶし》」の一節である。挨拶唄、座の浄めの唄ともいわれる

（2）　奄美諸島南部の沖永良部島と与論島の琉球音階の民謡は、「島唄」と呼ばれることはあるが、一般に「奄美島唄」と呼ばれることはない。

「朝花節」にはほかにも膨大な歌詞があり、一晩中でも歌い続けることができる。島唄の歌詞は万葉に通じる古語が使われており、意味は分からなくても日本人の心の琴線に触れる。奄美島唄はそれを裏声で歌い上げる。

　こうして生まれた唄世界は、太陽をいっぱいに浴びたような明るい沖縄民謡に比べて、より陰影に富み、繊細かつ複雑な情感がある。裏声を使う理由は、女性の神であるウナリ神信仰を根拠に、「男性が女性の声に合わせるため」と説明されることが多いが、真偽のほどは知りようがない。いずれにせよ、感嘆すべきは、本来は「逃げの声」である裏声の美質に感応し、それをここまで練り上げてきた奄美の人々の感受性である。かつては苦しい生活を反映した「叫び」に喩えられることもあったが、精妙な声の技術をことさら黒糖地獄の暗い歴史ばかりに結びつけるのは不自然だろう。

　島唄の歌詞の内容は多様である。結婚式や新築などの祝い事で歌われる唄、威勢のいい仕事唄もあるが、多くは恋愛の唄であり、またうわさや伝説を伝える唄もある。とはいえ、そもそもが詠み人知らずの唄であるから、いまとなっては何を歌っているのかよく分からない唄も少なくない。

　唄にはよく土地や人の名前が織り込まれる。「塩道長浜《しゅみちながはま》節」、「芦花部《あしけぶ》一番節」、「諸鈍《しょどん》長浜節」、「請熊慢女《うけくままんじょ》節」、「嘉徳《かとく》なべ加那節」、「国直《くんにょり》よね姉《あご》節」などは、地名がそのままタイトルになっている分かり易い例である。面白いのが、「雨ぐるみ節」。この唄は大島南部では「西の管鈍《くだどん》なんじゅ」と瀬戸内町管鈍集落の名前で始まるが、大和村方面では「今里立《いまざとたち》神《がみ》なんじゅ」と歌い出されて、「今里立神節」と呼ばれる。また、名瀬の大熊《でくま》では「大熊助次郎《すけじろう》加那や」と始まって、「大熊助次郎節」になる。同じ唄でも歌われる土地によって

写真3　カンツメ之碑

登場する地名もタイトルも変わるのである。

唄の登場人物のゆかりの地に碑や墓が建った例もある。たとえば「かんつめ節」。この唄に詠われたかんつめは、「ヤンチュ」という奴隷身分の女性であったが、主人に恋人との仲を嫉妬されて虐待を受け、絶望から自ら命を絶つ。「カンツメ之碑」は宇検村名柄《ながら》のひっそりとした山中にあるが、彼女が恋人と逢引きしたと伝えられるその場所には、なぜか草が生えず人々から恐れられたので、供養のために碑を建てることにしたという。(3) 近くには、より新しい「かんつめ節の碑」もある。

さらに多くの碑があるのが、「むちゃ加那節」である。美人の誉れ高かったむちゃ加那は、嫉妬にかられた友人にアオサ採りに誘われ、海に突き落とされたという。むちゃ加那が住んでいた喜界島の小野津《おのつ》には「ムチャ加那公園」があり、「ムチャ加那の碑」が建つ。わきの小道を進んで崖を下りると、悲報を聞いて後を追ったというむちゃ加那の母うらとみの小さな墓もある。

むちゃ加那を記念する公園は、加計呂麻島の生間《いけんま》にもある。母うらとみが生間の人であったというのがその由来だ。うらとみは村で評判の美人であったが、島役人の要求を拒んで逆鱗に触れ、舟に乗って集落を脱出する。流れ着いたのが喜界島の小野津で、そこで生ま

(3)　仲宗根幸一『恋するしまうた　恨みのしまうた』一〇〇頁　ボーダーインク　二〇〇九年

れたのがむちゃ加那だと伝えられる。公園には「むちゃ加那節」の歌碑がある。

大島の住用町《すみよう》青久《あおく》集落のはずれには、「むちゃ加那之碑」もある。むちゃ加那の遺体が潮に乗って、喜界島からそこに漂着したのだという。遺体は青久の人々によって手厚く葬られ、いまなお毎年供養が行われている、と碑にはある。

物語は旋律にのせることで記憶が容易になる。多くの人がまだ読み書きができず、情報伝達の手段がかぎられていた時代にあって、唄は土地土地のうわさやニュースを伝える重要なメディアであったろう。同じ唄がさまざまな土地や人の名を織り込んで、幾多の出来事を伝える媒体として、口から口へと次々と伝えられていったのである。その意味で、島唄には島の歴史がしっかりと刻印されている。

写真4　ムチャ加那の碑

3　唄者

奄美島唄の名人を「唄者《うたしゃ》」という。唄者はたんに唄がうまい人ではない。島唄をよく知り、指導できる人のことである。奄美ではいかに名人といえども唄を生業とすることはなく、唄以外の職業をもつのが伝統である。島唄は生活のためではなく、生活の中で歌うものなのである。

数ある唄者のうち、ぜひ紹介したい人が三人いる。まず武下和平《たけしたかずひら》（一九三三〜）。加計呂麻の諸数《しょかず》の出身で、詩吟の名人でもあった福島幸義を師とし、レコード制作も行ったお土産店「ニューグランド」の店主、山田米三に見出されて、「一〇〇年に一人の天才」とい

写真5　坪山豊

写真6　歌遊びをする築地俊造（右端）

う謳い文句とともに世に出た。輝かしい高音を自在に使う華麗でダイナミックなその歌唱は、レコードというメディアの力もあって、出身地の瀬戸内にとどまらず全島に拡がり、今日の奄美島唄の歌唱スタイルの基礎をつくった。仕事の関係で神戸に移住し、現在は関西を拠点に「奄美民謡武下流」という全国的な同好会組織を運営している。

武下と対照的なのが、坪山豊《つぼやまゆたか》（一九三〇～）である。宇検村生勝《いけがち》の出身で、船大工を生業とし、唄者としてのデビューは四〇歳を過ぎてからだった。宇検村の唄者、坂元豊造の唄を聴いて島唄に目覚めたというが、特定の師匠をもたず、さまざまな唄を聴きながら独自の半音唱法でカサン唄とヒギャ唄を混淆させ、武下の華麗な歌唱とは対照的な情感のある島唄の世界をつくりあげた。作曲の才もあり、「ワイド節」や「綾蝶《あやはぶら》」などの名曲がある。

この坪山を師匠として奄美初の民謡日本一になったのが、築《つき》地《じ》俊造《しゅんぞう》（一九三四～二〇一七）である。笠利の川上の出身で、三〇代後半に唄を始めたが、奄美初の島唄コンクール「奄美民謡新人大会」で優勝し、七九年には「日本民謡大賞」を受賞して奄美初の民謡日本一になった。国内外で島唄の公演を行い、軽妙なトークと張りのある裏声で観客を魅了し続け、奄美島唄の存在を島外に知らせる上で大きな功績があった。

これら大御所の活躍に加えて、一九九〇年代後半からは若手の台頭も著しい。その反面、気になるのが、四〇代から六〇代の唄者の少なさである。現在島唄を支える大御所の世代は七〇代や八〇代だが、次に層が厚いのはいきなり三〇代の若手になる。しかもこの世代は生活の中に島唄があった世代ではなく、歌遊びの経験もシマグチを使う習慣もない完全な教室世代である。これまでは唄や歌詞をよく知る人を指してきた「唄者」という言葉の意味も、今後は少しずつ変わっていくのかもしれない。

4　奄美民謡大賞

奄美における島唄コンクールは、南海日日新聞社の主催により一九七五年に行われた「奄美民謡新人大会」をもって嚆矢とする。埋もれた唄者の発掘を目指して開催されたこの大会は、優勝者にレコーディングの機会が与えられた。

大会は第五回まで続いたが、一九七九年に第一回大会の優勝者の築地俊造が「日本民謡大賞」を受賞して民謡日本一になったのをきっかけに、翌八〇年から「奄美民謡大賞」と改称され、「日本民謡大賞」の前哨戦として位置づけられることになった。

同大会からはその後、当原《とうはら》ミツヨ（一九八八年）、中野律紀（一九八九年）の二人の民謡日本一が生まれたが、肝心の日本民謡大賞は一九九二年にバブル崩壊のあおりを受けて廃止されてしまう。が、奄美民謡大賞はその後も存続し、毎年の奄美一の唄者を選ぶ大会とし

写真７　奄美民謡大賞の舞台

てその権威を確立している。

　大会は毎年五月か六月に行われる。当初は数十人だった参加者は、一九九五年頃を境に右肩上がりに増え続け、二〇〇〇年には一〇〇人を超え、二〇〇七年の第二八回大会では二〇〇人を上回った(4)。二〇〇九年からはテープによる予選会を導入し、参加者を一〇〇人程度に絞っている。

　大会は少年の部、青年の部、壮年の部、高年の部に分けて審査される。各部門で、最優秀賞、優秀賞、奨励賞、特別賞が与えられ、参加者全員の中から一名が大賞に選ばれる。近年は島外からの参加者も多いが、多くは東京や大阪在住の奄美出身者ないしは奄美二世、三世である。日本民謡協会が主催する「民謡民舞全国大会」など全国規模のコンクールもある中で、毎年の島一番の唄者を選ぶ奄美民謡大賞は別格の重みをもつと言えるだろう。

　島唄コンクールには批判もある。「島唄は本来歌遊びのように皆で楽しむための唄だったのが、完全にステージでの個人プレーになってしまった」、「学ぶ場所が教室になり、師匠によって歌が系列化して個性がなくなった」など理由はさまざまであるが、すべてがコンクールに起因するわけではなく、時代の流れによる影響も大きいだろう。毀誉褒貶はあれ、唄者を発掘し育てる上でコンクールが果たしてきた役割を軽視することはできない。コンクールをめぐる議論は尽きないが、それも奄美の人たちが唄を愛すればこそだろう。

（4）　島唄出身の歌手として注目を浴びた元ちとせのインディーズデビューは二〇〇一年、メジャーデビューシングル「ワダツミの木」は二〇〇二年である。なお、彼女は一九九六年、高校三年生のときに歴代最年少で奄美民謡大賞を受賞している。

5　島唄の録音

名瀬の中心にあるアーケード街「ティダモール」から少し横道に入ったところにある「セントラル楽器」は、島唄ファンにとっては〈聖地〉である。島唄の録音は戦前からあるが、本格的な島唄の商業用レコードの制作を始めたのは、このセントラル楽器である。最初の島唄レコードは、一九五六年に録音された福島幸義と朝崎郁恵の歌唱だった。今ではポップ調にアレンジした島唄で円熟した味を出す朝崎だが、当時はまだ二〇歳という若さだった。

これを皮切りにセントラル楽器は、社長の指宿良彦《いぶすきよしひこ》が中心となって、武下和平、南政五郎、上村藤枝、勝島徳郎、坪山豊、築地俊造らの数々の島唄の名録音を残していくが、その多くは現在でもＣＤやカセットテープとして、また一部はｉｔｕｎｅでも購入できる。セントラル楽器が手がけた島唄録音の歌詞だけを収録した本も、『奄美民謡総覧』（南方新社　二〇一一年）として出版されている。

写真8　セントラル楽器

録音環境が完備していなかった時代のレコーディングは、さまざまな苦労があったという。当時は多重録音など

なく、三味線の撥《ばち》をひとつ間違えれば録り直しである。演奏そのものがうまくいっても、遠くからオートバイの音が聞こえて来てだめになる場合もある。(5) 結果として一枚のレコードの制作に一年以上の時間がかかることもあったが、同じ唄を何度も歌わなければならないレコーディングは、唄者にとって歌唱・演奏技術を向上させるための好機であったといえよう。

島唄のCDは二〇〇〇年代に入るとジャバラ・レコードなども参入し、若手を中心に優れた録音を残している。現在では、ファンやときに唄者みずからがYouTubeなどを活用してネットで録音・録画をアップしたりもする。奄美島唄の録音・録画も、新しいメディアの登場によって多様化の時代に入ったと言えるだろう。

(5) 指宿良彦『大人青年』九二頁 セントラル楽器 二〇〇四年

おわりに

最後に「ガイド」めいたことを少し付け加えておきたい。奄美で島唄をたくさん聴きたければ、八月初旬の「奄美祭り」に行くことをお勧めする。祭りの初日には島の各地の島唄名人が集まる「シマあすびの夕べ」が奄美文化センターで開催される。また、期間中に名瀬の目抜き通りでは、各集落の八月踊りが一同に会するイベントも行われる。八月踊りは各集落で継承される集団の掛合い唄で、本来の意味での「シマの唄」と言えるものである。伝統の佐仁《さに》集落や、若者が引っ張る浦上集落など、通りを歩きながら集落によるさまざまなスタイルの違いを楽しみたい。

写真9　郷土料理かずみ

食事をしながら唄を聴きたければ、唄者の西和美さんの「郷土料理かずみ」がお勧めだ。どんな唄が飛び出すかはその日のお客さんと女将の気分次第。運が良ければ、島内外の唄者が集まって歌遊びをする場に立ち会うことができるかもしれない。唄者の松山美枝子さんが経営する屋《や》仁川《にがわ》の「吟《ぎん》亭」も毎晩質の高い島唄が聴ける。こちらはヒギャ唄の和美さんとはスタイルが違う北部のカサン唄のお店だ。同じ屋仁川には、若手の唄者がよく集う「居酒屋ならびや」もあり、予約をすれば島唄を聴きながら食事ができる。

島唄はやはり島／シマの唄であり、本場・奄美の空気の中で聴くのが一番よく似合う。「ぞめき唄」で盛り上がるもよし、夜更けにしんみりと恋人を想う唄に耳を傾けるもよし。どちらもしっかりと受け入れてくれるのが、奄美島唄の度量の広さである。

〔参考文献〕

奄美島唄保存伝承事業実行委員会『歌い継ぐ奄美の島唄』奄美島唄保存伝承事業実行委員会　二〇一四年
指宿良彦『大人青年』セントラル楽器　二〇〇四年
小川学夫『奄美民謡誌』法政大学出版局　一九七九年
文英吉『奄美民謡大観』南島文化研究社　一九三三年

武下和平／清眞人（聞き手）『唄者武下和平の島唄語り』海風社　二〇一四年
築地俊造／梁川英俊（聞き手・構成）『楽しき哉、島唄人生』南方新社　二〇一七年
中村喬次『唄う船大工　奄美　坪山豊伝』南日本新聞社　二〇〇五年
南日本新聞社『島唄の風景』南日本新聞開発センター　二〇〇三年
籾芳晴『奄美　島唄ひと紀行』南海日日新聞　二〇〇一年

佐仁集落の八月踊り

column

大島紬――旗印と地球印

小林善仁

大島紬は、奄美を発祥の地とする鹿児島県を代表する絹織物である。着物に仕立てられる前の反物の段階で、産地を表す商標を詳しく見ると、主なものに日の丸の旗が交差する旗印と地球と反物からなる地球印があり、これに都城地域（宮崎県南西部）の鶴印を合わせると計三種類の商標があることに気付く。鹿児島県内産に限ると、二種類の大島紬が存在するわけだが、同じ大島紬なのに何故、二つに分かれているのだろうか。

大島紬は、芭蕉、苧麻《ちょま》、木綿などから織られた日常着として始まり、紬の技法は徐々に洗練され、近世には高級感のある織物を産み出すまでに向上していった。[1]これに注目した島津氏は、享保五（一七二〇）年に道之島（奄美）での役人以外の島民の絹布及び紬着用禁止を発令し、大島紬を高級な織物として上納させた。

明治四（一八七一）年の廃藩まで、大島紬の生産は奄美に限定されていた。鹿児島県が発足し、生産地限定の縛りが無くなると、大島紬の技法は県本土へと伝播する。明治三〇年頃に昇庸実《のぼりようざね》により従来の居坐機《いざりばた》に代わって高機《たかばた》が開発されると、生産力は飛躍的に向上し、明治三五年に永江伊栄温《ながえいえおん》が絣加工用の締機を発明すると、精巧・緻密な絣加工が可能となった。大島紬は、家内工業から工場生産の近代的織物業へと発達し、奄美大島や鹿児島市などに紬工場が建設されていった。

重要物産組合法が明治三三年に制定されると、翌年には奄美大島の名瀬（奄美市）に鹿児島県大島紬同業組合が発足した。これに対し、県本土側の組合発足は一六年後で、大正五（一九一六）年に鹿児島織物同業組合[2]（名称変更を経て昭和五九年から本場大島紬織物協同組合）が発足した。なお、戦前の前者の商標は、日の丸と旭日旗の旗印に、鹿角と蜻蛉がデザインされたものであった。

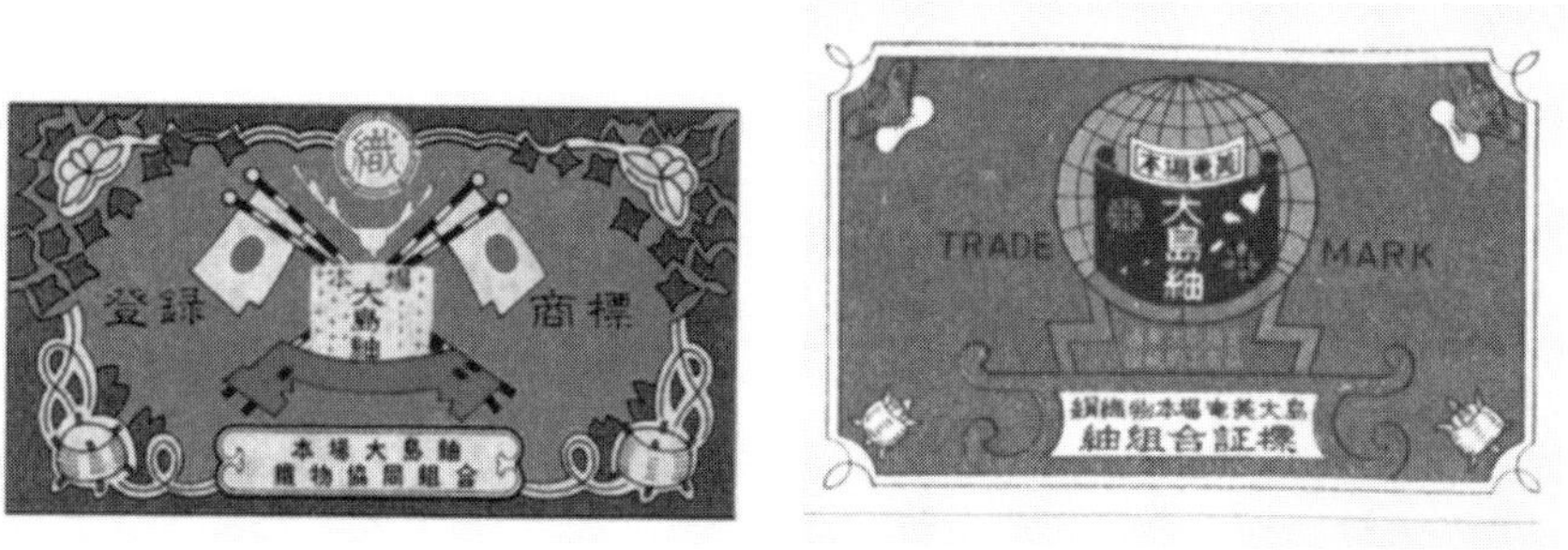

写真1　大島紬の商標（旗印と地球印）

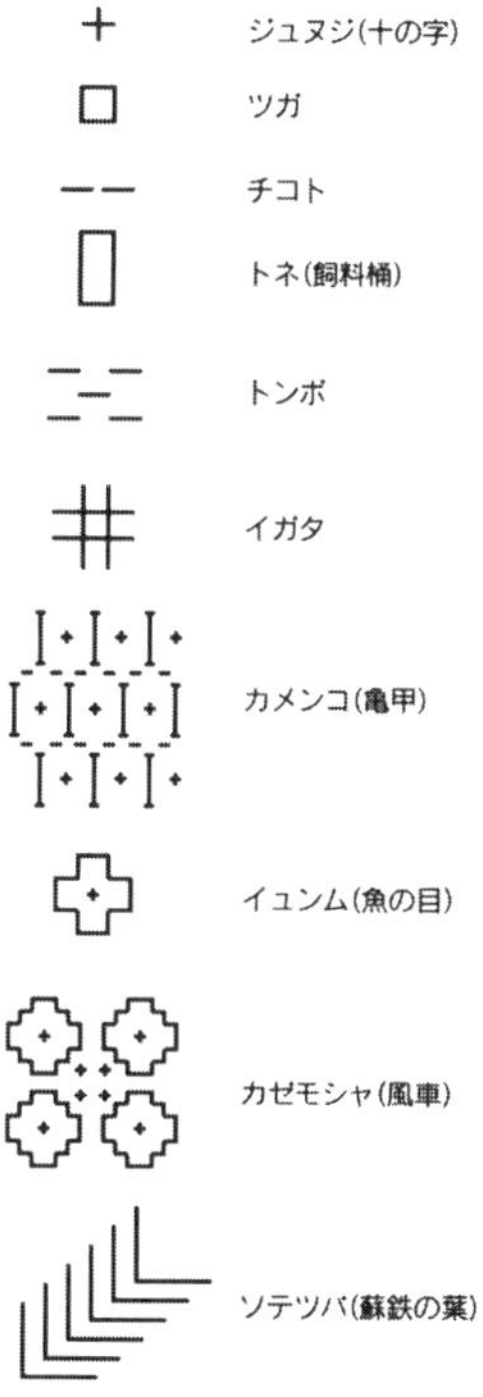

図1　大島紬の基本文様（『大島紬物語』より転載）

敗戦の翌年（昭和二一年）、北緯三〇度以南の地域は日本の施政権を離れ、占領軍による統治が行われた。この時、本土と奄美の往来は制限され、日の丸の使用も禁止されたため、奄美では戦前に用いていた旗印の商標が使用できなくなった。昭和二八（一九五三）年一二月二五日に、奄美群島が日本への復帰を果たすと、翌年に本場奄美大島紬協同組合が発足する。商標は、県本土側で戦前の奄美側が使用していた旗印の商標を使う業者がいたことなどもあり、新しい商標を公募して、地球印の商標が誕生した。

そして現在、県本土側の本場大島紬織物協同組合の商標が旗印、奄美側の本場奄美大島紬協同組合が地球印の商法を用いて、切磋琢磨しながら大島紬の生産を行っている（写真1）。大島紬の作業行程や図案からは、（動植物や土壌など）奄美の豊かな自然とそれを利用する人間の活動を学ぶことができる（図1）が、反物に付された商標の違いからは、大島紬が辿って来た歴史の一端を知ることができる。

〔注〕
（1）本場奄美大島紬協同組合『本場奄美大島紬協同組合創立八十周年記念誌』一九八一年
（2）鹿児島県織物工業協同組合『鹿児島県織物工業協同組合六十年史』一九七九年

〔参考文献〕
本場大島紬織物協同組合『大島紬物語』一九九七年

島で暮らす人々と神々

兼城糸絵

はじめに

鹿児島県の南には、南北六〇〇㎞にわたって個性豊かな島々が浮かんでいる。鹿児島本土から南に向かうと、まず三島村に属する硫黄島・竹島・黒島があり、その先には二〇一五年に火山が噴火したことで知られる口永良部島、世界遺産の島・屋久島、そしてロケット発射基地を有する種子島がある。そのさらに南には一〇の島々から構成されるトカラ列島があり、その先には奄美大島を中心とした奄美群島が広がっている。これらの鹿児島の島々とその先にある沖縄の島々は、合わせて「琉球弧」と呼ばれている。

かつて琉球弧は日本文化の起源を考える上で重要な地域とみなされ、柳田国男や島尾敏雄といった研究者から特別なまなざしが注がれてきた場所でもあった。中でも、島々にみられる多様な神観念や他界観（世界観）、それに関連する祭祀・儀礼については多くの研究が蓄積されてきた。ここでいう他界観とは、我々人間が生きる日常世界とは異なる世界に対する考え方のことを指す。代表的なものとしては、「神」が住まう世界に関するものが挙げられる。琉球弧では、年の変わり目などある特定の時期になると神が人間の世界にやってきてさまざまな福を授けてくれるという考え方がみられるほか、神が住む世界についても共通するイメージがみられる。沖縄の場合、神が住まう世界は「ニライカナイ」などと称され、遙か東方の海の彼方にあると捉えられてきた。奄美でも似たようなイメージが共有されており、「ネリヤカナヤ」などという言葉で表現されている。このように共通した他界観をもつ一方で、神の訪れを祝福する祭祀や儀礼のあり方はもちろんのこと、神そのものの表現方法にも多様性がみられる。そして、それらはそれぞれの島がもつ自然や文化とも密接に関わっている。

海の向こうに神が住まうという考え方を「水平的他界観」とするならば、奄美以北の地域の場合、それに加えて天上に住まう神が山の上に降り立つといういわば「垂直的他界観」がみられる。(1) その背景のひとつには、自然環境の差があると考えられている。奄美以北の島々は、他の琉球弧の島々に比べて山地が多い。そうした環境もあってか、山そのものを聖なる場所とみなし、特別な呼び名が与えられた山もある。後に取り上げる奄美大島の南部では天上の神の世界を「オボツカグラ」という言葉で表現しており、特定の時期になると神が山から里に下りてくると考えられていた。鹿児島本土に近い島々も同様に山に聖性を求めるほか、本土由来の修験道（山岳信仰）の影響もみてとれるという［下野　一九八一］。

（1）「水平的他界観」「垂直的他界観」という表現は仲松弥秀の議論［仲松　一九九〇］を元にしている。仲松は、「水平的他界観・垂直的他界観」と題した論考の中で、カミ観念の形成と自然環境の関わりについて沖縄と奄美の事例に触れながら述べている［仲松　一九九〇］。

また、島で暮らす人々と神々の関係を考える際には、神と人間を仲介する「専門家」の存在も欠かすことができない。後に詳しく述べるが、奄美大島を中心とした地域にはノロやユタと呼ばれる女性の宗教的職能者が存在している。彼女たちは、神と人々をつなげる役割を果たしており、島で暮らす人々の生活とも大きく関わっている。

本稿では、鹿児島の島々の中でも奄美大島とトカラ列島の事例を中心に、島で暮らす人々と神々の関わりについてごく簡単であるが紹介していきたい。第一節では、奄美大島の大和村を例にシマ(2)の年中行事について述べていく。そして第二節では、琉球弧に広くみられる来訪神祭祀の中でもとりわけ独特の魅力をもつ悪石島《あくせきじま》のボゼについて取り上げたい。

1　シマに暮らす人々と神々―奄美大島・大和村の場合

奄美大島といえば、南国なイメージも相まって「青い海・白い砂浜」というイメージが強いかもしれない。それも間違っている訳ではないが、実際には意外なほど山地が多く(とはいえ、本土の山ほど標高は高くないが)、鬱蒼とした亜熱帯の森が広がっている。このような山や森の存在は奄美で暮らす人々の生活を語る上でも重要となるし、他界観を理解する上でも重要なポイントとなっている。ここでは、特に奄美大島西部にある大和村の事例を中心にシマの人々の暮らしと神々の関係について述べていきたい。

大和村は奄美大島の西部に位置し、東シナ海に面した村である。行政的には、国直《くになお》・湯《ゆ》湾釜《わんがま》・津名久《つなぐ》・思勝《おんがち》・大和浜《やまとはま》・大棚《おおだな》・戸円《とえん》・名音《なおん》・志戸勘《しどかん》・今里《いまざと》の一一の集落に分かれて

(2)　シマという言葉はしばしば自身の出身集落を指して使われることが多いが、その言葉の範囲には単なる家屋の集合体という意味に加え、社会的・文化的な結びつきを共有する空間として使用されることが多い。よって、本稿ではシマという表記をする場合には島嶼という意味でのシマではなく、人々が暮らす生活共同体の範囲という意味で用いる。

いる。人口は、一四九九名（平成三〇年六月三〇日現在）である。[3] 大和村の中でも最も大きな集落である大和浜や大棚は人口が二五〇人ほどであり、最も少ない志戸勘では八人となっている。[4] それを踏まえても、大和村の各集落は比較的小規模なものであることがわかる。

また、各集落に共通する特徴としては、海と山に挟まれるようにして家屋が並んでいることである（写真1）。特に、奄美大島の南部は山がちで平坦な土地が海側に集中しているという事情もあって、ほとんどの集落では家屋が海のすぐ近くに立てられている。そして、集落の背後には山が迫っている。

このような環境は、そこに住む人々がもつ他界観とも密接に関わっている。小野によれば、大和村一帯は「山の神」に対する意識が強い場所とされている［小野　一九八七］。大部分の集落の背後にはカミヤマやオボツヤマと呼ばれる山があり、そこは神が降りてくる聖なる場所とされている。それゆえ、例えば「（カミヤマでは）立ち小便をしていけない」「木を切るとたたりがある」などというタブーも存在する。また、旧暦一月一六日はアクニチやステビと称され、「山の神」を祀る日だとされている。その日は山に入ると良くないことが起きるといわれていたため、仕事を休む日となっていたそうだ。ちなみに、「山の神」

写真1　大金久集落の遠景。目の前に海が広がり、背後には山が迫っている（筆者撮影）。

（3）大和村HP「大和村の人口・世帯数」より。URL: http://www.vill.yamato.lg.jp/jumin/sonse/yamatoson/jinko-setaisu.html（平成三〇年七月一五日 最終閲覧）

（4）注3と同じく。

は女性であるとされ、山仕事に従事する人をハブなどから守ってくれると信じられていた。こうした伝承からも山に囲まれたシマでの暮らしがみえてくる。

また、神は海の向こうからもやってくる。そのひとつの例として、大和村今里集落のオムケとオーホリを取り上げよう。(5) オムケとは「お迎え」という意味であり、旧暦二月に行われる。オムケでは「海からの強い北風に乗ってやってくる神様と山から降りて来る神様を迎える」[渡辺　二〇一〇：八七七]という。それらの行事の日にはトネヤと呼ばれる祭祀施設にてノロと呼ばれる女性たちによる儀礼が執り行われ、シマの人々の一年間の安全・健康祈願が行われる。それに対するオーホリとは「オムケで迎えたカミサマを送る儀礼」[渡辺　二〇一〇：八八〇]とされる。その際にも、ノロが中心となって儀礼を実施する。また、この行事では海の向こうのみならず、山からも神が訪れる。今里集落では、両方の神を祀るといい、このこともシマをとりまく環境と神との関わりが感じられる。また、オムケやオーホリに関しては「沖縄(時に那覇と言われることもある)のカミを沖縄から迎え、沖縄へ送る」とする語りが聞かれることもある。そのことも奄美におけるノロ制度の展開を踏まえると、大変興味深い。

さて、ここでシマにおける人々と神々の交わりを考える上で、重要な存在となるノロについて説明したい。ノロとは、女性の司祭者のことを指し、そのルーツは琉球王府による統治時代にまで遡る。ノロの存在は、奄美大島のみならず、琉球王府による統治が及んだ地域に広く確認できる。琉球王国は、国王の妻や女性親族が務める聞得大君《きこえおおきみ》を頂点とした祭祀制度を築き上げていた。ノロはその末端に位置しており、各地域の子女たちが王府から任命されて務めていた。彼女たちは土地を与えられて暮らしており、いわば公務員的な

(5) ここでの記述は瀬尾と杉浦による報告[瀬尾・杉浦　一九八五]と渡辺による報告[渡辺　二〇一〇]に基づく。

ポジションだったともいえる。そのため、ノロは村落祭祀のように公的に行われる祭祀を取り仕切ってきた。[6]祭祀の場ではノロをはじめとする女性の神役たちが独特の衣装（カミギンと呼ばれる）を着用し、祝詞（カミグチ）を唱えて踊りを奉納するほか、供物をもって神を歓待する。大和村は比較的最近までノロが継承されていたこともあって、研究者からも長らく注目されてきた地域でもあった。しかし、現在ではノロをはじめとする女性の神役自体の数が少なくなったため、ノロが関わる行事自体が消滅した集落もある。先述したオムケやオーホリも神役たちの不在により簡素化あるいは実施されなくなる可能性もある。そうした状況を踏まえると、もしかするとそう遠くない日に神は人々の元を訪れなくなるのかもしれない。無論、奄美大島も過疎化や高齢化の波が押し寄せているため、祭祀の消滅は一概にノロの消滅によるものとはいえないが、社会の変化にともなって年中行事にも変化が生じていることは確かである。

そのような中で比較的よく維持されている行事としては、豊年祭が挙げられる。豊年祭は農作物の豊作や一年の安全を神に感謝する行事でもある。大和村の場合は、旧暦八月一五日前後に豊年祭を行う集落（今里・志戸勘・戸円・大金久・大棚・大和浜・津名久）と旧暦九月九日前後に行う集落（名音・思勝・湯湾釜・国直）に分かれている。

豊年祭では、主に集落の安全や豊作を感謝する儀礼と相撲が行われる。まず、ノロをはじめとした神役たちが神に祈りを捧げたのちに、相撲が始められる。豊年祭の相撲は奉納を目的としたものであるが、娯楽としても楽しまれている。各集落には本格的な土俵がつくられており、そこでまわしを締めた男性たちが相撲をとる（写真2）。はじめに奉納相撲が三番取られた後、本取り組みが開始される。取り組みはちびっ子から大人まで年齢・世

(6)　ここでいう公的とはあくまでシマを祭祀単位として行われる祭りを指す。また、ノロとは対極的に、人々のプライベートな悩みに対応する霊的職能者としてユタの存在が挙げられる。紙幅の関係上ユタについて細かくはとりあげないが、琉球王国による統治時代から存在していたと言われ、現在でも民間のシャーマンとして活動している。

写真2　豊年祭の相撲（季慶芝撮影）

写真3　豊年祭の「中入り」（季慶芝撮影）

代別に行われるが、他集落から応援にきた力士たちも交じって相撲をとる。中には笑いを誘うような取り組みもあり、とても盛りあがる。そして、もうひとつの豊年祭の見所が、相撲の「中入り」に行われる仮装行列である。面白おかしく仮装をした人々（参加者の大部分が女性である）がごちそうを担いで土俵の周りをまわっていく。[7] 豊年祭は、シマで暮らす人々が総出で行っているが、名瀬や本土に移住した集落出身者も帰ってきて参加していることも多い。そのため、豊年祭は一年の中でも最もシマが賑わう日だといってもよいだろう。

（7）ちなみに、女性は土俵にあがることを禁止されているため、土俵にはあがらない。

2　仮面の神が現れる島——トカラ列島・悪石島のボゼ

トカラ列島は、鹿児島からは距離にしておよそ二〇〇km離れた洋上に浮かぶ列島であり、七つの有人島（口之島、中之島、諏訪之瀬島、平島、悪石島、小宝島、宝島）と三つの無人島（臥蛇島《がじゃじま》、小臥蛇島《こがじゃじま》、横当島《よこあてじま》）から構成されている。列島の範囲は最も北に位置する口之島から最も南に位置する宝島に至るまで実に南北約一三〇kmにも及ぶ。島と島の間は二〇km〜三〇kmほどであり、隣の島が目視で確認することができる（写真4）。

写真4　中之島から口之島を望む（大塚靖撮影）

トカラ列島へ向かうには、基本的にフェリーに乗る以外に手段がない。鹿児島本土から出発する場合には、鹿児島本港からフェリーに乗り、出航からおよそ六時間後にはトカラ列島の「入り口」にあたる口之島に到着する。そこから各島に寄りながら、終点の奄美大島を目指していく。天気が悪い日は船が揺れて大変な思いをすることもあるが、晴れた日には青い海が目の前に広がっていて大変心地よい。

本節でとりあげる悪石島は、トカラ列島の中ではやや南の方に位置する島である。人口は七三名[8]・島の面積八km²と比較的小さな島でもある。この島はボ

（8）　十島村ＨＰの「人口および世帯数」より　URL: http://www.tokara.jp/profile/gaiyou/#population（二〇一八年六月三〇日最終閲覧）

ゼという仮面の来訪神が現れる島としても知られている。来訪神とは、ある特定の時期に人間の世界を訪れて豊穣や幸福（時には厄災）をもたらす神のことであり、独特の仮面や衣装を身に纏《まと》っていることが多い。悪石島のボゼもこのような文脈で解釈されている神のひとつである。あいにく筆者は悪石島でボゼを直接みたことはなく、映像資料で確認したのみである。しかし、ボゼについてはすでに複数の報告[9]があるため、それらの記述をもとにしながら述べていく。

　下野によれば、かつてボゼはトカラ列島の各地で出現したといい、かつてはヒチゲーという行事（旧暦一二月一六日）に出現していたという［下野　一九七一：五六］。しかし、現在では悪石島の盆行事（旧暦）に際して出現する。悪石島では、旧盆になると家ごとに墓参りを行うほか、盆踊りが踊られる。盆踊りは集落在住の男性のみが踊るものであり、女性は参加しない。旧暦の七月七日頃から盆踊りが始められ、その期間に祖先が島に戻ってくるとされている。そして、祖先があの世へ帰っていくという旧暦七月一五日には集落のさまざまな場所で祖霊を慰めるべく盆踊りが踊られる［下野　二〇〇九：三四〇］。そして、翌日（旧暦七月一六日）、集落の代表者の家で盆踊りを踊っている最中に、突然ボゼが現れる。

　ボゼの特徴は、何と言ってもその独特な容貌である（写真５）。ボゼは顔に縦に長く大きな仮面をつけ

写真５　盆踊りの場に出現したボゼ（及川高撮影）

（９）悪石島のボゼに関する初期の学術的な報告はヨーゼフ・クライナー［クライナー　一九六五］によるものがあげられるが、そこでは事例報告のみにとどまっている。その後、下野敏見が複数回にわたる現地調査を実施し、ボゼに関する一定の見解を確立させた［例えば下野　一九七一、一九九五など］。及川も指摘するように、今日ボゼについて公的にアナウンスされている情報は、下野による解釈をベースにしたと思われるものが多い［及川　二〇一二］。その後、二〇〇〇年代に入ると、ボゼが現れる盆行事を事例に仮面論について論じたもの［佐藤　二〇〇七］やボゼをめぐる言説や盆行事の実態を踏まえて、ボゼという「民俗」の捉え方を論じたもの［及川　二〇一二］が現れている。その意味でも、ボゼ研究は新たなフェーズに入ったと言ってよいだろう。

ており、全身が植物の葉などで覆われている。仮面は全体的に赤く塗られおり、黒の縦縞が走っている。そして、丸く大きな目と大きく開いた口をもち、そこには大きな歯が描かれており、まさに「異形」と形容するしかない姿形をしている。盆踊りの会場には、このようなボゼが三体出現する。ボゼが広場に走り込んでくると、粛々と盆踊りが踊られていた空間が一気に騒々しくなる。ボゼはその場にいる人々を追いかけたり、ボゼマラと呼ばれる棒でたたいたりしながら広場中を駆け回っていく。ボゼマラとは、先端がやや丸くなっている棒であり、赤土が塗られている。この棒で叩かれると邪気が払われ、女性であれば子宝に恵まれるという。そうしてしばらくすると、ボゼは元の世界へと帰っていく。このようなボゼの出現について下野は、神であるボゼが死霊との関わる期間であった盆を終わらせて、人々を非日常から日常へと連れ戻す役割があると指摘している［下野　一九九五：八〇五］。

ボゼはその独特の風貌や盆の時期の悪石島に行かなければ見ることができない存在でもあったため、長らく「秘祭」とみなされてきた。しかし、近年では見学者希望者が増加したこともあって、現在では旅行会社による見学ツアーも実施されている（とはいえ、そのツアーは盆の時期に限られたものである）。また、いくつかの報告にも「ボゼを島外に出すことについてはかなり慎重だ」と述べられていたため、筆者もてっきり島に行かなければみれないものだと思っていた。しかし、近年では盆の時期以外に島内で開催されるイベントにボゼが出現したり、島を飛び出してイベントにも参加することもあるようだ。

その一例として、二〇一五年に鹿児島市で開催された国民文化祭の関連イベント「トカラの民俗芸能」を挙げてみよう。当該イベントはトカラの島々に伝わる民俗芸能を舞台で

写真6　国民文化祭のイベント会場に現れたボゼ（筆者撮影）

披露するというものであり、会場にはトカラ列島の出身者をはじめとして多くの観客が集まっていた。島の芸能が次々と披露され（奇しくも盆踊りが多かった）、最後の演目である「悪石島の盆踊り」が終わるやいなや会場にボゼが現れた（写真6）。ボゼマラを手にしたボゼは、島でもそうであるかのようにいきおいよく会場内を駆け回り、至るところから子どもたちの悲鳴や歓声があがっていた[10]。筆者の近くにもボゼマラを持ったボゼが迫ってきたが、間近でみると改めてその異形に圧倒された。ボゼはこのイベント以外にも、他の来訪神（三島村硫黄島のメンドンや黒島のオニメン、竹島のタカメン）とともに国民文化祭のオープニングイベントにも登場していた[11]。

このような近年のボゼの「活躍」は、民俗の観光利用の例としても注目される。しかし、それをもって直ちに「民俗の望ましくないあり方」とみなすには少し慎重になる必要がある。なぜなら、そもそも島内におけるボゼの扱いそのものに変化が生じている可能性もあるからだ［及川　二〇一一を参照］。この点においては今後の研究を待たなければならないが、島を取り巻く環境の変化とともに、祭りや神の扱い方も柔軟に変化していくものだと捉えた方がより現実的だといえる。

（10）　聞き取り調査を実施していないので断言はできないが、「盆踊り」が終わるとともにボゼが現れるという構成にしたのは、島で行われている「ボゼの出現」を再現しようとしたからではないかと推測される。

（11）　第30回国民文化祭鹿児島県実行委員会　２０１６　『第30回国民文化祭・かごしま２０１５公式記録』（オンラインドキュメント）より。URL: http://www.pref.kagoshima.jp/ab10/kokubunsai/documents/20160929_main.pdf（二〇一八年六月三〇日最終閲覧）

おわりに

以上みてきたように、鹿児島の島々には多様な神が去来し、島の人々の生活の一部となってきた。その一方で、神を待つ人々の暮らしも変化し、今や祭りの存続自体も危ぶまれている。それ以外にも、観光振興や地域振興といった場に「神」や「妖怪」が現れることもあり、かつ今後も似たようなケースが増えていくことが予想される。シマで暮らす人々がこうした「神」との付き合い方をどのように考え、どのような答えを出していくのか見守っていきたいと思う。

本稿でとりあげた大和村と悪石島以外にも、鹿児島の島々には魅力的な祭りが数多く存在している。地域に根ざした祭りをみることは、その地域での暮らしを理解することにつながる。観光地をめぐる旅もとても良いものだが、シマの祭りをめぐる旅も当地の文化を理解する一助となるだろう。

＊謝辞　本稿の執筆にあたって、写真を提供して下さった皆様に心より御礼申しあげます。

〔参考文献〕
伊藤高雄「歳暮・正月の行事」古典と民俗学の会編『奄美大和村の年中行事』一〇四―一三三頁　白帝社　一九八五年
及川高「ボゼの現在をいかに描くか―悪石島における盆行事の現代的動態をめぐって」『沖縄民俗研究』二

九号　二五－五一頁　二〇一一年
小野重朗『奄美民俗文化の研究』法政大学出版局　一九八七年
クライナー、ヨーゼフ「トカラ・悪石島の仮面行事」『民族学研究』三〇巻三号　二五五－二五六頁　一九六七年
クライナー、ヨーゼフ「南西諸島における神観念、他界観の一考察」住谷和彦・ヨーゼフ・クライナー編『南西諸島の神観念』一一－四六頁　未来社　一九七七年
佐藤有「仮面の空間：悪石島・ボゼ祭りを事例に」『神戸文化人類学研究』一号　二九－五七頁　二〇〇七年
下野敏見「トカラ列島のボゼについて」『民俗学評論』七号　五四－五七頁　一九七一年
下野敏見「トカラ列島の修験道文化」『南西諸島の民俗Ⅱ』一〇六－一二八頁　法政大学出版局　一九八一年
下野敏見「第三編　民俗文化」『十島村村誌』第一書房　一九九五年
下野敏見『奄美、吐噶喇の伝統文化－祭りとノロ、生活－』南方新社　二〇〇五年
下野敏見『南日本の民俗文化誌三　トカラ列島』南方新社　二〇〇九年
瀬尾満・杉浦一雄「オムケ・オーホリ」古典と民俗学の会編『奄美大和村の年中行事』一二一－一三三頁　白帝社　一九八五年
仲松弥秀『神と村』梟社　一九九〇年
渡辺巧「第十一章　現在の村落祭祀」大和村誌編集委員会編『大和村誌』八六一－八九九頁　大和村　二〇一〇年

column

差別に抗したマリアの島・奄美大島

宮下正昭

奄美大島の北部を車で走ると、集落ごとに教会がある。小さな集落には小さな、大きな集落にはそれなりのカトリック教会だ。その大小さまざまな教会の多くは白壁で、真っ青な空と海、山々の深い緑に映える。奄美大島が「マリアの島」と呼ばれるゆえんだ。

実は鹿児島県のカトリック信者率は全国で二番目に高い。と言っても一位の長崎県（四・三%）とはかけ離れて〇・五%（全国平均〇・三%）だが、大和村、奄美市、龍郷町の奄美大島北部の三市町村だけでみると、信者数が三三〇〇人余りで六・八%にもなる（「カトリック教会現勢2016」などから）。教会はこの三市町村に二九カ所もある。

奄美大島とカトリック。その出合いは薩摩藩による奄美支配にまでさかのぼらなければならない。藩政時代、薩摩藩は島の人々にサトウキビ栽培を強制し、年貢として搾取。貨幣の流通は許さず、比率の悪い物々交換での生活を強いた。名字は一文字だけ与え、本土の人間と区別した。明治維新となり藩が鹿児島県となっても黒糖の自由な売買を妨害し、県肝入りの商社に独占させる。抗議活動をする者は警察が取り締まった。

近代国家となっても続く圧政、差別。こうした状況を変えようと島の知識人らが動く。武装したわけではない。ストライキでもなかった。強いて言えば「心の武装」か。鹿児島市にあったキリスト教各派に伝道を要請したのだった。万民平等、個の確立という西洋思想こそ島の人々に必要という思いからだった。明治二四（一八九一）年のことだった。

その要請にいち早く応えたのがカトリック、ザビエル教会だった。神父が名瀬の港に下り立つと人々はその教

写真１　龍郷町の瀬留教会（国の有形文化財）

写真２　奄美市笠利の赤木名教会

話を熱心に聴き入った。あっという間に受洗者が続出した。神父らは教会を建てるための木材を購入し、建築作業員を雇うなど島に現金収入ももたらした。小学校の運動会では子どもたちに文房具など賞品を与えた。ハンセン病の治療、若者に奨学制度も設けた。そして島の人々が当初から願った女子の高等教育機関・大島高等女学校も設立する。

明治後期から大正、昭和の初めと、カトリック教会はすっかり島の風景になじんでいた。しかし、日本が国際連盟から脱退した昭和八（一九三三）年前後から島に配属された軍幹部らがカトリック敵視を強める。それに地元の新聞記者が呼応する。信者らは青年団員らから「転宗」を迫られ、教会には近づけなくなった。ミッションスクールの大島高等女学校はわずか一〇年で廃校。外国人神父は全員、島から出て行き、いくつかの教会は役場の庁舎にされてしまう。島にカトリック迫害の嵐が吹き荒れたのだった。

戦後、奄美は八年間、日本から切り離されて米軍統治下に置かれる。島の支配者がキリスト教の国となったことで、島の信者たちにとっては境遇が一転した時期だった。それから六五年、信者たちは高齢化が進み、信者数も少しずつ減っている。集落ごとの教会も実質閉鎖になったところも出てきている。それでも大小さまざまな教会から凛としたたたずまいを感じるのは、島の人々が本土からのさまざまな差別に、力ではなく、自らの心の解放を求めた遺産でもあるからだろう。

ザビエル滞鹿記念碑

島々のコンテンツ・ツーリズム

——中路武士

はじめに

　映画とは観光旅行である。映画館の暗闇のなかで矩形のスクリーンを通して映画作品を見る行為は、日常の生活世界から非日常の物語世界へと身を投ずる視覚的遊戯であり、ここではないどこかの風景にまなざしを向ける仮想的な移動体験にほかならない(1)。

　この観点から考えるならば、一八九五年にフランスでシネマトグラフを発明したリュミエール兄弟が、すぐさま世界中に撮影技師を派遣して、さまざまな場所の風景をフィルムにおさめ、まるで旅行会社のようにそれらを分類してカタログ化し、その映像を一般公開したという事実は興味深い。一九世紀末以降、ぼくらは、映画館の席にゆったりと座した

(1)　近森高明「映画館」、安村克己・堀野正人・遠藤英樹・寺岡伸悟編『よくわかる観光社会学』一三四―一三五頁　ミネルヴァ書房　二〇一一年

まま、潜在的に世界中を旅しているのである（仮想の旅）[2]。

しかし、そればかりでない。映画は現実的に観光旅行を誘発する装置なのである。映画は、圧倒的なリアリティの印象を観客に与え、場所のイメージを人々の意識に植え付ける。そして、映画作品のなかに足を踏み入れて、その物語の舞台となった憧憬の場所へ実際に訪れてみたいという欲望を喚起するのだ。

たとえば、『ローマの休日』（ウィリアム・ワイラー監督、一九五三年）のグレゴリー・ペックとオードリー・ヘップバーンのように、石畳の路上をヴェスパで駆け抜け、スペイン広場でジェラートを食べ、真実の口に手を入れてみたいと思ったことはないだろうか。あるいは、『甘い生活』（フェデリコ・フェリーニ監督、一九六〇年）のマルチェロ・マストロヤンニとアニタ・エクバーグのように、誰もいない静かな夜にトレヴィの泉へ忍び込んでみたいと感じたことはないだろうか――実際に、ぼくはローマを訪れたとき、映画撮影のロケ地に足を運び、登場人物たちの行為を真似て、写真を撮りながら観光をしたことがある。魅力的なイメージに導かれるように、「観客」は映画の舞台となった場所へ向かい、物語の世界を追体験しようとする「観光客」へと変身するのだ。

このように、フィルム・ツーリズムでは、映画という仮想的な移動体験が、観光旅行という現実的な移動体験へと結び付けられる。かつてダニエル・ブーアスティンは、現代の観光は、写真や雑誌などのメディアによって描写され評価され操作されて流通しているイメージを確認してなぞる「擬似イベント」の行為にすぎないと指摘したが[3]、映画のロケ地をめぐる観光旅行はその典型的な実例のひとつだろう。ジョン・アーリも述べているように、映画などのメディアによって生産される記号が、「観光のまなざし」という認識モー

(2)　アン・フリードバーグ『ウィンドウ・ショッピング――映画とポストモダン』井原慶一郎・宗洋・小林朋子訳　松柏社　二〇〇八年

(3)　ダニエル・ブーアスティン『幻影の時代――マスコミが製造する事実』後藤和彦・星野郁美訳　東京創元社　一九六四年

ドを構築し、強化しているのである。[4]

これは実写映画に限られたことではない。二〇〇〇年代以降、情報通信技術やデジタル・テクノロジーの発展とともに、アニメ作品の舞台を探訪するアニメ聖地巡礼（アニメ・ツーリズム）といわれる観光現象も急速に拡がっている。巡礼者たちは、アニメ作品の背景に描き出された風景をパソコンやスマートフォンを駆使して探し出し、キャラクターと同じような振る舞いをしながらその場所に立ち、画面と同じようなアングルと構図で写真を撮って確認する。そして、巡礼マップを作り、巡礼ノートにコメントを書き込み、地域住民と交流し、ＳＮＳで情報を拡散してその体験を共有する。[5] 京都アニメーションが制作したアニメ作品の聖地を巡礼したことがある人も少なくないはずだ。

映画のロケ地やアニメの聖地を観光する行為は、コンテンツ・ツーリズムと総称されることがある。[6] 以下に続く諸頁では、鹿児島、とりわけ南西諸島に弧状に連なる島々におけるコンテンツ・ツーリズムについて、与論島と種子島の特徴的な事例を取り上げながら紹介していきたい。

1　与論島のフィルム・ツーリズム

与論島は、奄美群島の最南端に位置する小さな島である。美しい珊瑚礁に囲まれたこの離島は、一九七二年に沖縄が本土に復帰するまで、「日本のいちばん南にある場所」だった。かつては交通環境も悪く、忘れられた困窮の島にすぎなかった。しかし、一九七〇年代に

（4）ジョン・アーリ＋ヨーナス・ラースン『観光のまなざし〈増補改訂版〉』加太宏邦訳　法政大学出版局　二〇一四年

（5）岡本亮輔『聖地巡礼――世界遺産からアニメの舞台まで』中公新書　二〇一五年

（6）コンテンツツーリズム学会・増淵敏之・溝尾良隆・安田亘宏・中村忠司・橋本英重・岩崎達也・吉口克利・浅田ますみ『コンテンツツーリズム入門』（古今書院　二〇一四年）。岡本健編『コンテンツツーリズム研究――情報社会の観光行動と地域振興』福村出版　二〇一五年など

なると、新聞や雑誌によって青い海に白い砂浜という南国イメージが創り上げられ、さらに都会からの解放、自由と恋愛の場所という神話が付加されることで、多数の若い男女が訪れるマス・ツーリズムの象徴の地となった。しかし、観光ブームが過ぎ去った現在、ギリシャのエーゲ海に浮かぶミコノス島（姉妹都市）をテーマにしたまちづくりの効果も薄く、観光客数は停滞の状態が続いている。(7)

ところが、二〇〇七年に公開された荻上直子《おぎがみなおこ》監督の映画作品『めがね』によって、与論島のイメージは大きく書き換えられ、その観客による新たな観光現象が生じている。それにともなって、観光のまなざしも大きく変容し、それが向けられる対象に新たな意味や価値が生み出されている。

「何が自由か、知っている」というキャッチコピーが付けられたこの映画には、大きな物語の起伏はない。観光や恋愛の要素もない。南の島を訪れたひとりの女性が、たどり着いた宿で出逢った人々の生活に徐々に適応し、食事をしたり、海を眺めたり、体操をしたりする日々が延々と描かれているにすぎない。スクリーンには、ゆったりとした緩い「島の時間」のなかで、どこへも行かず、何もせずに、かき氷やビールを手にただたそがれる登場人物のリラックスした姿が映し出されるばかりだ。荻上直子の作品らしく、物語の辻褄が一切説明されず、舞台設定や事物の根拠が示されないミニマムな形式の映画である。

この作品には、荻上直子がフィンランドのヘルシンキを舞台に監督した前作『かもめ食堂』（二〇〇六年）と同じように、ポスト消費社会の雰囲気、たとえばスローライフやロハス、ナチュラルやオーガニックといった言葉に表されるような「癒し」の空気感が漂っている。そして、人工的な都会生活に疲れ、時間に追われて忙しい人へ向けて、とりわけこ

（7）神田孝治「与論島観光におけるイメージの変容と現地の反応」『観光空間の生産と地理的想像力』二〇一—二二六頁　ナカニシヤ出版　二〇一二年

写真1　与論島ビレッジに再現されたロケセット

写真2　与論島ビレッジの犬

の作品にも登場するような女性をターゲットにして、日常から離れて旅に出て、自然に身を任せて自由になって、人生を再スタートすることが大切だと呼びかける。(8)

ぼく自身はこのような映画作品の形式にも内容にもまったく共感できず、評価には否定的な立場だが、メディアミックス効果も手伝って、『かもめ食堂』に続いて、『めがね』も興行的には成功をおさめており、荻上作品には固定ファンの観客も多い。そして、その観客たちのなかには、この映画の世界を追体験すべく、登場人物たちがたそがれた場所に憧れを抱き、与論島へ訪れる人々もいる。

実際、公開から数年経過した現在でも、『めがね』を見て、与論島へ訪れるひとり旅の若い女性が少なからず存在している。鹿児島大学とかごしまフィルムオフィス（鹿児島県フィルムコミッション事業）によるヨロン島観光協会や与論町役場商工観光課への聞き取り調査（二〇一五年）(9)では、都市部とは違う「島の時間」のなかで、ただゆったりとたそがれるためだけに、この小さな島を訪れる女性が毎年一定数存在することが明らかになった。

彼女たちは、映画の宿「ハマダ」の舞台となった宿泊施設「与論島ビレッジ」に泊まり、その敷地内にある復元さ

（8）加藤晴明・寺岡伸悟『奄美文化の近現代史——生成・発展の地域メディア学』一六〇頁　南方新社　二〇一七年

（9）地（知）の拠点整備事業：火山と島嶼を有する鹿児島の地域再生プログラム（平成二六年度地域志向教育研究経費）「与論町における映画「めがね」によるロケ地観光の実態調査：鹿児島県内のロケ地観光開発のモデル化事業」　萩野誠・中路武士・酒井佑輔・古垣寿子

写真3　トゥマイビーチへの道

写真4　トゥマイビーチの海

れたロケセットのキッチンで休憩し、映画にも登場した飼い犬と戯れる。そして、登場人物たちが体操をしたり、かき氷を食べたりした「トゥマイビーチ」へ訪れて、何もせずに時間を過ごし、ぼーっとしてたそがれる。もちろん、主人公の足跡を追ってロケ地を散策する観光客も少なくなく、その記録をブログやSNSを通じて発信する者もいる。

彼女たちからの問い合わせも増え、現在、ヨロン島観光協会ではロケ地マップを作成したり、町営の資料館「サザンクロスセンター」に映画で実際に使用された自転車を展示したりして、観光振興に乗り出している。また、映画公開当初は積極的な宣伝活動を控えていた観光協会も、ホームページに特集コーナーを設け、「映画『めがね』ロケ地コース」を掲載し、モデルコースの道順や所要時間などを案内している。(10)

さらに、ぼくらの調査では、観光客（ゲスト）のなかには、ただ映画の世界を追体験するだけにとどまらず、同じく『めがね』を見てひとり旅で訪れた人と触れ合い連れ立ったり、積極的に島民（ホスト）と交流したりする者がいるということも明らかになった。『めがね』に表象された「島の時間」を実際に生きる島民たちは、ほどよい距離感で彼

（10）ヨロン島観光協会「ヨロン島観光ガイド（特集：映画『めがね』ロケ地コース）」http://www.yorontou.info/feature/e00020.html（二〇一八年八月二〇日最終閲覧）

女たちを受け入れる。ゲストとホストのコンフリクトもほとんど生じていない。そして、島民たちを通して、与論島の文化に触れ、観光地の「舞台裏」を――たとえそれがディーン・マキァーネルのいう「演出された真正性」であっても[11]――目の当たりにした人の多くは繰り返し足を運ぶリピーターとなり、興味深いことにそのなかには移住してきた者もいる。

現状では、奄美群島の観光の動向に大きな影響を与えているとはいえないものの、このように与論島では、観光客が途切れることのない、細く長い持続的なフィルム・ツーリズムの可能性を確認することができる。

(11) ディーン・マキァーネル『ザ・ツーリスト――高度近代社会の構造分析』安村克己・須藤廣・高橋雄一郎・堀野正人・遠藤英樹・寺岡伸悟訳 学文社 二〇一二年

2 種子島のアニメ聖地巡礼

種子島は、本土最南端の佐多岬から南に約四〇㎞に位置する細長い大きな島である。隣島の屋久島が『もののけ姫』(宮崎駿監督、一九九七年)で描き出されたような、縄文杉や白谷雲水峡に代表される豊かな自然の島というイメージを有するのに対して、種子島は自然だけでなく、鉄砲伝来に端を発する文化と技術の島、日本屈指のサーフィンのメッカ、そして世界一美しいロケット発射場のある「宇宙にいちばん近い場所」というイメージを有している。[12] 宇宙ロケットや巨大ロボットなどが登場するアニメ作品の舞台として選定されることもあり、自然の風景と人工の風景が融合した特有のイメージが創り出されている。それゆえ、首都圏に比すれば極めて利便性の悪いこの島に、アニメ聖地巡礼を目的に訪れ

(12) 桑原季雄「屋久島と種子島の観光化の現状」『南太平洋海域調査研究報告』第五六号 四九―五二頁 鹿児島大学国際島嶼研究センター 二〇一五年

る観光客は少なくない。

とくに、二〇〇七年に公開された新海《しんかい》誠《まこと》監督の『秒速5センチメートル』の聖地巡礼者は、公開後一〇年以上経過した現在でも、まったく途切れることがない。

この作品では、互いに惹かれ合いながらも、結ばれることがない男と女のメロドラマが短編三話の連作で描かれている。第二話「コスモナウト」は種子島を舞台とし、長年想いを寄せる男子高校生に告白できずに終わる女子高校生の悲恋が物語られる。登場人物の心情の起伏に呼応するように、綿密に丁寧に描写される自然の風景――息を呑むほどに美しい星空や積乱雲、大波が打ち寄せる海、緑の中を走る農道や畦道――が瞠目すべき作品だ。さらに新海誠は、その自然の風景に、人工の風景――宇宙へと一直線に打ち上げられるロケットの噴射流――を重ね合せ、世界でも種子島でしか見ることができない、他所とは差異化された独自の場所のイメージを見事に創り上げている(13)。

これらの風景は、新海誠が自らデジタルカメラで撮影した写真をもとに創り上げたもので、そのほとんどは種子島に実在している。島民にとっては何気ない日常の風景であり、実際に足を運んで取材しないとわからない場所も多い。だが、この圧倒的な背景美術には、種子島の景色を日常から切り離し、登場人物の心情を反映しながら非日常の場所に書き換えて観客を魅了するスケール感と存在感がある。実際、デジタル・テクノロジーを駆使して描き出された憧憬の場所に導かれて、数多くの巡礼者が自然発生的に種子島に足を運び、アニメの背景美術から実際の風景を探し出し、『秒速5センチメートル』の世界を追体験している。登場人物たちの足跡をたどるべく、本土から何日もかけて、劇中で通学に使用された原付バイクと同型の「スーパーカブ50」(ホンダ)で来島する人もいるから驚き

(13) 加藤幹郎「風景の実存――新海誠アニメーション映画におけるクラウドスケイプ」、加藤幹郎編『アニメーションの映画学』一一一―一四九頁 臨川書店 二〇〇九年。『ユリイカ 詩と批評 9月号』第四八巻第一三号、特集:新海誠――『ほしのこえ』から『君の名は。』へ、青土社など。新海誠は、実際にH2Aロケットの打ち上げを見て、ボイジャーをモデルにして、この背景美術を描き出した。

写真5　種子島中央高等学校

写真6　中山海岸

写真7　旧種子島空港

写真8　グリーンホテルさかえ205号室からの眺望

である。

　この作品の聖地は、主人公の二人が通う「種子島中央高等学校」をはじめ、女子高校生がサーフィンの練習を行う「中山海岸」、旅立つ飛行機を見送る「旧種子島空港」、さらにはロケーション・ハンティングのときに新海誠が宿泊した「グリーンホテルさかえ」の二〇五号室など中種子町に点在しているが、その中心となるのは小さなコンビニエンスストア「アイショップ石堂《いしどう》大平《おおだいら》店」である。この店は、主人公の二人が学校帰りに訪れ、ヨーグルッペとデーリィコーヒーを購入する場所で、同じく新海誠が監督して大ヒットを記録したアニメ『君の名は。』(二〇一六年)にも再登場したことで話題となった。登場人物と同じ飲料を購入して、店の外に置かれたベンチに座って口にし、記念撮影をして写真をSNSで発信することが、巡礼者の定番の行為となっている。これらの写真をもとに、独自の巡礼マップを作成し、Twitterを介して監督本人とコミュニケーションをとるものもいる。

「アイショップ石堂大平店」には、二〇一〇年九月から巡礼ノートが置かれている。作品の感想から観光客の巡礼体験まで、種子島の自然の印象から島民たちの温かな対応まで、三冊にもわたって一三〇〇を超える書き込みがびっしりとされている。ぼくの指導のもとゼミ生が行った調査(二〇一七年)[14]によると、それらの書き込みの約一五%がリピーター

写真9　アイショップ石堂大平店

写真10　ヨーグルッペとデーリィコーヒー

写真11　巡礼ノート

(14) 白川明香里「地域とアニメ聖地巡礼——種子島の事例を通して」平成二九年度鹿児島大学法文学部人文学科メディアと現代文化コース卒業論文

によるものであり、また、九州外の都市部からの巡礼者によるものが約七五％であった。ここから、この作品をきっかけに、日本中から何度も種子島へ訪れる観光客が少なくないことがわかる。さらに注目すべきは、新海作品の国際的な人気を裏付けるように、海外――とくに中国や台湾や韓国などの東アジア諸国――からの巡礼者の書き込みが年々増え続け、現在は約一〇％以上にも達していることだ。同様に、「グリーンホテルさかえ」の二〇五号室にある巡礼ノートにも東アジア諸国から来島した聖地巡礼者のコメントが数多く書き込まれている。このような国内外の観光客に向けて、中種子町役場は、公式の観光マップや市街地マップで、『秒速5センチメートル』の聖地を、同じく種子島を舞台とした『ロボティクス・ノーツ』（二〇一二年―二〇一三年）のそれとともに積極的に取り上げるようになっている[15]。

そして興味深いことに、その地図を手にしながら、あるいはスマートフォンでGoogleマップを見ながら聖地を巡礼する観光客たちは、『秒速5センチメートル』が――たとえ新海誠が実際の風景をもとに現実と見紛うような背景美術を描き起こしているとしても――あくまでもアニメであって、虚構にすぎないことを知っているのである。それゆえ、種子島では、真正性を求めることをせずに、虚構を虚構として受け入れ、虚構を虚構として楽しむという「ポスト・ツーリズム」の需要が生まれていると考えられる[16]。

鹿児島の映画館では一般公開されることのなかった、ひとつの小さなアニメ作品が、種子島の観光の動向に少なくない影響を及ぼしはじめているのだ。

（15）　中種子町役場「中種子町観光情報　おじゃり申せ　なかたね！」http://town.nakatane.kagoshima.jp/koho/machinojoho/kanko/index.html（二〇一八年八月二〇日最終閲覧）

（16）　須藤廣「ポスト・ツーリズムとディスニーランド――ディズニーランド研究のために」『北九州市立大学国際論集』第一二号　一八七―一九九頁　北九州市立大学国際教育交流センター

おわりに

南西諸島では、与論島や種子島ばかりでなく、近年でも『二つ目の窓』（河瀬直美監督、二〇一四年）や『海辺の生と死』（越川道夫監督、二〇一七年）をはじめ、奄美大島や加計呂麻島、徳之島や沖永良部島などを舞台に、数多くの映画が撮影されてきており、それぞれの島に固有のイメージが創り上げられている。また、島々だけではなく、『浮雲』（成瀬巳喜男監督、一九五五年）の鹿児島本港から『奇跡』（是枝裕和監督、二〇一一年）の鹿児島中央駅まで、本土を舞台として撮影された傑作も枚挙にいとまがなく、今後も複数の作品の公開が控えている。さらに映画だけでなく、テレビドラマやアニメの世界でも、鹿児島や南西諸島はたびたび登場している。そして、そこで描かれた風景のなかに実際に身を投じ、登場人物になりきり、物語の世界に浸ろうとロケ地や聖地を探訪する観光客も少なからず存在する。

現在、地域振興や地域活性化といった観点からコンテンツ・ツーリズムには大きな期待が寄せられている。しかし、観光客と地域住民のあいだには多種多様な文化政治的・地政学的・社会学的な関係が複層的にせめぎあっており、学術的にも理論的な考察と分析がまだ薄く、課題がないわけではない。明治維新一五〇周年の二〇一八年、NHK大河ドラマ『西郷どん』の舞台となった鹿児島では、本土だけでなく、死の淵を彷徨った西郷隆盛が配流され再生を果たした奄美大島や沖永良部島でも、三週間にわたってかなり大規模な撮影が行われたのだが、はたしてそれは島々に新たなコンテンツ・ツーリズムを惹き起こすだろうか、そしてそれはどのような観光現象として立ち現れるだろうか――これから新たな観察と分析が待たれる。

＊本稿はＪＳＰＳ科研費　ＪＰ１７Ｋ１７９６３の助成を受けたものです。

鹿児島県内の博物館および文化施設

※鹿児島県博物館協会発行「かごしまミュージアムガイド」及び各施設ホームページ等を基に作成．
※2018年６月現在の情報です．

１．鹿児島県歴史資料センター黎明館

鹿児島市城山町７－２　TEL：099（222）5100　FAX：099（222）5143

昭和58（1983）年，鹿児島城（鶴丸城）本丸跡地に開館．平成８（1996）年にリニューアル．鹿児島の特色ある考古，歴史，民俗，美術・工芸を紹介．

■開館時間　9：00～18：00（入館は17：30まで）
■休館日　月曜日（祝日の場合は翌日），毎月25日（土・日は開館），12月31日～１月２日
■入館料　一般310円（230円），高・大生190円（120円），小・中生120円（60円）
（　）は20名以上の団体料金

２．尚古集成館

鹿児島市吉野町9698－１　TEL：099（247）1511　FAX：099（248）4676

大正12（1923）年に開館した歴史系博物館．本館と別館があり，本館の建物は慶応元（1865）年に完成した薩摩藩の機械工場で，重要文化財となっている．島津家の歴史文化と，幕末，日本の近代化・工業化をリードした「集成館事業」に関する資料を展示．

■開館時間　8：30～17：30
■休館日　なし
■入館料　一般（高校生以上）1，000円（900円，850円），小・中生500円（450円，400円）
（　）は20名以上，100名以上の団体料金
隣接の仙巌園と共通で観覧できる

３．鹿児島市立西郷南洲顕彰館

鹿児島市上竜尾町２－１　TEL：099（247）1100　FAX：099（247）3373

西郷隆盛の生涯をジオラマで紹介し，西郷隆盛の直筆書・衣服・遺品や関係のあった人物，西南の役等の資料を展示する．

■開館時間　9：00～17：00（入館は16：40まで）
■休館日　月曜日（祝日の場合は翌日，１月２日または３日が月曜の場合は開館して４日が休館）
12月29日～１月１日　※平成30年２月～平成31年３月までは無休で開館
■入館料　大人200円（160円），小人100円（80円）
（　）は20名以上の団体料金

４．鹿児島県立博物館

鹿児島市城山町１－１　TEL：099（223）6050　FAX：099（223）6080

昭和28（1953）年に開館した自然史系の博物館．本館では南北600km におよぶ鹿児島県の豊かな自然をジオラマや標本等で再現．宝山ホール４階の別館には恐竜などの化石展示室とプラネタリウムあり．

■開館時間　9:00～17:00（入館は16:30まで）
■休館日　月曜日（祝日の場合は火曜日），毎月25日（25日が土・日・祝日の場合は第４火曜日），特別整理休館日（原則偶数月の第２火曜日），９月上旬の１日間（全館燻蒸），12月29日～１月１日
■入館料　無料
プラネタリウムは有料　小・中生110円，高校生以上200円（土曜日は高校生以下無料）

5．鹿児島市立美術館

鹿児島市城山町４-36　TEL：099（224）3400　FAX：099（224）3409

昭和60（1985）年に新装開館した．黒田清輝など鹿児島ゆかりの作家の作品や，桜島など風土を題材とした作品を中心に，ルノワール，モネほかの西洋美術作品あわせて4,300点以上の収蔵品を展示替えしながら紹介する．
■開館時間　9:30～18:00（入館は17:30まで）
■休館日　月曜日（祝日の場合は翌平日），12月29日～１月１日
■入館料　一般300円（240円），高・大生200円（160円），小・中生150円（120円）
（　）は20名以上の団体料金，年間パスポートあり

6．鹿児島市維新ふるさと館

鹿児島市加治屋町23-１　TEL：099（239）7700　FAX：099（239）7800

幕末の薩摩や日本の様子と明治維新を支えた英雄たちの姿を展示する．映像，ゲームなど多彩な演出で分かりやすく紹介しており，幕末，明治維新を楽しく学べる．
■開館時間　9:00～17:00（入館は16:30まで）
■休館日　なし
■入館料　大人（高校生以上）300円（240円），小・中生150円（120円），未就学児無料
（　）は20名以上の団体料金，年間パスポートあり

7．公益財団法人長島文化財団　長島美術館

鹿児島市武三丁目42-18　TEL：099（250）5400　FAX：099（250）5478

桜島と市街地を一望できる丘の上の美術館．亜熱帯樹と四季の花々に包まれた庭園があり，館内には黒田清輝など郷土作家のほかロダンやシャガールなどの絵画や彫刻，薩摩焼や南米大陸先史美術品など約1,000点を展示する．
■開館時間　9:00～17:00（入館は16:30まで）　※元日は開館時間が変更になる場合あり
■休館日　火曜日（祝日の場合は翌平日）　※特別企画展等の期間は開館する場合あり
■入館料　常設展　一般1,000円（800円），高・大生800円（640円），小・中生400円（320円），シニア（65歳以上）500円
（　）は20名以上の団体料金

8．鹿児島市立科学館

鹿児島市鴨池二丁目31-18　TEL：099（250）8511　FAX：099（256）1319

地球の科学・宇宙の科学・サイエンスラボの３つの展示ゾーンに，桜島の巨大模型・様々な実験ショーが楽しめる「科学劇場」や，科学工作に挑戦できる工房等，参加体験型の展示物を72点展示する．「宇宙劇場」ではプラネタリウムで１千万個の星を映し出す．
■開館時間　9:30～18:00（入館は17:30まで）

■休館日　火曜日（祝日，1月2・3日の場合はその後最初の平日），12月29日～1月1日
■入館料　高校生以上400円（320円），小・中生150円（120円），幼児無料
宇宙劇場は別途観覧料が必要　高校生以上500円（400円），小・中生200円（160円）
（　）は20名以上の団体料金

9．一般財団法人　三宅美術館

鹿児島市谷山中央一丁目4319－4　TEL：099（266）0066　FAX：099（266）0086

絵画と陶磁器を展示．絵画は海老原喜之助や中間冊夫，吉井淳二，岩下三四，矢澤一翠，長尾淘太らを中心とした郷土関連作家の作品を，焼物は薩摩・琉球の陶磁器と初代から現代に至る長太郎焼を一堂に展示．
■開館時間　10：00～16：30
■休館日　水曜日，年末年始，臨時休館あり（資料整理・企画展準備等）
■入館料　一般（大学生含む）500円（300円），高校生300円（200円），小・中生200円（100円），70歳以上100円（50円）
（　）は20名以上の団体料金，年間パスポートあり

10．奄美の里

鹿児島市南栄1－8　TEL：099（268）0331　FAX：099（267）7419

16,000坪の敷地の中に，奄美の昔の生活を再現した奄美資料館や，大島紬の工程の一部を見学できる屋内工場がある．また，奄美を象徴する壮大な日本庭園の散策もできる．
■開館時間　9：00～17：00
■休館日　なし
■入園料　一般400円（300円），高校生300円（200円），小・中生200円（100円），園児・幼児無料
（　）は15名以上の団体料金

11．公益財団法人　児玉美術館

鹿児島市下福元町8251－1　TEL：099（262）0050　FAX：099（284）6200

昭和60（1985）年，鹿児島市初の私立美術館として開館．海老原喜之助・大嵩禮造など郷土作家の絵画や鹿児島の古陶器と現代陶器を収蔵．白薩摩の逸品や種子島の熊野焼などもあり．広大な敷地に自然遊歩道や小川を有し，四季の自然が楽しめる美術館公園．
■開館時間　10：00～16：00
■休館日　月曜日（祝日の場合は翌日），12月11日～1月3日（館内整理）
■入館料　一般　500円（400円），高・大生300円（250円），小・中生200円（150円）
（　）は15名以上の団体料金（事前申込みが必要）

12．鹿児島市平川動物公園

鹿児島市平川町5669－1　TEL：099（261）2326　FAX：099（261）2328

昭和47（1972）年開園．平成28（2016）年3月に7年間のリニューアル事業が完了．桜島と錦江湾を臨むアフリカ園ではキリンやシマウマ，サイ，ダチョウなどがのびのびと暮らす．国際親善動物であるコアラやレッサーパンダ，鹿児島固有の動物など，南国鹿児島を体感しながら約140種の動物に出会える．
■開園時間　9：00～17：00（入園は16：30まで）　※16時前から一部見られなくなる動物あり
■休園日　12月29日～1月1日

■入園料　一般（高校生以上）500円（400円），小・中生100円（80円）
（　）は20名以上の団体料金，年間パスポート，かごしま水族館との共通チケットあり

13. 鹿児島市立ふるさと考古歴史館

鹿児島市下福元町3763-1　TEL：099（266）0696　FAX：099（284）5274

鹿児島市内の遺跡から出土した発掘品を中心に，市内の歴史を分かりやすく展示した参加体験型の博物館．鹿児島市の約1万2,000年前の人々の暮らしを再現したジオラマは国内最大級．

■開館時間　9：00～17：00
■休館日　月曜日（祝日の場合は翌平日），12月29日～1月1日
■入館料　大人（高校生以上）300円（240円），小・中生150円（120円）
（　）は20名以上の団体料金

14. かごしま水族館

鹿児島市本港新町3-1　TEL：099（226）2233　FAX：099（223）7692

鹿児島の海の生きものを中心に約500種3万点を展示．巨大なジンベエザメが泳ぐ黒潮大水槽は圧巻．観客参加型の「いるかの時間」，ジンベエザメやゴマフアザラシの食事解説など毎日のイベントも充実．海に繋がる屋外水路では，無料でイルカのパフォーマンスを間近に見ることができる．

■開館時間　9：30～18：00（入館は17：00まで）
GW・夏休みの土・日，お盆期間等は21：00まで（入館は20：00まで）
■休館日　12月の第1月曜日～4日間
■入館料　高校生以上1,500円（1,200円），小・中生750円（600円），4才以上350円（280円）
（　）は20名以上の団体料金

15. かごしま近代文学館　かごしまメルヘン館

鹿児島市城山町5-1　TEL：099（226）7771　FAX：099（227）2653

近代文学館は，鹿児島にゆかりの文学者や鹿児島を舞台にした作品を紹介．「文学アトリエ」では楽しみながら文学に親しめる体験型展示あり．メルヘン館では，ミニアスレチックやトリックアートなどで遊びながら絵本の世界を体感できる．

■開館時間　9：30～18：00（入館は17：30まで）
■休館日　火曜日（祝日の場合は翌日），12月29日～1月1日
■入館料　各館　一般300円（240円），小・中生150円（120円），
共通　一般500円（400円），小・中生250円（200円）
（　）は20名以上の団体料金

16. 一般財団法人　陽山美術館

鹿児島市山下町8-3美術館ビル5F　TEL：099（239）5555　FAX：099（227）0555

郷土出身の海老原喜之助，北九州出身の平野遼の作品を中心に収蔵展示．東郷青児の「パラソルさせる女」，海老原ブルーの代表作「雪景100号」は館の目玉．

■開館時間　10：30～13：00，14：30～16：00（入館は15：30まで）
■休館日　土～月曜日，祝日，12月1日～2月末日，8月13～15日
■観覧料　一般500円（400円），高校生400円（300円），小・中生300円（200円）

（　）は20名以上の団体料金

17. 石橋記念公園・石橋記念館

鹿児島市浜町１－３　TEL：099（248）6661　FAX：099（248）6662

江戸時代末期，甲突川に架けられた五石橋のうち，平成５（1993）年の集中豪雨災害で流出を免れた西田橋，高麗橋，玉江橋の三石橋を移設復元した公園．園内に併設された石橋記念館は，石橋の歴史や架橋技術について映像やパネル等で紹介しており，楽しく学ぶことができる．

■開館時間　9:00～17:00（７・８月は19:00まで）
■休館日　月曜日（祝日の場合は翌日），12月31日～１月２日（１日，２日は臨時開館あり）
公園内は常時開園
■入館料　無料

18. 鹿児島大学総合研究博物館

鹿児島市郡元１－21－30　TEL：099（285）8141　FAX：099（285）7267

平成13（2001）年に国立大学７番目の総合研究博物館として設置．平成16（2004）年に設置した常設展示室は，昭和３（1928）年建築の国登録有形文化財である．鹿児島大学が所蔵する資料を用いて，鹿大に眠る遺跡，鹿大の教育研究史，地球のめぐみ，鹿児島の海と生命の歴史，などのコーナーを設けて展示．

■開館時間　10:00～17:00（入館は16:30まで）
■休館日　日・月曜日，祝祭日，年末年始（土曜日臨時休館，月曜日臨時開館あり）
■入館料　無料

19. 鹿児島国際大学博物館実習施設　考古学ミュージアム

鹿児島市坂之上８－34－１鹿児島国際大学５号館１階　TEL：099（261）3211　FAX：099（261）3299

平成14（2002）年開設，平成16（2004）年に博物館相当施設に指定．考古資料を中心に展示し，収蔵品や学術発掘の出土品などで構成．学術的な情報の発信を目指す．

■開館時間　9:30～16:00
■休館日　水・土・日曜日，大学の長期休業中，国民の休日は閉館　※ただし特別開館の時あり
■入館料　無料

20. 公益財団法人　中村晋也美術館

鹿児島市石谷町2366　TEL：099（246）7070　FAX：099（246）7071

文化勲章受賞者（彫刻家）中村晋也のアトリエに隣接した美術館．平成９（1997）年開館．館内には釈迦十大弟子や代表作「ミゼレーレ」シリーズをはじめ，「若き薩摩の群像」「大久保利通像」，屋外に設置されているブロンズ像の原型などおよそ1,000点を収蔵．平成20（2008）年には「ブロンズ原型展示室」を新築．

■開館時間　10:00～17:00（入館は16:30まで）
■休館日　月曜日（休日の場合は翌日），12月29日～１月３日
■入館料　一般500円（400円），高校生200円（160円），小・中生100円（50円）
（　）は20名以上の団体料金

21. 鹿児島女子短期大学附属博物館

鹿児島市高麗町６−９　TEL：099（254）9191　FAX：099（254）5914

平成14（2002）年５月に設置．平成21（2009）年４月に高麗町にキャンパス移転後，現在は本館３階に設置され，折々に企画展を行っている．

■開館時間　10:00〜16:00　※一般公開は紫苑祭（毎年10月）当日のみ
■入館料　無料

22. 桜島ビジターセンター

鹿児島市桜島横山町1722-29　TEL：099（293）2443　FAX：099（293）2443

桜島フェリー乗り場すぐそばにある．桜島のことを楽しく学べる火山のミニ博物館．桜島の歴史や自然について分かりやすく解説し，様々な情報を紹介．ハイビジョンシアターやジオラマなどによって生きた桜島を体感することができる．地域の観光情報も発信．

■開館時間　9:00〜17:00
■休館日　なし
■入館料　無料

23. 一般財団法人岩崎育英文化財団　岩崎美術館

指宿市十二町3755　TEL：0993（22）4056　FAX：0993（24）3017

昭和58年（1983）年，実業家岩崎與八郎により指宿いわさきホテル隣接地に開設された美術館．平成10（1998）年，岩崎芳江工芸館を併設．フランス近代絵画や現代の外国作家の絵画，黒田清輝等郷土作家をはじめ日本作家の油彩画や日本画，墨書等を収集・展示．

■開館時間　8:00〜17:00（入館は16:30まで）
■休館日　なし
■入館料　一般300円，高校生以下無料

24. 指宿市考古博物館　時遊館COCCOはしむれ

指宿市十二町2290　TEL：0993（23）5100　FAX：0993（23）5000

国指定史跡の橋牟礼川遺跡に隣接する体験型博物館．南九州の古代の歴史や文化を紹介．100席ある歴史劇場では集落模型と映像が一体となった橋牟礼川遺跡発見のドラマを上映．また，実物大で再現した古墳時代のムラでは古代の１日を体感できる．勾玉作りや絵付け体験など体験学習も充実．

■開館時間　9:00〜17:00（入館は16:30まで）
■休館日　月曜日，第４水曜日（祝日の場合は翌日），12月29日〜１月３日
■入館料　一般510円（410円），高・大生410円（300円），小・中生300円（200円）
（　）は20名以上の団体料金，年間パスポート，砂むし温泉との共通券あり

25. 薩摩伝承館

指宿市東方12131−４（知林の里）　TEL：0993（23）0211　FAX：0993（22）3246

平成20（2008）年開館．幕末から明治期にかけてひと際輝いた薩摩の歴史や文化を紹介する美術館．世界に評価されて海を渡った薩摩金襴手，薩摩焼や薩摩画壇の作品などを展示．建物は日本の伝統建築を踏襲した本瓦葺で，水辺に浮かぶ風景が美しい．

■開館時間　8:30〜18:00（18:00まで入館可）
■休館日　なし

■入館料　大人1,500円（1,350円），大学生1,200円（1,080円），高校生600円（540円），小・中生300円（270円）
（　）は15名以上の団体料金，年間パスポートあり

26. フラワーパークかごしま

指宿市山川岡児ヶ水1611　TEL：0993（35）3333　FAX：0993（35）3555

温暖な気候と天然の松林に囲まれた地形を生かした，世界各地の植物が楽しめる植物公園．広大な敷地に南アフリカやオーストラリアなど世界各地の亜熱帯植物を栽培．開聞岳を背景にした花広場や鹿児島湾を一望できる展望回廊，屋内庭園などがある．

■開園時間　9：00～17：00（入園は16：30まで）
■休園日　12月30日，31日
■入園料　高校生以上620円（490円），小・中生300円（240円），幼児・県内居住70歳以上無料
（　）は20名以上の団体料金

27. 枕崎市文化資料センター南溟館

枕崎市山手町175　TEL：0993（72）9998　FAX：0993（72）9998

昭和63（1988）年に開館した美術館．枕崎市が水産業を中心に発展してきた町であることから，建物は船のイカリをモチーフにデザインされている．郷土にゆかりのある作家の作品と，現代美術の全国コンクール『風の芸術展』入賞作品を収蔵，展示．

■開館時間　9：00～17：00（入館は16：30まで）
■休館日　月曜日（祝日の場合は翌日），12月28日～1月4日
■入館料　無料（特別企画展はその都度定める料金で有料）

28. 南さつま市立加世田郷土資料館

南さつま市加世田川畑2650-1　TEL：0993（53）2111　FAX：0993（52）0026

島津中興の祖，島津忠良（日新公）の直筆の書や愛用の道具などの遺品を中心に展示するほか，国指定を受けている栫ノ原遺跡をはじめ縄文時代の貴重な遺跡の遺物を数多く展示．また，代表的産業である農業・鍛冶・養蚕についての民俗資料も展示している．

■開館時間　9：00～17：00
■休館日　火曜日（祝日の場合は翌日），館内整理期間，祝日，12月29日～1月3日
■入館料　無料

29. 南さつま市笠沙美術館（黒瀬展望ミュージアム）

南さつま市笠沙町赤生木8670　TEL：0993（63）0990　FAX：0993（63）0990

平成10（1998）年開館．海を臨む黒瀬の高台にある美術館．地元の美術家の作品を中心にさまざまな展示や企画展を開催．館自体が展望台としても親しまれており，ここから眺める東シナ海と沖秋目島の風景は美しく，空気が澄んだ日には遠く黒島も眺望できる．

■開館時間　9：00～17：00
■休館日　火曜日，12月30～1月1日
■入館料　無料（ただし特別展の内容によって有料の場合あり）

30. 南さつま市坊津歴史資料センター輝津館

南さつま市坊津町坊9424-1　TEL：0993（67）0171　FAX：0993（67）0131

日本三津の一つに数えられる歴史的港町坊津を学べる資料館．町内の歴史民俗資料等を展示，収蔵．海外との貿易で繁栄していた時代の貿易品などの資料や，県史跡一乗院にまつわる仏教美術資料，カツオ漁業等の民俗資料など貴重な文化財を展示．

■開館時間　9:00～17:00（入館は16:30まで）
■休館日　なし（ただし臨時休館あり）
■入館料　大人（高校生以上）300円（210円），小・中生100円（70円），幼児無料
（　）は20名以上の団体料金

31. 吉井淳二美術館

南さつま市加世田武田13877-3　TEL：0993（53）6778　FAX：0993（52）7107

平成4（1992）年開館．文化勲章受章者・吉井淳二の作品，油絵・素描・版画などを収蔵．一階に主として吉井淳二の油彩を展示．二階には「思い出につながるゆかりの作家の小品」を置く．他に，彫塑界の第一人者，佐藤忠良・舟越保武の作品やガラス工芸家藤田喬平の作品を展示．企画展も年数回開催．

■開館時間　10:00～17:00（入館は16:30まで）
■休館日　年始（元旦のみ）
■入館料　無料

32. 小さな宮田美術館

南さつま市坊津町坊9329番地　TEL：090（2580）3048

首都圏にて半世紀収集した幅広い絵画団体・有名画家・文化人の作品等，約80点．薩摩・坊津に流され，お仮屋・宮田家に滞在した近衛公にお仕えし，誕生した庶子・薩摩藩士の子孫（画家・学芸員）により開館．

■開館時間　要予約
■休館日
■入館料　一般1,000円（800・600・500・300円），小・中生500円（400・300・200・100円）
（　）は5名，10名，20名，30名以上の団体料金
鹿児島県民　一般800円（600・500・300円），小・中生400円（300・200・100円）
（　）は5名，10名，20名以上の団体料金

33. 笠沙恵比寿

南さつま市笠沙町片浦14847-1　TEL：0993（59）5020　FAX：0993（64）2281

笠沙恵比寿は，博物館だけでなく宿泊施設，レストラン，売店，お風呂等を有する複合施設．博物館部門は，「海と漁」「海とヨット」「海と自然」「海と舟」の4つの展示に分かれており，笠沙と笠沙の沿岸漁業に関する展示が中心．各種体験メニューも充実．

■開館時間　9:00～17:00
■休館日　なし
■入館料　大人200円，中学生以下無料

34. 南さつま市立歴史交流館金峰

南さつま市金峰町池辺1535番地　TEL：0993（58）4321　FAX：0993（58）4322

南さつま市金峰町の文化財を中心に収蔵・展示．古くから交易が盛んであった南さつまの歴史と文化を，豊富な展示品と映像，模型で分かりやすく紹介している博物館．テーマは「文化財を通じた歴史と交流」．

■開館時間　9:00～17:00（入館は16:30まで）
■休館日　月曜日（祝日の場合は翌日），12月29日～1月3日
■入館料　高校生以上300円（210円），小・中生150円（70円），幼児無料
（　）は20名以上の団体料金

35. ミュージアム知覧

南九州市知覧町郡17880　TEL：0993（83）4433　FAX：0993（83）3055

海流に乗り，山野を越えてもたらされた文化が融合して形成された南薩摩独特の歴史や文化を紹介する施設として平成5（1993）年に開館．音や映像で楽しむシアターや比較民族，武家屋敷，知覧城跡，薩摩のかくれ念仏などについて分かりやすく紹介．

■開館時間　9:00～17:00（入館は16:30まで）
■休館日　水曜日（祝日を除く），12月29日～12月31日，7月1日～7月3日（燻蒸のため）
■入館料　大人（高校生以上）300円（280円），小人（小・中学生）200円（180円）
（　）は30名以上の団体料金　※特攻平和会館との共通券あり　大人600円，小人400円

36. 南九州市頴娃歴史民俗資料館

南九州市頴娃町郡9278　TEL：0993（83）4433　FAX：0993（83）3055

歴史資料，石塔類を中心とした「写真」「パネル」「産業資料」の3つに分類．特に農作業や漁撈，日常生産活動で使われた民具など，民俗資料が豊富．海上交易関係資料や庶民信仰関係の資料も多い．平成29年4月1日から一般観覧を廃止，団体のみ観覧可．

■開館時間　9:00～16:30　　観覧希望については事前連絡による予約が必要
■観覧料　無料

37. 日置市吹上歴史民俗資料館

日置市吹上町中原2568　TEL：099（296）2124　FAX：099（296）4711

吹上町の歴史と民俗について，実物資料を中心に展示．旧石器時代から近・現代までの吹上町の歴史を概観できる．戦国島津氏の基礎をつくった伊作島津氏10代領主忠良（日進公）に関係する展示にも力を入れている．この地域で発見された古代の遺物や江戸時代の行政文書など貴重な資料あり．

■開館時間　9:00～16:30
■休館日　土・日曜日・祝日，12月29日～1月3日
■入館料　大人100円（80円），小・中・高生50円（40円）
（　）は10名以上の団体料金

38. 沈家伝世品収蔵庫

日置市東市来町美山1715　TEL：099（274）2358　FAX：099（274）3219

昭和55（1980）年開館，平成23（2011）年リニューアルオープン．初代から15代までの沈家歴代の作品を展示した収蔵庫．特に薩摩焼の中興の祖と呼ばれた，十二代沈壽官作品を数多く展示．薩摩焼の歴史を築いてきた沈家の全貌を見渡せる．沈家に遺された古文書や貴重な図案も資料として展示．

■開館時間　9:00～17:00
■休館日　第１・第３月曜日
■入館料　高校生以上500円（400円），小人無料
（　）は10名以上の団体料金

39. 薩摩川内市川内歴史資料館

薩摩川内市中郷二丁目２－６　TEL：0996（20）2344　FAX：0996（20）2848

昭和59（1984）年開館．薩摩国の中心地として発達してきた川内地域の歴史，文化，民俗について資料を収蔵，展示．薩摩国府・国分寺を中心にした通史の紹介や，川内の特色ある歴史や人物を紹介する．徒歩３分の場所には国指定史跡国分寺跡史跡公園がある．

■開館時間　9:00～17:00（入館は16:30まで）
■休館日　月曜日（祝日の場合は翌日）
■入館料　大人200円（160円），小・中・高生100円（80円）
（　）は20名以上の団体料金，年間パスポート，川内まごころ文学館共通券あり

40. 薩摩川内市川内まごころ文学館

薩摩川内市中郷二丁目２－６　TEL：0996（25）5580　FAX：0996（20）0818

平成16（2004）年開館．川内ゆかりの作家・芸術家を顕彰する文芸融合ミュージアム．有島三兄弟，特に里見弴を中心に白樺派の書や絵画など幅広く展示する他，与謝野鉄幹・晶子など郷土に関わりの深い作家たちの資料も展示．また，総合雑誌「改造」に寄稿した作家たちの直筆原稿・書簡等を展示する．

■開館時間　9:00～17:00（入館は16:30まで）
■休館日　月曜日（祝日の場合は翌日）
■入館料　大人300円（240円），小・中・高生150円（120円）
（　）は20名以上の団体料金，年間パスポート，川内歴史資料館共通券あり

41. 鹿児島純心女子大学附属博物館

薩摩川内市天辰町2365　TEL：0996（23）5311　FAX：0996（23）5030

日本全国の郷土玩具約3,000点を収蔵．東京都青梅市の故伊藤好男氏が約40年余年にわたって収集したものを純心学園に寄贈され，常設展「伊藤好男コレクション郷土玩具の世界」として展示．都道府県別に整理された一般展示と，特に数の多い天神人形，だるま，虎，牛等の特別展示とに分かれている．

■開館時間　9:00～17:00
■休館日　日曜日ほか不定休
■入館料　無料

42. さつま町宮之城歴史資料センター

薩摩郡さつま町虎居5228　TEL：0996（52）3340　FAX：0996（52）3340

川内川のほとり，宮之城島津家墓石群が残る宗功寺跡に隣接する人文系総合資料館．さつま町に残る資料を中心に，古代から近代までの歴史・民俗・美術を紹介．山崎御仮屋文書や，虎居城周辺の地形ジオラマ，宗功寺関連資料などあり．

■開館時間　9:00～17:00（入館は16:30まで）
■休館日　月曜日（祝日の場合は翌日），12月29日～１月３日
■入館料　一般・大学生210円（160円），小・中・高生100円（50円），未就学児無料

（　）は20名以上の団体料金

43. 阿久根市立郷土資料館

阿久根市高松町２　TEL：0996（72）0607　FAX：0996（72）0856

常設展示は考古歴史室と民俗資料室で構成され，阿久根の自然，歴史，民俗に関する資料を展示．特に元豪商河南家関係の海運資料，阿久根の海岸で発見された『阿久根砲』，隠れ念仏関係資料は全国的にも知られ貴重．

■開館時間　9:00～19:00
■休館日　月曜日（祝日の場合は翌日），資料整理期間，12月29日～１月３日
■入館料　無料

44. 出水歴史民俗資料館

出水市本町３-14　TEL：0996（63）0256　FAX：0996（62）9439

約２万8,000年前の旧石器時代の上場遺跡から始まり，出水貝塚，中世・戦国時代の出水支配，江戸時代の出水外城を経て，明治維新，近・現代までの資料を収集・展示．主な展示資料は，上場遺跡出土品，16世紀の三十六歌仙絵扁額，出水外城関係古文書，出水海軍航空隊特攻隊資料など．

■開館時間　月～金：9:00～18:00，土・日・祝日：9：00～17:00
■休館日　第３月曜日（祝日の場合は翌平日），12月29日～１月４日
■入館料　無料

45. 出水市ツル博物館クレインパークいずみ

出水市文化町1000　TEL：0996（63）8915　FAX：0996（62）8915

平成７（1995）年に開館し，ツルをはじめとする野鳥についての情報や，出水の自然，文化財等を紹介している．常設展示室では，人とツルの関わりの歴史や，世界のツル15種の紹介，成長や生活の様子などを展示．世界的にも貴重なナベヅルの巣の実物展示あり．

■開館時間　9:00～17:00（入館は16:30まで）
■休館日　４月～10月は月曜日（祝日の場合は翌日），11月～３月は無休　※このほかに臨時休館日あり
■入館料　大人320円（250円），高・大生210円（170円），小・中生100円（80円）
（　）は20名以上の団体料金

46. 日本マンダリンセンター

出水市長島町鷹巣3786-14　TEL：0996（86）2011　FAX：0996（86）2014

平成５（1993）年に長島町に開館．温州みかん発祥の地を記念して造られたみかんの博物館．みかんの歴史・文化などをビデオや模型で楽しく学べるように展示．周囲には300品種の展示園があり，新しいみかんの品種・技術等の導入やみかん狩りツアーなど実施．

■開館時間　9:00～17:00（入館は16:30まで）
■休館日　火曜日
■入館料　無料

47. 長島町歴史民俗資料館

出水郡長島町指江1560　TEL：0996（88）5160　FAX：0996（88）6501

昭和57（1982）年開館．常設展示「南北九州の接点長島・その歴史と風土」では，肥後と薩摩の境にあった長島が肥後国から島津氏によって攻略され薩摩に組み入れられた歴史等を紹介．他に「暮らしの中の道具」では長い間離島の中で生きぬいてきた人々の暮らしを紹介している．

■開館時間　9:00～16:30
■休館日　月曜日，祝日，年末年始
■入館料　一般200円（100円），小・中生100円（50円）
（　）は町内住民の料金，20名以上の団体は２割引

48. 霧島市立国分郷土館

霧島市国分上小川3819　TEL：0995（46）1562　FAX：0995（46）1562

昭和54（1979）年開館．国分地域に関する歴史資料や民俗資料を展示．主な展示資料として，朱印状，止上神社の面，環頭太刀，城山山頂遺跡出土品，国分たばこなどがある．郷土資料室では毎年企画展を実施．また，国分郷土史年表からは国分地区の歴史が一見できる．

■開館時間　9:00～17:00
■休館日　月曜日（祝日の場合は翌日），12月29日～１月３日，その他臨時休館日
■入館料　大学生・一般130円（110円），小・中・高生70円（60円）
（　）は10名以上の団体料金

49. 霧島市立霧島歴史民俗資料館

霧島市霧島田口148－1　TEL：0995（57）0316　FAX：0995（57）0316

「霧島町の歴史と生活」をテーマに考古・歴史・民俗資料などを展示．主な展示資料は鎧，面，民具，古文書など．霧島神宮に奉納された九面の複製など霧島神宮関係の資料あり．

■開館時間　9:00～17:00
■休館日　月曜日（祝日の場合は翌日），12月29日～１月３日，その他臨時休館日
■入館料　大学生・一般130円（110円），小・中・高生70円（60円）
（　）は10名以上の団体料金

50. 霧島市立隼人歴史民俗資料館

霧島市隼人町内2496　TEL：0995（43）0179　FAX：0995（43）0179

霧島神宮の境内にある．「歴史」「民俗」の部門別に展示．歴史展示室では，隼人地区の歴史や鹿児島神宮関係の文書資料，隼人町内出土の土器・石斧などの考古資料を紹介．民俗展示室では米作りの道具や民具，鈴かけ馬踊りなど郷土芸能に関する資料などを展示．和室では昭和の生活空間を再現．

■開館時間　9:00～17:00
■休館日　月曜日（祝日の場合は翌日），12月29日～１月３日，その他臨時休館日
■入館料　大学生・一般130円（110円），小・中・高生70円（60円）
（　）は10名以上の団体料金

51. 霧島市立横川郷土館

霧島市横川町中ノ192－7　TEL：0995（72）1596　FAX：0995（72）1875

霧島市横川地区内で出土した考古品，民俗，歴史に関する資料を多数展示．中でも山ヶ野金山コーナーには金鉱石発掘，採金の道具や鉱山の写真などはこの地域特有の資料で，

当時の山ヶ野金山を知る上で大変貴重な資料である.
■開館時間　9:00～17:00
■休館日　月曜日（祝日の場合は翌日），12月29日～1月3日，その他臨時休館日
■入館料　大学生・一般130円（110円），小・中・高生70円（60円）
（　）は10名以上の団体料金

52. 鹿児島県上野原縄文の森

霧島市国分上野原縄文の森1－1　TEL：0995（48）5701　FAX：0995（48）5704

平成14（2002）年に開園．9,500年前の大規模な定住集落跡である国指定史跡「上野原遺跡」を保存・活用する複合施設．上野原遺跡の重要文化財などを見学できる展示館や復元集落，遺跡保存館のほか，火おこし，弓矢作りなどの縄文体験ができる体験学習館等で構成．9,500年前と7,500年前の森を再現．
■開館時間　9:00～17:00（入園は16:30まで）
■休園日　月曜日（祝日の場合は翌日）（4/29～5/5，8/13～15，1/2～3は無休），12月30日～1月1日，2月中旬に臨時休園
■入園料　大人310円（240円），高・大生210円（160円），小・中生150円（120円）
（　）は20名以上の団体料金

53. 一般財団法人　松下美術館

霧島市福山町福山771　TEL：0995（55）3350　FAX：0995（55）3351

展示館は1～6号館まであり，それぞれ洋画・日本画・古代オリエント資料・掛軸・仮面・薩摩焼などを個別に展示．主な資料として，鹿児島ゆかりの画家，黒田清輝・和田英作・東郷青児や，ルノワールなどの印象派を中心とした絵画を展示．昭和62（1987）年より全国公募南九州水墨画展を毎年開催．
■開館時間　10:00～17:00（入館は16:30まで）
■休館日　月曜日（祝日の場合は翌日），年末年始
■入館料　一般500円（300円），高・大生300円（200円），小・中生200円（100円）
（　）は20名以上の団体料金

54. 椋鳩十文学記念館

姶良市加治木町反土2624－1　TEL：0995（62）4800　FAX：0995（62）4801

明治38（1905）年長野県に生まれ，法政大学を卒業以来鹿児島で一生を過ごした作家，椋鳩十の人と文学を顕彰するとともに地域の文化の昂揚を念願し，平成2（1990）年に開館．館内には椋鳩十の直筆原稿をはじめ多くの資料を展示．別棟には読書もできる自由の館あり．
■開館時間　9:00～17:00（入館は16:30まで）
■休館日　月曜日（祝日の場合は翌日），12月29日～1月3日
■入館料　高校生以上329円（278円），小・中生216円（103円）
（　）は15名以上の団体料金，学生（学生証掲示の時）216円，身障者（手帳掲示の時）無料

55. 姶良市歴史民俗資料館

姶良市東餅田498　TEL：0995（65）1553　FAX：0995（66）5820

1階は市内の史跡や主要な施設が一目でわかる地形模型と，民俗芸能や年中行事を視聴できる映像コーナーあり．2階は民俗・考古・歴史のコーナーに分かれ，萩原遺跡，宮田ヶ

岡瓦窯跡の出土品，島津義弘関係資料，復元された昔の民家，帖佐松原塩田など数多く展示．
■開館時間　9:00〜17:00（入館は16:30まで）
■休館日　月曜日（祝日の場合は翌日），毎月25日（土・日は除く），12月29日〜1月3日
■入館料　一般210円（160円），小・中・高生100円（50円）
（　）は15名以上の団体料金

56. 日本画美術記念館・文花の苑「草文」

始良市北山3770-22　TEL: 0995（68）0077　FAX: 0995（68）0077

円山四条派の日本画家で西村草文，圭文親子の作品を中心に紹介する美術館．300余点を四季に分類し展示．
■開館時間　9:30〜16:00
■休館日　水曜日（祝日の場合は翌日），12月29日〜1月3日，臨時休館あり
■入館料　大人500円，小・中生300円
（土・日・祝日は，小中学生無料）

57. 鹿児島県霧島アートの森

始良郡湧水町木場6430-220　TEL: 0995（74）5945　FAX: 0995（74）2545

標高700メートルの高原にある鹿児島県の芸術交流拠点施設．霧島地域の自然と調和した芸術性の高い彫刻作品を配置し，優れた現代美術作品や自然に触れ親しんでもらう野外美術館．国内外の作家がこの地を訪れて構想・製作した野外作品の展示が特徴．屋内展示や創作体験もあり．
■開園時間　9:00〜17:00（入館は16:30まで），7/20〜8/31の土日祝は9:00〜19:00（入館は18:30まで）
■休園日　月曜日（祝日の場合は翌日），12月29日〜1月2日，2月に臨時休園
■入園料　一般310円（240円），高・大生200円（160円），小・中生150円（120円）
（　）は20名以上の団体料金

58. 曽於市立末吉歴史民俗資料館

曽於市末吉町二之方2019　TEL: 0986（28）8051　FAX: 0986（28）8054

常設展示で考古・歴史・民俗・戦没・教育・郷土の偉人コーナーあり．主な資料は宮之迫遺跡・中岳洞穴等の出土資料，末吉郷創設時の郷土の名簿資料，住吉神社や熊野神社の歴史資料，昔の農具・民具等を展示．
■開館時間　10:00〜19:00
■休館日　月曜日（祝日の場合は翌日），毎月第3水曜日，12月28日〜1月4日
■入館料　無料

59. 志布志市埋蔵文化財センター

志布志市志布志町安楽41-6　TEL: 099（472）0140　FAX: 099（472）0140

志布志の発掘調査で出土した考古資料を中心に展示し，志布志の歴史と文化を紹介．国指定史跡である「志布志城跡」の復元模型コーナーでは「志布志城」の歴史を映像と音声で分かりやすく解説．年に数回の企画展を開催．
■開館時間　9:00〜17:00（入館は16:30まで）
■休館日　月曜日（祝日の場合は翌日），12月29日〜1月3日
■入館料　無料

60. 鹿屋市輝北歴史民俗資料館

鹿屋市輝北町百引2635　TEL：099（486）0505　FAX：099（486）0295

昭和60（1985）年開館．約2,000点の収蔵品から輝北地域の民具や昔のくらしを偲ぶ資料を中心として展示．館の入口正面には，昭和初期の一般的な家庭を復元したコーナーが設置してある．

■開館時間　9:00～16:30
■休館日　土・日曜日・祝日，12月29日～1月3日
■入館料　無料

61. 肝付町立歴史民俗資料館

肝属郡肝付町野崎1936　TEL：0994（65）0170　FAX：0994（65）0170

1階の展示は，主に稲作農機具の変遷について体系的に配列した民俗資料．2階は軽石石棺や塚崎古墳群の出土品を主に展示した歴史考古資料．2階研修室では町内の国，県，町指定文化財を写真で紹介．

■開館時間　9:00～16:30
■休館日　月曜日，国民の祝日，12月28日～1月4日，年1回くん蒸の3日間
■入館料　無料

62. 種子島開発総合センター

西之表市西之表7587　TEL：0997（23）3215　FAX：0997（23）3250

昭和58（1983）年開館．種子島の自然，歴史，民俗を総合的に紹介しており，種子島のすべてが分かる総合博物館．特に鉄砲についてはポルトガル初伝銃，伝八板金兵衛作火縄銃をはじめ，国内外約100丁の古式銃を展示しており，別名「鉄砲館」ともいわれる．

■開館時間　8:30～17:00（入館は16:30まで）
■休館日　毎月25日（但し，7・8月は除く），12月30日～1月2日
■入館料　一般420円（360円），高校生270円（220円），小・中生130円（80円）
（　）は20名以上の団体料金

63. 中種子町立歴史民俗資料館

熊毛郡中種子町野間5173-2　TEL：0997（27）2233　FAX：0997（27）2226

昭和53（1978）年開館．第1展示室では農林水産業に使用された道具を展示．第2展示室では大正時代から昭和初期の民家の内部を復元し，ジロの間，台所，民具を展示．第3展示室では，考古，牧，種子島焼の資料を展示．

■開館時間　9:00～17:00（入館は16:30まで）
■休館日　月曜日，12月28日～1月4日　※館内くん蒸や展示替え等で臨時休館あり
■入館料　一般160円（120円），高校生80円（60円），小・中生50円（40円）
（　）は20名以上の団体料金

64. 南種子町郷土館

熊毛郡南種子町中之上2420-2　TEL：0997（26）1111　FAX：0997（26）0663

遥か3万年以上も前の蒸し焼き調理場跡と思われる，県史跡「横峯遺跡」の「礫群」や，暮らしの民俗用具，南西諸島における現役最後の丸木舟などを展示．

■開館時間　9:00～17:00

■休館日　月曜日，第4金曜日，12月28日～1月4日
■入館料　無料

65. たねがしま赤米館

熊毛郡南種子町茎永4058-1　TEL：0997（26）7444

種子島で古来より栽培されている赤米の資料館．特に南種子町の宝満神社では稲作にかかわる伝統的な神事とともに今日まで赤米を守り伝える．たねがしま赤米館では赤米とこれに関する民俗行事や地域の稲作などについて分かりやすく紹介．

■開館時間　9:00～17:30
■休館日　水曜日，12月28日～1月4日
■入館料　無料

66. 広田遺跡ミュージアム・国史跡広田遺跡公園

熊毛郡南種子町平山2571番地　TEL：0997（24）4811　FAX：0997（26）7744

国史跡広田遺跡は弥生時代終末期～古代にかけて営まれた集団墓地の遺跡．この遺跡に隣接するミュージアムでは，国の重要文化財である「広田遺跡出土品」や遺跡についての模型，映像などを展示．

■開館時間　9:00～17:00
■休館日　月曜日（祝日の場合は翌日，但し8月は毎日開館），12月29日～1月3日
■入館料　大人（高校生以上）300円，中学生以下無料
団体割引あり

67. 屋久島町歴史民俗資料館

熊毛郡屋久島町宮之浦1593　TEL：0997（42）1900　FAX：0997（42）1505

昭和58（1983）年開館．屋久島の豊かな自然に培われた文化を紹介．島内遺跡より出土した一湊式土器，松山式土器や町指定文化財「楠川区有文書」などを分かりやすく紹介．郷土芸能の映像資料も展示．主に小学生～中学生を対象とし，民具などを用いての体験学習を実施．

■開館時間　9:00～17:00
■休館日　月曜日，12月29日～1月4日
■入館料　大人100円（70円），小・中・高生50円（30円），町民無料
（　）は20名以上の団体料金

68. 屋久島環境文化村センター

熊毛郡屋久島町宮之浦823-1　TEL：0997（42）2900　FAX：0997（42）1018

世界自然遺産である屋久島の自然と，屋久島における人と自然との関わりなど，屋久島を総合的に学べる学習施設．映像ホールでは巨大スクリーンのダイナミックな映像を見ることができ，展示ホールでは模型やパネルを使ってアテンダントが分かりやすく屋久島を解説．

■開館時間　9:00～17:00（展示ホールへの入館は16:30まで）
■休館日　月曜日（祝日の場合は翌日，7月20日～8月までは休館日なし），12月28日～1月1日
■入館料　一般520円（420円），高・大生360円（290円），小・中生260円（210円），幼児無料

（　）は20名以上の団体料金

69. 屋久島町立屋久杉自然館

熊毛郡屋久島町安房2739−343　TEL：0997（46）3113　FAX：0997（46）3168

平成元（1989）年に開館した屋久杉の博物館．屋久島と屋久杉のあらゆる疑問に答える．貴重な林業の映像や，屋久島の動植物，地理に関する情報と展示，映像あり．平成17（2005）年12月に雪の重みで折れた樹齢約1,000年の縄文杉の枝（いのちの枝）も展示．

■開館時間　9：00～17：00（入館は16：30まで）
■休館日　第１火曜日，12月29日～１月１日
■入館料　大人600円（500円），高・大生400円（300円），小・中生300円（200円）
（　）は20名以上の団体料金

70. 奄美市立奄美博物館

奄美市名瀬長浜町517　TEL：0997（54）1210　FAX：0997（53）6206

「黒潮の流れに生きる」を基本テーマとして，自然・歴史・文化について理解を図れるように展示構成．島尾敏雄，小湊フワガネク遺跡群，祖国復帰運動『南島雑話』，貝類，カエル，リュウキュウアユ，マングローブ等の多数の資料を展示．奄美関係書籍が閲覧できるコーナーあり．

■開館時間　9：00～17：00（入館は16：30まで）
■休館日　第３月曜日（祝日の場合は翌日），12月28日～１月１日
■入館料　一般300円（210円），高・大生150円（100円），小・中生100円（50円）
（　）は20名以上の団体料金

71. 一般財団法人奄美文化財団　原野農芸博物館

奄美市住用町山間811−１　TEL：0997（69）2248　FAX：0997（69）2222

照葉樹林文化に焦点を絞り，中国西南地域から東南アジアにかけての民俗資料（生活用具，芸能，染織，農具等）を収集し収蔵．照葉樹林文化地帯の資料と南西諸島や日本の資料を比較展示し，日本の民族文化をアジアから探る．

■開館時間　9：00～17：00
■休館日　火・水曜日，年末年始
■入館料　一般200円，高校生以下無料
団体割引　20名～１割引，50名～２割引，100名～３割引　※奄美アイランド共通券

72. 奄美市歴史民俗資料館

奄美市笠利町須野670　TEL：0997（63）9531　FAX：0997（63）9531

太平洋を一望できる景勝地あやまる岬にあり，奄美市笠利町の歴史と文化にふれることができる．多数の資料を展示．

■開館時間　9：00～17：00（入館は16：30まで）
■休館日　月曜日（祝日の場合は翌日），祝日の翌日，12月28日～１月４日
■入館料　一般200円，高・大生100円，小・中生50円
宇宿貝塚史跡公園との共通券あり

73. 国指定史跡奄美市宇宿貝塚史跡公園

奄美市笠利町宇宿2301　TEL：0997（63）0054

昭和61（1986）年に奄美で初めての国指定遺跡となった宇宿貝塚は，縄文時代前期～中世にいたるまでの複合遺跡．発掘された状況で保護覆屋にして竪穴住居跡を保存しており，館内には発掘調査の跡がそのまま残されている．

■開館時間　9:00～17:00（入館は16:30まで）
■休館日　月曜日（祝日の場合は翌日），祝日の翌日，12月28日～1月4日
■入館料　一般200円，高・大生100円，小・中生50円
奄美市歴史民俗資料館との共通券あり

74. 鹿児島県奄美パーク（奄美の郷・田中一村記念美術館）

奄美市笠利町節田1834　TEL：0997（55）2333　FAX：0997（55）2612

奄美の自然，歴史，文化を紹介する総合展示ホール，奄美シアター，奄美群島の島々を紹介するアイランドインフォーメーションを備えた「奄美の郷」と，日本画家田中一村の作品を紹介する「田中一村記念美術館」の二つの施設を中核とする奄美群島の観光拠点施設．

■開館時間　9:00～18:00　7・8月は～19:00（入館は閉館の30分前まで）
■休館日　第1・3水曜日（祝日の場合は翌日）（ただし，4/29～5/5，7/21～8/31，12/30～1/3は開園）
■入館料　奄美の郷　大人310円（240円），高・大生210円（160円），小・中生150円（120円）
美術館　大人510円（400円），高・大生360円（280円），小・中生250円（200円）
（　）は20名以上の団体料金
※共通観覧券あり　大人620円，高・大生410円，小・中生310円

75. 瀬戸内町立図書館・郷土館

大島郡瀬戸内町古仁屋1283-17　TEL：0997（72）3799　FAX：0997（72）3999

海を挟んだ4つの有人島からなる瀬戸内町．良港に恵まれ，古くから海上交通の要衝であり，鹿児島・沖縄の影響を受けつつも独特の文化を展開した瀬戸内町の歴史・文化・自然を分かりやすく紹介．

■開館時間　日曜・祝日9:00～17:00，火曜～土曜9:00～18:00
■休館日　月曜日，資料整理日（4月1日），年末年始，特別資料整理日（年1回，14日以内）
■入館料　無料

76. 伊仙町歴史民俗資料館

大島郡伊仙町伊仙2945-3　TEL：0997（86）4183　FAX：0997（86）4184

旧資料館が昭和55（1980）年4月1日に開館．現資料館に平成24（2012）年8月に移設．旧農業高校の校舎をそのまま利用．国指定遺跡カムィヤキ陶器窯跡の出土品や，現代にかけての徳之島の生業を支えてきた生活用具等，また徳之島でしか見られない自然環境や動植物も展示．

■開館時間　9:00～16:30
■休館日　月曜日，祝日の翌日，12月28日～1月3日
■入館料　大人200円，高・大生100円，小・中生50円

77. 和泊町歴史民俗資料館

大島郡和泊町根折1313-1　TEL: 0997（92）0911　FAX: 0997（92）0963

島の特産であるエラブユリの歴史と栽培について紹介すると共に，世界のユリ，日本のユリの分布や文化についても展示. 島の自然や歴史文化を実物や写真・年表・解説等で紹介.

■開館時間　9:00～17:00（入館は16:30まで）
■休館日　水曜日，国民の祝日，12月29日～1月4日
■入館料　一般200円（100円），小・中・高生100円（50円）
（　）は20名以上の団体料金

作成：南直子（鹿児島大学法文学部助手）

索引

●あ行●

悪石島…………………… 232, 269, 274～278
朝崎郁恵………………………………… 259
アジア太平洋戦争…… 049, 141～143, 145, 149, 151, 190
あづさ書店……………………………… 039
アニメ聖地巡礼…………… 285, 289, 292
アニメ・ツーリズム………………… 285
精木川………………… 012, 014, 015, 069
奄振事業………………………… 243, 244
奄美アイデンティティ……………… 242
あまみ庵………………………………… 039
奄美大島…… 005, 006, 073, 163, 212, 219, 220, 225～227, 229, 230, 232, 235, 236, 238, 240, 242, 244, 246, 250, 251, 264～266, 272, 274, 280, 294
奄美群島……………… 109, 143, 226, 227, 235～245, 265, 267, 285, 289
アマミノクロウサギ……… 225～227, 244
アマミノクロウサギ訴訟…………… 244
アンジロウ………………… 131～134, 159
碇石……………………………… 246, 247
イギリス…… 071, 072, 098, 099, 136, 137
石臼……………………………… 183, 184
稲荷川……… 012, 015, 047, 050, 052, 132
犬飼滝…………………………… 010, 011
慰霊碑…………………………… 149, 150
ウィリアム・ウィリス………… 098～100
内城…………………… 033, 044～047, 106
内山与右衛門…………………… 181, 182
宇都窯跡………………………… 203, 204
梅崎春生の『桜島』 ………………… 166
演出された真正性…………………… 289
掩体壕………………… 146～148, 152, 153
大島高等女学校……………………… 281
大島紬………………………… 264～266
おぎおんさぁ…………………… 056, 057
オキナワウラジロガシ……………… 228
沖永良部島……… 005, 162, 235, 239, 240, 247, 248, 252, 294
御里窯跡………………………… 203, 204
甕匠……………………… 200, 202, 204

●か行●

開聞岳…………………………… 002, 172
隠れ念仏………………………… 158, 159
鹿籠金山………………………… 180, 189
鹿児島アリーナ……………………… 157
かごしま近代文学館・メルヘン館… 161, 162
鹿児島高等農林学校…………… 089, 092
鹿児島城…… 034, 043, 044, 046, 047, 049, 055, 057, 066, 072, 076, 077, 085, 086, 088, 106, 107, 143
鹿児島城下町…… 046, 047, 049, 050, 052, 053, 055～057, 107, 108, 117
鹿児島市立美術館…… 052, 054, 086, 171
鹿児島電気軌道………………… 059, 062
鹿児島の医学………………………… 100
鹿児島方言のアクセント…………… 118
鹿児島ラーメン………………… 120～122
火砕流台地…………………… 002, 004～007
河川争奪………………………… 016～018
勝島徳郎……………………………… 259
カトリック………………… 132, 280, 281
仮屋………… 054, 106, 107, 109, 110, 116
カルデラ………… 002, 003, 005, 007, 223

川邉コレクション……………… 096, 097
川辺盆地………………………… 010, 011
環境文化………………………… 226, 229
官軍墓地……………………………… 077
観光のまなざし…………………284〜286
上村藤枝……………………………… 259
喜界島……… 005, 006, 227, 235, 238, 240, 242, 252, 254, 255
擬似イベント………………………… 284
郷土玩具………………………… 096, 097
京泊……………………………… 128, 129
宜蘭…………………………………… 213
切石遺跡………………………… 232, 233
キリスト教……… 123, 124, 126, 131, 158, 159, 280, 281
近代医学………………………… 098, 100
倉木崎海底遺跡……………………… 246
黒川型臼……………………………… 184
軍事施設…………………… 143, 148, 149
軍人墓地………………………… 149, 151
敬天舎………………………………… 082
ケナガネズミ………………………… 228
県立奄美図書館……………………… 164
甲突川……… 005, 012, 014, 015, 047, 049〜052, 078, 093
神殿金山……………………………… 180
廣文館………………………………… 039
古書リゼット………………………… 038
五代友厚……………… 042, 071, 137, 189
五葉の生誕地………………………… 171

●さ行●

西郷菊次郎……………………… 212, 213
西郷隆盛…… 040〜042, 051, 076, 079, 082, 085, 099, 100, 158, 159, 162, 169, 212, 239, 294
桜島大根……………………………… 121
薩英戦争…… 049, 064, 098, 136, 137, 143
薩摩藩英国生留学記念館…………… 137
里アンナ……………………………… 249
ザビエル…… 123, 128, 131〜134, 159, 280, 282
私学校…………………………… 076, 085
七島衆………………………………… 232
市電…………………… 038, 059〜061, 098
師範学校……………… 086, 089, 091〜093
志布志……… 004, 107, 111, 128, 131, 148
シマ……………… 250, 251, 260, 261, 269, 271〜273, 278
島尾敏雄の墓と文学碑……………… 164
島津氏……… 025〜036, 041, 043, 044, 046, 050, 053〜056, 106〜110, 112, 116, 128〜131, 133, 158, 159, 240, 264
島津貴久…… 032, 047, 056, 129, 133, 159
島津忠義………… 036, 040, 041, 088, 090
島津斉彬…036, 040, 041, 053, 063, 177, 183
清水城……………………… 032, 044〜047
集成館事業…………… 063〜065, 067, 069, 073, 074
聚珍寶庫碑…………………… 035, 036
招魂社………………………… 149, 150
縄文杉…………………… 222, 223, 289
シラス台地……… 004, 007〜012, 016, 018, 019, 047, 110, 115, 121
白波スタジアム………………… 156, 157
白薩摩…………………………205〜207
水中文化遺産…………………… 246, 247
西南戦争…… 042, 049, 064, 076, 077, 082, 085, 088, 091, 099, 100, 143, 149, 160, 213
西部林道………………………… 222, 224
世界遺産条約………………………… 221
世界自然遺産……………… 219〜230, 244
関吉の疎水溝…… 012〜014, 016, 063, 069
瀬戸内町立図書館…………………… 164
芹ヶ野金山…………………………… 180
戦跡考古学………………… 076, 141〜144
戦争遺跡……………… 141, 142, 145, 154
川内まごころ文学館………………… 169
造士館…………… 035, 050, 072, 082〜086, 088〜091, 167
疎水溝跡…………………… 063, 069, 070

●た行●

大根櫓……………………………… 121
台地…… 002, 004〜020, 047, 105, 110, 115, 121
第七高等学校造士館……… 086, 088〜091
泰平寺………………………………… 034

台湾…………………… 212～214, 232, 293
他界観…………………………… 268～270
武下和平………………………… 255, 259
堅野…… 067, 199, 200, 203, 205～207, 210
堅野冷水窯跡…………………… 205, 206
谷崎潤一郎の『台所太平記』 ……… 168
種子島……… 005, 006, 050, 108, 123～127, 131, 134, 163, 165, 199, 229, 232, 267, 285, 289～294
玉利喜造……………………………… 092
段丘……………… 005～007, 009, 018, 047
地域再生…………………… 194, 196, 287
地形…… 001, 003～009, 012, 013, 015, 016, 018, 019, 051, 069, 110, 111, 222, 251
長音…………………………………… 118
知覧特攻基地………………………… 169
築地俊造…………………… 256, 257, 259
つばめ文庫…………………………… 038
坪山豊…………………………… 256, 259
鶴丸城…… 034, 041, 044～047, 049～051, 055, 083, 106
鉄砲…………………… 123～126, 129, 289
当原ミツヨ…………………………… 257
東福寺城……………… 030, 031, 044～047
トカラ列島……… 232, 267, 269, 274, 275, 277
特殊地下壕…………………………… 148
徳之島……… 005, 219, 220, 225～230, 232, 235, 238～240, 244, 246, 247, 250, 252, 294
外城衆中…………………… 107, 109～111
外城制……………………… 106, 107, 116
特攻基地………………… 145, 146, 148, 169
堂平窯跡………………………… 201, 204
豊重哲郎………………………… 194～197

●な行●

苗代川…………… 077, 199～203, 207, 210
長井田川…………………… 012, 014, 015
中孝介………………………………… 249
永田浜………………………………… 224
中野律紀……………………………… 257
ナポリ……………………… 078～080, 158
ナポリ通り…………………………… 078
南州神社………………………… 167, 168
西和美………………………………… 261
根占………………………… 073, 128, 131
野田感応寺……………………… 035, 036
ノロ………………………… 269, 271, 272

●は行●

灰吹法…………………………… 184, 189
廃仏毀釈……………… 111, 133, 158, 160
橋口五葉………………………… 170, 171
元ちとせ………………………… 249, 258
発音…………………………………… 118
花尾神社……………………………… 026
反射炉跡…………………… 063, 065, 066
菱刈金山……………………………… 179
『秒速５センチメートル』……… 290, 293
フィルム・ツーリズム…… 284, 285, 289
福島幸義………………………… 255, 259
福昌寺（跡） ……………… 036, 053, 133
麓……………………………… 105～117
フランシスコ・ザビエル… 123, 128, 131, 159
プロスポーツ…………………… 156, 157
分棟型民家………………… 111, 112, 115
紡績所跡…………………… 063, 070, 071
紡績所技師館跡……………………… 072
豊年祭…………………………… 272, 273
坊津………… 128～130, 138, 140, 166, 168
ポスト・ツーリズム………………… 293
ボゼ…………………………… 269, 274～277
本場奄美大島紬協同組合…………… 265
本場大島紬織物協同組合……… 264, 265
本立寺跡……………………………… 036

●ま行●

松山美枝子…………………………… 261
マリアの島…………………………… 280
南大隅町立根占図書館……………… 167
南政五郎……………………………… 259
『めがね』…………………… 286～288

●や行●

ヤクスギ…………………………… *221〜224*
やねだん…………………………… *194〜197*
山形屋……………………… *039, 059, 060*
山ヶ野金山………………… *180〜186, 189*
山川…………………… *128, 130〜132, 247*
大和村…………… *236, 253, 269〜272, 280*
山元窯跡……………………………… *207*
湧水…………………… *015, 016, 047, 234*
溶結凝灰岩…………… *011, 012, 014, 111*
熔鉱炉跡………………………… *067, 068*
与論島……… *001, 005, 162, 226, 227, 235, 239, 243, 244, 252, 285〜287, 289, 294*

●ら行●

来訪神………………………… *269, 275, 277*
笠伊兵衛尉……………………… *181, 182*
琉球弧………………… *165, 236, 267〜269*
龍門司………………… *199, 200, 207〜210*
龍門司古窯跡……………………………… *208*
リンズ……………………………………… *184*
黎明館…………… *036, 049, 054, 086, 096*
歴史的景観…………… *105, 114〜117, 152*
六月燈…………………………… *056, 057*

●わ行●

倭寇………… *123, 124, 126, 128, 130, 134*

北﨑浩嗣（きたざき・こうじ）／鹿児島大学法文学部教授／地域計画論／「鹿児島県における6次産業化の現状と可能性」『食農資源経済論集』第67巻第1号、2016年など

米田智美（よねだ・ちえみ）：台湾出身 旧名 陳真鳴（ちん・ちんみん）／鹿児島大学共通教育センター非常勤講師／中国語学・社会学／「台湾の介護サービスとホームヘルパー」『日本台湾学会報』9号、2007年など

星野一昭（ほしの・かずあき）／鹿児島大学産学・地域共創センター特任教授／自然環境保全・鹿児島環境学／『日本の希少鳥類を守る』（共著）京都大学学術出版会、2009年など

桑原季雄（くわはら・すえお）／鹿児島大学共通教育センター教授／文化人類学・島嶼学／『鹿児島の島々』（共著）南方新社、2016年など

梁川英俊（やながわ・ひでとし）／鹿児島大学法文学部教授／ケルト学・音楽民族学／『唄者築地俊造自伝　楽しき哉、島唄人生』（共著）南方新社、2017年など

兼城糸絵（かねしろ・いとえ）／鹿児島大学法文学部准教授／文化人類学・地域研究／「"移民"が支える神祇祭祀—福建省福州市の僑郷の事例から」『僑郷—華僑のふるさとをめぐる表象と実像』行路社、2016年など

宮下正昭（みやした・まさあき）／鹿児島大学法文学部准教授／報道論・地域メディア論／『予断　えん罪高隈事件』筑摩書房、1988年など

中路武士（なかじ・たけし）／鹿児島大学法文学部准教授／映画論・メディア論／『論集 蓮實重彥』（共著）羽鳥書店、2016年など

執筆者一覧（執筆順：名前／所属 2018 年 9 月現在／専門分野／業績）

高津　孝（たかつ・たかし）／鹿児島大学法文学部教授／中国文学／『江戸の博物学　島津重豪と南西諸島の本草学』平凡社、2017 年など

森脇　広（もりわき・ひろし）／鹿児島大学名誉教授／自然地理学／『日本の地形 7　九州・南西諸島』（共編著）東京大学出版会、2001 年など

金井静香（かない・しずか）／鹿児島大学法文学部教授／日本中世史／『中世公家領の研究』思文閣出版、1999 年など

多田蔵人（ただ・くらひと）／鹿児島大学法文学部准教授／日本近代文学／『永井荷風』東京大学出版会、2017 年など

小林善仁（こばやし・よしと）／鹿児島大学法文学部准教授／歴史地理学／「北野天満宮の境内図に関する資料的検討―「北野社域図」を事例に―」鹿児島大学法文学部『人文学科論集』77 号、2013 年など

石塚孔信（いしづか・よしのぶ）／鹿児島大学法文学部教授／都市経済学・地域経済学／『応用経済学Ⅰ』（共著）勁草書房、2008 年など

渡辺芳郎（わたなべ・よしろう）／鹿児島大学法文学部教授／考古学／『近世トカラの物資流通―陶磁器考古学からのアプローチ―』北斗書房、2018 年など

藤内哲也（とうない・てつや）／鹿児島大学法文学部教授／イタリア中近世史／『近世ヴェネツィアの権力と社会　「平穏なる共和国」の虚像と実像』昭和堂、2005 年など

丹羽謙治（にわ・けんじ）／鹿児島大学法文学部教授／日本近世文学／『薩摩藩文化官僚の幕末・明治　木脇啓四郎『萬留』―翻刻と注釈―』（共編）岩田書院、2007 年など

米田孝一（よねだ・こういち）／鹿児島大学法文学部教授／心療内科学／「ディサースリアと摂食嚥下障害に合併する高次脳機能障害」『ディサースリア臨床研究』8 巻、2018 年など

大田由紀夫（おおた・ゆきお）／鹿児島大学法文学部教授／東洋史／「『東俗叢』について」鹿児島大学法文学部『人文学科論集』84 号、2017 年など

木部暢子（きべ・のぶこ）／国立国語研究所教授／日本語学／『そうだったんだ！日本語　じゃっで方言なおもしとか』岩波書店、2013 年など

細川道久（ほそかわ・みちひさ）／鹿児島大学法文学部教授／イギリス帝国史・カナダ史／『カナダの自立と北大西洋世界―英米関係と民族問題』刀水書房、2014 年など

橋本達也（はしもと・たつや）／鹿児島大学総合研究博物館教授／考古学／『古墳時代の考古学 7　内外の交流と時代の潮流』（共著）同成社、2012 年など

福山博文（ふくやま・ひろふみ）／鹿児島大学法文学部准教授／応用ミクロ経済学／『空間と持続可能な環境政策の理論的研究』（共著）多賀出版、2009 年など

新田栄治（にった・えいじ）／鹿児島大学名誉教授／東南アジア考古学・鉱山史／『日本の金銀山遺跡』（共著）高志書院、2013 年など

大学的鹿児島ガイド―こだわりの歩き方

2018年11月30日　初版第1刷発行

編　者　鹿児島大学法文学部

発行者　杉田　啓三

〒607-8494 京都市山科区日ノ岡堤谷町3-1
発行所　株式会社　昭和堂
振込口座　01060-5-9347
TEL(075)502-7500／FAX(075)502-7501

印刷　亜細亜印刷

ISBN 978-4-8122-1739-9
乱丁・落丁本はお取り替えいたします。
Printed in Japan

霧島山
獅子戸嶽
新燃
中嶽
高千穂峰
川内
川内川